Colección: PSICOLOGÍA
La psicología y el niño

El niño y la adquisición del lenguaje

por
PIERRE OLÉRON

Versión española de
Irene AGOFF y
Rafael RODRÍGUEZ MARÍN

Pierre OLÉRON
Profesor en la Universidad René-Descartes
Sorbona. París

El niño y la adquisición del lenguaje

Tercera edición

EDICIONES MORATA, S. L.
Fundada por Javier Morata, Editor, en 1920
c/ Mejía Lequerica, 12
28004 - MADRID

Título original de la obra:
L'ENFANT ET L'ACQUISITION DU LANGAGE

© Presses Universitaires de France, Paris, 1979.

Primera edición: 1980
Reimpresión: 1985
Reimpresión: 1999

No está permitida la reproducción total o parcial de este libro, ni su tratamiento informático, ni la transmisión de ninguna forma o por cualquier medio, ya sea electrónico, mecánico, por fotocopia, por registro u otros métodos, sin el permiso previo y por escrito de los titulares del Copyright.

e-mail: morata@infornet.es
dirección en internet: http://www.edmorata.es

© de la presente edición
EDICIONES MORATA, S. L. (1999)
Mejía Lequerica, 12. 28004 - Madrid

Derechos reservados
ISBN: 84-7112-178-6
Depósito legal: M-43.879-1998

Cubierta: Javier Gómez Morata
Printed in Spain - Impreso en España
Compuesto por: LUMIMAR. Madrid
Imprime: LAVEL. Humanes (Madrid)

PRÓLOGO POR EL PROFESOR J. M. ARAGÓ

En una de las habituales charlas entre pasillos durante la 17 reunión de la Association de Psychologie Scientifique de Langue Française, *que tuvo lugar a fines de septiembre de 1979 en la Universidad de Barcelona, hablando con el Profesor de la Sorbona Dr. Pierre* OLÉRON *sobre temas de su especialidad, me indicó que estaba a punto de editarse por la P.U.F. una nueva obra suya que se titularía* L'enfant et l'acquisition du langage. *Poco después me la enviaba con una amable dedicatoria. Su lectura me interesó tanto que no dudé en pedir a Ediciones Morata hiciese los trámites para su pronta traducción. Apenas ha transcurrido un año y hoy creo que podemos congratularnos de tener en castellano una obra tan valiosa. Voy a indicar algunos aspectos que motivan esta apreciación mía.*

El Profesor P. OLÉRON *es conocido por sus importantes investigaciones acerca del lenguaje y pensamiento en los disminuidos físicos y en los sordomudos, y también por sus notables contribuciones, entre otras,* Langage et développement mental *(1972) y* L'acquisition du langage *(1976), esta última ya traducida por Ediciones Morata en el tomo VI del* Tratado de Psicología del Niño, *dirigido por H.* GRATIOT-ALPHANDÈRY-R. ZAZZO. *Sobre el trasfondo de estas valiosas aportaciones generales acerca de la génesis y desarrollo del lenguaje, el libro que ahora presentamos enriquece y profundiza esta temática con unas características que deseo subrayar.*

Impulsados sin duda por dos grandes figuras, SKINNER *y* CHOMSKY, *las investigaciones sobre la adquisición del lenguaje y la psicolingüística han experimentado un auge extraordinario. Aun el mismo especialista se ve literalmente desbordado por la cantidad de datos que estas dos corrientes contrapuestas han ido aportando. Una vez más se cumple aquello de que los árboles no dejan ver el bosque, tanto más cuanto, como señala* OLÉRON *(1976), pocas veces se deslinda suficientemente el dato, los hechos, de la teoría que los interpreta. Pues bien, en este contexto, la obra* El niño y la adquisición del lenguaje *es un intento, a mi juicio muy logrado, de organizar sistemáticamente los datos-interpretaciones de algunos de los principales aspectos de esta temática que hasta ahora poseemos. El autor no pretende en modo alguno ofrecernos un* dossier *completo; sería una tarea casi irrealizable y tal vez poco útil, ya que no permitiría constatar las marchas y contramarchas a que está sujeta toda investigación científica, ni pondría de relieve las diversas teorías psicológicas y menos aún la raíz epistemológica que ha inspirado la investigación y plasmado su interpretación. Por esto en esta sistematización se da tanta importancia a los métodos y a las diversas teorías heurísticas que los han promovido, lo que permite ir ofreciéndonos juicios valorativos, en el bien entendido de que son provisionales, revisables como es propio de toda elaboración científica.*

Para realizar este ambicioso plan, inicia su libro con un detallado y documentado análisis de la situación del niño y del animal frente al lenguaje. En vez de partir de un postulado filosófico que implicase la 'incomparabilidad' entre el hombre y el animal respecto al lenguaje, prefiere, como buen científico, discutir las bases teóricas para luego, con los hechos, especialmente los más recientes, ir mostrando las aproximaciones, semejanzas, analogías y precisar luego netamente las diferencias (necesidad de un refuerzo continuado, papel de la imitación, de la memoria; aptitud del hombre para construir mundos imaginarios, modificar las estructuras aprendidas y crear otras nuevas, etc.). El problema sigue abierto y OLÉRON *indica las pistas que pueden orientar la investigación. No conocemos en castellano una presentación tan completa y al día y una discusión tan ponderada como la que el autor nos brinda en este primer capítulo de su obra.*

Los capítulos segundo y tercero están dedicados al estudio del desarrollo semántico. Para clarificar, en lo posible, la difícil noción de 'significación' y las diversas capacidades semánticas, insiste el autor especialmente en las modalidades del 'contexto' incluyendo su aspecto cognoscitivo, faceta hasta hace poco un tanto relegada por su complejidad. Para ello tiene que estudiar la relación entre la comprensión y la producción verbal, la variación de la 'extensión', con las varias hipótesis o tesis que se han propuesto para explicarla y, evidentemente, la conexión entre la significación y la comunicación en sus diversos niveles, siempre teniendo presente el proceso evolutivo infantil.

La exposición y discusión de estos aspectos semánticos generales se profundiza luego con el análisis detallado, primero de los diversos modelos propuestos para interpretar los datos, especialmente el modelo de 'los rasgos semánticos' y su evaluación. Como no quiere permanecer en el terreno de lo abstracto pasa luego a examinar los diversos factores empíricos (frecuencia del uso, conocimiento de los referentes, etc.) que pueden aportar luz sobre la manera en que las palabras que usa el niño se articulan con su experiencia concreta. La riqueza del material aducido en estos capítulos le permite formular una serie de indicaciones de indudable valor práctico, tanto para el investigador como para la aplicación psicopedagógica.

El cuarto capítulo lo titula OLÉRON, *"Sintaxis, semántica y cognición"; ya de entrada nos advierte que no es su propósito darnos una visión global de los problemas que presenta el estudio de la sintaxis, pues se ocupó de esto en otra obra (1976). Su interés se centra especialmente en las relaciones que existen entre las formas de desarrollo sintáctico, semántico y cognoscitivo, ya que quiere situarse en el plano de la evolución concreta del niño.*

*El autor distingue, esquemáticamente, tres etapas sucesivas en el modo en que se ha abordado el estudio del lenguaje infantil y en especial de la sintaxis. En la primera, se parte de la sintaxis en el lenguaje adulto y se estudia cómo el niño accede progresivamente a ella (*GUILLAUME*). La segunda, al contrario, se caracteriza por la búsqueda de gramáticas correspondientes al lenguaje infantil (*CHOMSKY*). La tercera etapa está marcada por un cierto retroceso en el interés concedido a las concepciones de* CHOMSKY, *admitiendo, casi, que las primeras producciones del niño pueden considerarse como no gramaticales, o como fórmula más adelante; "es posible que el niño no disponga más que de una gramática simplificada, en la medida en que el significado de los gestos basta para asegurar un mensaje en los casos prácticos, sin duda los más frecuentes, donde una gramática elaborada no es necesaria para asegurar el éxito de la comunicación" (pág. 166).*

Siguiendo esta última corriente, OLÉRON nos va mostrando cómo la sintaxis se va introduciendo y elaborando en las producciones verbales del niño: estadio de la palabra única, de la combinación de dos palabras..., siempre teniendo en cuenta los datos a la luz de las diversas teorías interpretativas y entrando en discusión con ellas. Especial importancia atribuye OLÉRON a las 'estrategias' que emplea el niño para detectar y aprovechar los índices que la organización sintáctica progresiva le brinda para descodificar el mensaje verbal; así, el orden de las palabras, las frases en voz pasiva (con sus variantes según la acción sea o no reversible), la interpretación de las indicaciones no explícitas (pronombres, suplencia de términos omitidos, etc.). Por supuesto, este análisis se hace no en abstracto sino aportando siempre los hechos e interpretaciones que las más recientes investigaciones nos han ido dando, y entre ellas cabe destacar las realizadas por el mismo autor y sus colaboradores.

La última parte del libro la dedica a los aspectos cognoscitivos; tema polémico por excelencia que él aborda con una precisión y claridad tales que constituyen, tal vez, uno de los aspectos más sugerentes e incisivos de su obra. Lo que quiere exponernos no es la discusión filosófica acerca de la relación entre "lenguaje y pensamiento", las dependencias recíprocas o la supremacía de uno sobre el otro. Dado que en otra obra (1972) ha estudiado la influencia del lenguaje en el desarrollo cognoscitivo, quiere aquí analizar algunos aspectos más relevantes acerca del influjo del desarrollo cognoscitivo en la adquisición del lenguaje, como ya indica el título de este apartado.

Antes de avanzar en el análisis de esta temática, el autor se ve precisado a recordar que establecer un paralelismo, una correlación entre dos variables, no implica necesariamente probar que entre ellas media una relación de dependencia-causalidad, y lamentar que no pocos tratadistas parecen ignorar o menospreciar esta distinción fundamental, y, en vez de constatar simplemente la correlación, hablan sin más de dependencia-causalidad. Por desgracia, según OLÉRON, no escapa a esta crítica el mismo PIAGET, quien señala la correlación entre la consecución del nivel operatorio y tal nivel en el empleo de cualquier forma sintáctica o semántica (pp. 194-195). La raíz de la dificultad la ve OLÉRON en el hecho metodológico de que PIAGET basa su noción de inteligencia en la acción ejercida por el organismo sobre su entorno físico. De esta forma, las nociones y operaciones estudiadas por PIAGET *conciernen a este tipo de actividad y a las propiedades de esta clase de entorno. Con esto deja de lado otro tipo de actividad y otro tipo de entorno. Todo lo que concierne al hombre y a la sociedad; tampoco entran los aspectos oscuros y amenazadores, las ambigüedades de los índices que estas situaciones aportan, las relaciones afectivas ante estos aspectos, etc. Por esto los cuadros elaborados para dar cuenta del desarrollo cognoscitivo se verán afectados por esa restricción; es dudoso que la lógica y las matemáticas den cuenta, adecuadamente, de este universo social y afectivo. Por todo ello, al hablar de la relación entre la cognición y el lenguaje no se puede prescindir de precisar qué se entiende por estos conceptos y en qué manera se restringe su ámbito. Hay un lenguaje que se refiere al mundo físico y parte del vocabulario infantil está formado por palabras que denotan los objetos y sus características; ese lenguaje matemático y lógico puede tener su arranque, como señala acertadamente* PIAGET, *en los movimientos y manipulaciones del recién nacido y sus primeros estadios. Pero hay otro lenguaje, el de tipo social y afectivo, cuyo origen hay que buscarlo en los gritos, llantos, en los aspectos emotivos y afectivos (pp. 196-197). Aunque el autor no lo menciona aquí, me parece que está aludiendo a la postura defendida, entre otros, por H.* WALLON *y su insistencia en diferenciar los aspectos tónicos y gestuales como contrapuestos a los clónicos-cinéticos; los primeros establecerían primariamente una relación con las personas; los segundos, posteriores, con los objetos.*

    Estaría fuera de lugar extendernos aquí en el análisis, complejo y matizado, que OLÉRON *hace de la relación entre lo lingüístico y lo cognoscitivo; baste, tal vez, indicar que para el autor lo lingüístico es en muchos casos una vía de acceso a lo cognoscitivo (p. 202); pero no en todas las facetas del lenguaje, así, respecto a los referentes, la adquisición del lenguaje depende del desarrollo cognoscitivo, ya que no podría un niño expresarse y comprender lo que se dice acerca de un objeto sin tener algún conocimiento de él (p. 205); lo mismo hay que decir del dominio del condicional "sí", pues lo esencial, en este caso, consiste en la posibilidad, por parte del sujeto, de superar el campo de las constantes presentes para admitir las relaciones que se refieren a lo posible, a lo virtual, y donde lo fundamental estriba en la conexión de las proposiciones, y no en su referencia a un estado de la realidad (p. 211). Con todo, aplicando el principio de la sucesión racional que consiste en no apelar a un principio de explicación situado en un nivel más elaborado cuando se puede recurrir a otro nivel que se basa en elementos más simples, el autor muestra cómo en la adquisición primera del lenguaje juegan un papel preponderante las estrategias o procedimientos empleados por el sujeto y que se derivan de opciones sugeridas por las situaciones y contextos, tales como, por ejemplo, la acentuación, las prioridades perceptivas, etc. "De todo ello resulta que no es posible interpretar en términos lógicos el uso de un elemento lingüístico y atribuir al sujeto una competencia de tipo lógico para dar cuenta de sus conductas verbales" (p. 219).*

Aunque en estas breves anotaciones no sea posible sintetizar adecuadamente toda la aportación que el Profesor de la Sorbona nos brinda, creo, no obstante, que lo dicho es suficiente para mostrar la riqueza de la información, la profundidad de sus análisis y la ponderación de sus valoraciones. Sólo me resta invitar cordialmente al lector a que recorra con atención este libro, seguro de que encontrará en él un instrumento valioso tanto si su interés se decanta por la investigación de la adquisición del lenguaje, como si se orienta a las aplicaciones de tipo psicopedagógico.

JOAQUÍN MARÍA ARAGÓ MITJANS
*Director del Departamento de Psicología Evolutiva
y Diferencial de la Universidad de Barcelona*

Diciembre de 1980.

CONTENIDO

Prólogo a la edición española, por el Prof. J. M. Aragó 7
Prólogo 15

CAPITULO PRIMERO.—**El niño y el animal frente al lenguaje** 21
1. *Posiciones adoptadas con respecto al lenguaje animal* 21
2. *El entrenamiento del chimpancé en la adquisición del lenguaje humano* 25
   A. Tentativas de entrenamiento para el habla 25
   B. Los Gardner: el aprendizaje del lenguaje gestual de los sordos 28
      1. Las modalidades de la adquisición, 30; 2. Lenguaje gestual y producciones espontáneas, 32; 3. Características del lenguaje de Washoe, 36.
   C. Premack y Rumbaugh: lenguajes visuales, fichas y ordenadores 43
      1. La experiencia de Premack, 45; 2. La experiencia de Rumbaugh, 49; 3. Las características del lenguaje de Sarah y de Lana, 53.
   D. La significación de las experiencias 61

CAPITULO II.—**El desarrollo semántico: aspectos y problemas generales** 68
1. *Diversidad de aspectos de la significación y de las capacidades semánticas* 68
2. *Diversidad de las capacidades semánticas* 69
3. *Modalidades y contextos del desarrollo semántico* 76
   A. Comprensión y producción 76
   B. La variación de la extensión 80
      1. La tesis de la sobreextensión inicial, 81; 2. La extensión media y sus justificaciones, 91.
   C. El papel de los contextos 93
   D. Significación y comunicación...................... 95
      1. El nivel preverbal, 96; 2. Actos de habla, peticiones, convenciones sociales, 98; 3. Los términos deícticos, 104.

14 El niño y la adquisición del lenguaje

CAPITULO III.—**El desarrollo semántico: modelos y factores** .. 107
1. *Empirismo e intelectualismo* 108
2. *El modelo de los rasgos semánticos* 109
   A. El modelo y sus justificaciones 110
      1. La interpretación de las sobreextensiones, 110; 2. Los términos "relacionales", 110.
   B. La evaluación del modelo 114
      1. Las bases teóricas. Examen crítico, 116; 2. El control de los hechos, 125
3. *Factores empíricos y estrategias* 128
   A. La frecuencia de uso 129
   B. El conocimiento de los referentes 132
   C. La asociación palabras-experiencias 137
   D. Las estrategias 143
4. *La pertinencia de los modelos "rígidos"* 148

CAPITULO IV.—**Sintaxis, semántica y cognición** 154
1. *El lugar de la sintaxis en las producciones verbales* 155
   A. Sintaxis y semántica 155
   B. Las relaciones con la cognición 158
   C. Acerca de las formas de considerar la sintaxis en el lenguaje infantil 161
   D. Empirismo e intelectualismo 167
2. *Primeras inserciones de la sintaxis en las producciones del niño* 170
   A. Estadio de la palabra única 172
   B. Combinaciones de dos palabras 174
3. *Estrategias* 178
   A. El orden de las palabras 179
   B. Las oraciones pasivas 182
   C. La interpretación de indicaciones no explícitas 186
      1. Los pronombres, 187; 2. La interpretación de términos omitidos, 189.
4. *Aspectos cognoscitivos* 192
   A. Cognición y lenguaje 192
   B. La constitución de la organización cognoscitiva a través del lenguaje 199
   C. Los elementos cognoscitivos en la base de las adquisiciones. 205
      1. Los conceptos y las palabras, 206; 2. El papel de las capacidades cognoscitivas, 212; 3. La naturaleza de las capacidades cognoscitivas, 216.

Bibliografía 222
Bibliografía adicional 232

PROLOGO

Las ideas directrices que han presidido la redacción de esta obra, contribuyendo a proporcionarle su forma y contenido, pueden expresarse claramente —de un modo sin duda útil para el lector— en pocas palabras.

1. En principio, hemos querido presentar la adquisición del lenguaje entrando en un examen algo detallado de los problemas, las etapas de investigación, los datos, su interpretación y significado. Los estudios que, por razones prácticas, se limitan a examinar un tema en su conjunto, aportan un tipo de información indispensable, pero les es difícil hacer captar cómo los conocimientos empleados se establecen y se sitúan en problemáticas teóricas y técnicas. El público se forma una idea inexacta del saber positivo, imaginándolo referido a una suma de conocimientos, cuando, en realidad, comporta un buen número de intentos, tanteos, errores, contingencias unidas a momentos precisos y a métodos, "certezas" provisionales o marcadas por dogmatismos que no son declarados o reconocidos como tales. Hubiéramos querido tratar el tema elegido en forma de dossiers, de manera que las exigencias antes mencionadas hubieran podido ser satisfechas. Está claro que, incluso sin llegar a realizar completamente tal proyecto —procedente de una utopía o de una obsesión—, aproximarse a él exige determinadas opciones y abandonos; en caso contrario, el resultado sería un volumen imposible de utilizar por el lector (e incluso irrealizable para el autor y, naturalmente, para el editor).

2. Así pues, la presente obra no trata más que de algunos aspectos acerca de la adquisición del lenguaje. Además de la razón que acabamos de mencionar, recordemos que esta cuestión ha sido

objeto de un estudio más extenso en el capítulo así titulado del Traité de psychologie de l'enfant*. *Aquí hemos evitado tratar una serie de puntos estudiados en la mencionada obra y, cuando nos ha sido forzoso hacerlo, enviamos al lector a ese capítulo (bajo la referencia* OLÉRON, *1976). Por otra parte, existen excelentes obras en francés a las que remitimos a todo lector interesado en el tema. Esencialmente se trata de M.* RICHELLE, L'acquisition du langage, Bruxelles, Dessart, 1971, *y F.* FRANÇOIS *et al.*, La syntaxe de l'enfant avant 6 ans, París, Larousse, 1977**.

3. *Hemos considerado que el estudio de un ámbito no debe realizarse desde la perspectiva de una "regionalización", lo que, en última instancia, resultaría esterilizante. Es posible abordar el acceso al lenguaje de una manera puramente descriptiva, exponiendo los hechos propios de cada etapa e indicando los aspectos o formas del progreso realizado. Tal descripción proporciona informaciones irreemplazables, pero este desarrollo no puede ser desligado de las modalidades del funcionamiento observable en un organismo que ha alcanzado la madurez y del estudio de los interrogantes, interpretaciones y datos relativos al análisis de este último. Nos ha parecido que no existe mejor forma de comprender la adquisición que teniendo presente lo que se sabe —de una manera general y no solamente considerando al niño— acerca del lenguaje y de las conductas verbales.*

Sería muy aclarador a la hora de comprender la adquisición del lenguaje si antes pudiéramos definirlo. Por desgracia, este punto no es sino parcialmente accesible; por una parte, porque nos falta un conocimiento estructurado de manera suficiente de los procesos como para poder adelantar definiciones; por otro lado, debido a que existen enriquecimientos recíprocos entre el estudio de la génesis y el de las realidades a las que conduce. Acerca de la naturaleza del lenguaje, una fuente clásica de reflexiones e informaciones la constituye la comparación del hombre con el animal y el interrogante sobre las capacidades de este último a tal respecto (lo que también nos lleva a los fundamentos biológicos y psicológicos de los que depende). Algunas informaciones

---

* Véase GRATIOT, H.: *Tratado de psicología del niño*, tomo VI, "Los modos de expresión", Madrid, Morata, 2.ª edición, 1980. *(N. del T.)*

** Véase VILLIERS, P. A.: *Primer lenguaje* (Serie Bruner, Vol. 10), Madrid, Morata, 1980. *(N. del T.)*

nuevas han sido aportadas durante los últimos años mediante las experiencias de entrenamiento de antropoides para el uso del lenguaje humano o sus equivalentes. Esto nos ha llevado a incluir en esta obra el capítulo consagrado a "el niño y el animal frente al lenguaje".

4. *La actividad verbal es la actividad de un organismo que se ejerce en un contexto de experiencias, acciones o reacciones con un medio circundante y con otros organismos. Los estudios clásicos sobre el lenguaje se inhiben de este punto o, simplemente, no hacen más que mencionarlo. El lenguaje aparece tratado como un conjunto de saberes, que se estudian por sí mismos o, como máximo, en sus relaciones con los referentes y los elementos cognoscitivos. El conductismo ha tratado abundantemente el comportamiento verbal, señalando la dependencia relativa a las circunstancias y condiciones en que se produce, pero su enfoque resulta esquemático. Como ha afirmado* BRUNER *(1975), la importancia dada al estudio de las* estructuras, *particularmente con las repercusiones de los trabajos de* CHOMSKY, *nos ha desviado del estudio de las funciones, al cual sería necesario volver.*

En este punto debemos reconocer, sin duda, las lagunas de la presente obra. Nos hemos contentado, por ejemplo, con aludir a la importancia de la comunicación y a la prioridad del significado sobre la sintaxis; pero no hemos dicho nada sobre el lenguaje como conducta, como medio de acción sobre otros, sobre sí mismo, como práctica marcada por las normas del grupo y sus costumbres, como vehículo de saberes, errores, ignorancias, prejuicios y pasiones, como modelador de la inteligencia y la personalidad, como medio de expresión, de realización práctica o lúdica, sobre las relaciones con las actividades preverbales y los modos no verbales o no orales de comunicación, etc. El silencio en lo que se refiere a este punto se debe a que la amplitud del tema implicaría la redacción de otra obra que, tras la adquisición, tratara de "El niño y el uso del lenguaje". Si hubiera que escribirla, plantearía un problema idéntico a éste, incluso aunque la parte consagrada al papel del lenguaje en el desarrollo haya sido tratada ya en otro lugar (*OLÉRON, *1972).*

---

* Adoptamos el término lúdico/a por ser el más usual, aunque el admitido por la Real Academia de la Lengua es lúdrico, del latín *ludicrus*. *(N. del T.)*

5. *La obra se sitúa en la perspectiva de la psicología científica. Esto excluye un determinado tipo de estudio basado en impresiones, aproximaciones o sugestiones. Una tradición literaria de la lingüística no excluye este tipo de estudio, en ocasiones desarrollado con una brillantez de la que carecen las investigaciones experimentales. Y ello no significa que juzguemos tal tipo de exposición como exento de valor. No se puede negar la realidad de un "conocimiento aproximado" que permita tratar el asunto de una manera plausible, mucho antes que un dominio sea objeto de una investigación estructurada y naturalmente cuando esa clase de investigación se quede en un deseo o no pueda ser sino marginal. Pero eso no puede ser más que a condición de que ese tipo de tratamiento sea una manera de confesar ignorancia y no de enmascararla.*

Debido a la perspectiva adoptada, hemos dedicado un lugar importante a los métodos, y, aunque hubiéramos deseado consagrarles un capítulo, nos referiremos a ellos tanto como sea posible cuando nos ocupemos de los resultados obtenidos acerca de algún punto por tal o cual autor. El método es un instrumento de prueba que caracteriza toda etapa racional. Las referencias que se hacen en este sentido permiten recordar que los conocimientos, a pesar de que parecen en ocasiones muy simples al exponerlos, son la expresión de un trabajo, frecuentemente minucioso, que incide sobre el análisis de los conceptos y del esfuerzo, difícil, para imaginar las situaciones que permiten ponerlos a prueba.

6. *Los hechos son los únicos objetos dignos de interés y atención para el conocimiento científico. Pero no existe ninguno independientemente de los encuadres teóricos que permiten interpretarlos y que, a menudo, han llevado a descubrirlos. Los marcos teóricos no proceden únicamente de las etapas inmediatas de la disciplina científica en cuestión; dependen de la epistemología adoptada para definir esa disciplina, así como los métodos por ella utilizados. No son independientes de teorías generales que no pueden ser denominadas más que filosóficas. Si no se relacionan con esas teorías de una manera deductiva —lo que equivaldría a negar sus bases experimentales—, guardan relaciones con ellas, ya sea en las preocupaciones de sus autores o bien porque se insertan como argumentos en favor de una u otra de ellas (y también se articulan con otros argumentos en un contexto de esclarecimiento recíproco).*

Ningún esfuerzo de explicación o, simplemente, de ordenación de datos es independiente de una actitud reduccionista o pluralista; esta última afirma la originalidad y la autonomía de las formas más complejas o , más elaboradas en relación a las formas más simples, a las que la primera actitud busca devolverlas. Así, se plantea la originalidad humana y, en nuestro caso, del lenguaje humano con respecto a formas de comunicación menos elaboradas o de otra naturaleza, lo que nos lleva a encontrarnos con las actividades preverbales y con el lenguaje animal ya mencionados. Ningún problema de adquisición es independiente de una referencia a una teoría del conocimiento y a la discusión entre empirismo y racionalismo. Ninguno es independiente tampoco de una referencia a una teoría circundante-mentalista o innatista acerca del origen y desarrollo de las capacidades en el individuo y en la especie. Esto, naturalmente, es válido para la adquisición del lenguaje.

No hemos olvidado esos problemas y han sido mencionados en diferentes ocasiones, por supuesto sin tratarlos como tales. Por último, hay que preguntarse siempre acerca del lugar concedido a las teorías con respecto a los hechos. Todas las disciplinas no poseen el mismo tipo de teoría e incluso podríamos llegar a decir que cada una tiene el que merece. Las teorías de las ciencias humanas más parecen con frecuencia dogmas que hipótesis interpretativas de la realidad, bien sea porque acerca de determinados puntos (innatismo, desigualdades naturales, discontinuidad filogenética...) implican posiciones personales o sociológicas, bien porque una tradición literaria, apoyada por las facilidades de la reproducción, valora las referencias a los estudiosos cuya autoridad domina el ámbito en detrimento de los hechos descubiertos por ellos mismos o por otros.

En las disciplinas que tienen más camino ante sí que detrás, la calidad de una elaboración teórica reside en su valor heurístico. Normalmente, éste se relaciona con su carácter regional o local. Existen muchas zonas por explorar, cuyas construcciones excesivamente generales, elaboradas partiendo de otras zonas, con frecuencia tienden a desviarse.

CAPITULO PRIMERO

EL NIÑO Y EL ANIMAL FRENTE AL LENGUAJE

1. POSICIONES ADOPTADAS CON RESPECTO AL LENGUAJE ANIMAL

Cuando se estudia la adquisición del lenguaje por el niño, referirse al animal permite ensanchar las bases sobre las que se plantean y discuten los problemas. El desarrollo de una actitud científica respecto al hombre sólo fue posible a partir del momento en que éste dejó de ser tratado como un ser aparte y, —al menos en el sentido etimológico del término— *incomparable*. Es un hecho notable que el lenguaje sigue siendo un campo donde todavía hay quienes defienden con vigor y hasta con pasión la tesis de la originalidad e incomparabilidad del hombre. Verdad es que la actitud científica no lleva a la conclusión de que el hombre no se diferencia del animal; lo más frecuente es que conduzca a definir en qué difiere de él. Pero señalar las diferencias sobre la base de comparaciones comprensivas no es lo mismo que plantear, desde el comienzo, incompatibilidades y rasgos exclusivos, y con mayor razón cuando éstos se apoyan en criterios indirectos.

Las cuestiones tratadas en este capítulo se sitúan dentro del marco de un debate que se desarrolló —y que prosigue— en varios niveles. Ante todo se sitúa en un plano filosófico ("ante todo" porque fue éste el primer plano abordado), en el que se trata la especificidad del hombre; la filosofía racionalista la propuso de una manera radical, como un efecto de las concepciones teológicas del hombre formado a imagen de Dios. La posesión exclusiva del lenguaje es uno de los argumentos citados en favor de esa tesis. Podemos verlo en DESCARTES: "No hay hombres tan embrutecidos ni tan estúpidos, sin exceptuar a los insensatos, que no sean capaces de combinar varias palabras y componer con ellas un discurso mediante el que hagan entender sus pensamientos;

y..., por el contrario, no hay otro animal tan perfecto y tan felizmente nacido que pueda hacer algo semejante *(Discours de la méthode,* Vrin, Ed. Gilson, 1970, p. 57).

Siempre en este plano, la polémica concierne a la evolución que conduciría desde las formas más simples de la vida (y de la actividad psicológica) hasta las más complejas, y cuya existencia, modalidades, alcance, carácter continuo o discontinuo pueden ser cuestionados. Con las referencias a la evolución se desborda la reflexión filosófica. La perspectiva evolucionista ha planteado unas ideas generales sobre el conocimiento del hombre, la aparición de las capacidades que actualmente manifiesta (a pesar de la enorme cantidad de hipótesis e incertidumbres que subsisten en las descripciones propuestas y, sobre todo, cuando se trata de imaginar los mecanismos responsables del cambio). En tanto que se sitúe en esa perspectiva la aparición de rasgos como el caminar, el funcionamiento intelectual, la organización social o las manifestaciones religiosas o artísticas, no hay razón para excluir de ella el lenguaje.

Por lo que se refiere al niño, el debate evoca las relaciones entre la filogénesis y la ontogénesis, y en este caso particular las relaciones entre las primeras actividades humanas y las que un animal es susceptible de manifestar: en cuanto a las primeras producciones y reacciones del niño, ¿se situarían a nivel del animal, de tal modo que se pudieran interpretar a partir de esta referencia?

La polémica resulta estar vinculada también a la controversia epistemológica sobre la manera en que el psicólogo define y enfoca su objeto, y a ello aludimos en diversas partes de esta obra. Los partidarios de la continuidad proponen aplicar a los niveles complejos los modelos de descripción y análisis que les parecen adecuados para abordar los fenómenos simples. Los partidarios de la discontinuidad exigen, por el contrario, modelos que sean apropiados a las formas complejas; es decir, que ellos mismos sean complejos.

En el plano del lenguaje la discusión se refiere a su definición, es decir, a su naturaleza. ¿Qué debe entenderse por lenguaje? ¿Qué rasgos son necesarios para poder considerar que estamos o no frente al hecho del lenguaje? La orientación que adoptan algunos estudiosos consiste en elegir los rasgos que caracterizan a las formas más elaboradas y que no se encuentran en las formas más simples. Estas (en nuestro caso, las producciones animales) *no serían* lenguaje. El proceder de otros investigadores es inverso: retener los rasgos que son apropiados para todas las formas y que, de este modo, caracterizan tanto las producciones animales como las humanas.

Se advierte de este modo que las posiciones adoptadas acerca de la realidad del lenguaje animal, acerca de la posibilidad que tiene el animal de adquirir el lenguaje, dependen de definiciones aceptadas en principio. Sin embargo, en estas materias las definiciones no son, *a priori,* completamente libres. Al igual que las posiciones por ellas inducidas, no hacen más que expresar interpretaciones referidas a hechos. Los hechos pueden ser observados y analizados y las interpretaciones pueden ser discutidas. Análisis y discusiones no desembocan en una conclusión incontrovertible, y por eso la decisión zanja el problema con cierta arbitrariedad, pero no sin un determinismo que proviene de motivaciones o preferencias más o menos oscuras. Entre tanto, les será permitido poner de manifiesto los rasgos mediante los cuales es procedente, o al menos sería posible, o pertinente, caracterizar el lenguaje. En este sentido, merecen ser tenidos en cuenta, ya que permiten, si no dar una respuesta definitiva, al menos aclarar el problema antes formulado: ¿Qué es lo que obtiene el niño cuando decimos que adquiere el lenguaje?

Los argumentos relativos a las capacidades del animal que podíamos traer a debate estuvieron limitados durante mucho tiempo a sus producciones espontáneas. Pero el centro de interés quedó desplazado ante varias experiencias de entrenamiento de chimpancés en formas humanas de lenguaje o en prácticas identificables (al menos en apariencia) con el lenguaje. Las más recientes obtuvieron, en efecto, resultados que pueden considerarse positivos, y, en consecuencia, merecen una atención particular.

Estos entrenamientos llevan a conclusiones vinculadas con la adquisición del lenguaje por parte del niño. En el caso de los entrenamientos en un lenguaje humano, vocal o gestual, con un animal joven, el éxito debe evaluarse, como es natural, en comparación con los logros del niño —y no del adulto, que proporciona un criterio demasiado severo. Y la comparación sólo puede considerarse exacta si las capacidades del niño y el nivel (y hasta el tipo) de dominio de la lengua también se evalúan con extremado detenimiento. De manera más general, los métodos de entrenamiento practicados con el animal pueden ser comparados a las modalidades de adquisición que intervienen en el niño. En la medida en que haya un verdadero éxito en el entrenamiento con el animal hay que preguntarse, claro está, si el niño aprende de la misma manera que aquel, o al menos si lo hace durante una parte de su desarrollo y, en este caso, hasta dónde.

No nos vamos a referir a las comunicaciones animales espontáneas. Sólo querríamos ilustrar brevemente, con algunas citas, las posiciones dogmáticas que se han adoptado al respecto y que revelan en particular el apriorismo de los argumentos invocados.

Las citas podrían multiplicarse desde la de Boutan (1913): "Su lenguaje (el de los animales) no es un lenguaje, tal como éste debe definirse científicamente", hasta la de Revesz (1944): "Es indudable que los animales no poseen ninguna forma de comunicación semejante a nuestro lenguaje", o la de Benveniste (1953): "Aplicada al mundo animal, la noción de lenguaje sólo se emplea por un abuso terminológico".

Entre los rasgos atribuidos al lenguaje humano y que justifican esta posición, pueden citarse los mencionados por Bierens de Haan (1929) y Benveniste (1951), parcialmente coincidentes. Para Bierens de Haan, el lenguaje incluye seis caracteres: 1. Es vocal. 2. Es articulado. 3. Posee una significación convencional. 4. Indica algo. 5. Expresa una intención de comunicar. 6. Permite realizar combinaciones nuevas.

Benveniste centra su discusión en torno a las abejas, a las que desde los trabajos de Von Frisch se los atribuye el modo de comunicación más elaborado entre los animales. Para él: 1. La abeja no posee un lenguaje vocal (puesto que "no hay lenguaje sin voz"). 2. "Las abejas no conocen el diálogo, que es la condición del lenguaje humano". 3. No hay retransmisión de un mensaje recibido. Y, sin embargo, "lo propio del lenguaje es procurar un sustituto de la experiencia apto para ser transmitido sin fin en el tiempo y el espacio". 4. El mensaje no se refiere más que al alimento, lo cual contrasta "con el carácter ilimitado de los contenidos del lenguaje humano". 5. El simbolismo refleja la situación objetiva, lo que no ocurre en el lenguaje. 6. El "lenguaje" de una abeja no es analizable, mientras que el lenguaje humano realiza una considerable cantidad de combinaciones a partir de un número limitado de elementos.

La particularidad de estos análisis es restringir la definición del lenguaje (lo cual permite atribuirlo sólo al hombre, a quien se toma como modelo) y, al hacerlo, insertar aspectos que no lo caracterizan de una manera esencial. Esto es patente con respecto al carácter "vocal" u "oral", que niega la existencia de lenguajes visuales, sean pictóricos o gestuales. La referencia al diálogo es un ejemplo típico de adición arbitraria, pues las comunicaciones de sentido único (órdenes, advertencias, cursos, conferencias, discursos, comunicaciones a través de los medios de comunicación de masas) son moneda corriente en la vida social y no por ello resultan no lingüísticas... Y si rasgos como articulación, combinatoria, convención caracterizan sin duda al lenguaje humano y de ellos se deriva una indiscutible comodidad, no por ello está establecido que un sistema que los excluya total o parcialmente no sea un lenguaje.

2. EL ENTRENAMIENTO DEL CHIMPANCE EN LA ADQUISICION DEL LENGUAJE HUMANO

A. Tentativas de entrenamiento para el habla

Los intentos de entrenamiento en la adquisición del lenguaje se efectuaron, aparte del de FURNESS (cf. *infra*), en chimpancés cuyas capacidades intelectuales habían mostrado ser de las más desarrolladas.

Los primeros ensayos se encaminaron a hacerles adquirir el habla o, al menos, la capacidad de producir algunas palabras o emisiones que pudieran ser consideradas como aproximaciones a palabras.

Según KELLOGG (1968), WITMER relató, en 1909, el caso de un chimpancé que, gracias a un entrenamiento, había llegado a ser capaz de pronunciar la palabra "mamá", aunque sólo lo lograba con grandes dificultades; además, articulaba bien la "m", pero la "a" no era sonora. Asimismo, en 1916 FURNESS afirmaba (cf. MUNN, 1955) que había logrado hacer pronunciar "papá" y "cup" a un orangután. El entrenamiento para lograr la articulación de la primera palabra duró seis meses, y FURNESS lo consiguió manipulando los labios del animal. La palabra "cup" sólo llegó a ser pronunciada cuando el animal logró producir el sonido "ka".

YERKES (YERKES y LEARNES, 1925) nos ha descrito el método empleado por él, consistente en ofrecer al animal una golosina (un plátano o trozos de plátano) después de que el experimentador hubiese pronunciado sonidos simples (bā, bā o cō, cō o nā, nā). YERKES creía que el animal podría establecer una conexión entre los sonidos y la aparición del alimento, y se vería así incitado a pronunciarlos. Se trata, en suma, de un método que asocia imitación y condicionamiento.

A pesar de haber repetido muchas veces esta prueba durante varias semanas, y, a pesar de la introducción de variantes en el dispositivo experimental, el animal nunca llegó a repetir —ni mucho menos a producir espontáneamente— las expresiones que se le proponían como modelo. A lo sumo, YERKES observó la aparición ocasional de movimientos de los labios que podían parecer una imitación de lo que hacía el experimentador, y algunas veces la producción de un sonido, pero esto en raras ocasiones y como fruto del azar.

Para testificar la capacidad de adquirir el lenguaje ofreciendo al animal todas las posibilidades, es razonable situarlo en el seno del medio humano en el que se desarrolla el niño y elegir sujetos jóvenes susceptibles de sacar provecho de ese medio, tal como lo hace el niño. W. N. KELLOGG (1968) recuerda que los monos han tomado parte en la vida familiar en tanto que animales domésticos, como sucede, más a menudo, con perros o gatos. Ahora bien; jamás se ha tenido noticia de que esos animales hayan manifestado alguna tendencia a adquirir el lenguaje humano. Pero, como indica W. N. KELLOGG, un animal doméstico nunca es tratado exactamente como un niño.

W. N. KELLOGG y la señora A. L. KELLOGG tuvieron el mérito de realizar una experiencia que se ha hecho célebre y que consistió, precisamente, en criar a un joven chimpancé tratándolo exactamente como un niño. El animal, Gua, una mona que al comienzo de la experiencia tenía 1;6 años, fue criado en compañía de Donald, hijo del matrimonio KELLOGG, que tenía tres meses más que el animal. Durante los nueve meses de la experiencia, ambos fueron tratados de una manera idéntica en lo relativo a la forma de nombrarlos, vestirlos, manifestarles señales de afecto, castigarles, hablarles, etc. Las observaciones llegaron a mostrar capacidades del mismo orden en lo concerniente a las conductas de la vida cotidiana (comer utilizando una cuchara, beber de una taza, abrir las puertas, obedecer las órdenes, pedir perdón, etc.). Sin embargo, Gua (que utilizaba una cierta cantidad de vocalizaciones espontáneas) no manifestó ninguna tendencia a adquirir un comportamiento verbal.

Cierto es que la experiencia no estaba específicamente orientada hacia la adquisición del habla, pero el animal disfrutaba de un medio donde el empleo constante del lenguaje podía proporcionarle un modelo. Hay un punto importante señalado por los KELLOGG: la ausencia de actividad asimilable a un parloteo en el animal, mientras que el niño "vocalizaba sin parar". "Nunca hubo en Gua sonidos al azar que hayamos podido comparar con el balbuceo del niño. Gua sólo profería sonidos bajo la influencia de un estímulo" (1936, 157). Por otra parte, los KELLOGG trataron de enseñarle la palabra "papá", colocándose frente a ella y repitiendo lenta y diferenciadamente sus sílabas. Aunque el animal manifestó interés por los movimientos del rostro y de la boca, esto no derivó en ninguna imitación ni producción vocal y, tras varios meses de fracaso, se puso fin al intento.

K. J. HAYES y la señora C. HAYES (1925; cf. C. HAYES, 1951; K. J. HAYES y C. H. NISSEN, 1971) criaron también una mona, Viki, en el seno de su familia, ofeciéndole las mismas condiciones de desarrollo, pero sin la compañía de un "hermano"; la experiencia comenzó mucho antes, pues el animal fue "adoptado" tres días después de nacer, y se prosiguió el experimento durante seis años y medio, hasta su inesperada muerte a causa de una enfermedad.

El matrimonio HAYES logró que Viki pronunciara algunas palabras; será interesante examinar más detenidamente cómo lo consiguieron.

La primera etapa del entrenamiento apuntaba a inducir un control de las producciones del animal; por ejemplo, a que éste emitiera un sonido cualquiera que determinara la obtención de alimento. C. HAYES describe sus primeras tentativas: quince minutos después de haberle presentado un tazón de leche sin que esto produjera efecto alguno, la partida de la experimentadora provocó un débil "oo-oo", emisión que pertenecía al repertorio natural del chimpancé (los KELLOGG la mencionaron, comparándola con el gemido de un perro o de un niño pequeño). Esta producción fue recompensada, así como su repetición o la producción de otros sonidos surgidos en las mismas condiciones. Durante varias semanas no se manifestó ningún progreso hasta que, súbitamente, apareció un nuevo sonido. "Era como si, dice C. HAYES, alguien susurrara un 'ah' lo más fuerte posible y con un gran trabajo; la cara de Viki se contorsionaba y sus ojos indicaban la tensión y la preocupación de un tartamudo" mientras lo pronunciaba.

Como paso siguiente, los autores lograron hacer producir a Viki la palabra "mamá", para lo cual utilizaron el método de intervención directa sobre los labios del animal ya empleado por FURNESS (cf. *supra*). Apretando primero los labios, los soltaban en el momento en que la mona lanzaba su "ahhh". Progresivamente, el animal llegó a ser capaz de mover de modo espontáneo sus labios: el contacto del índice con éstos bastaba para desencadenar la emisión; el propio animal lo buscaba y llegó a servirse de su propio índice. (Podemos considerar que este contacto sirve como estímulo intermedio o indicio para la producción del movimiento conveniente; pueden hallarse observaciones análogas en la adquisición de ciertas articulaciones por los niños sordos profundos en proceso de desmutización.)

Viki aprendió después las palabras papá, cup y up sobre la base de imitaciones que explotaban articulaciones espontáneas lo bastante parecidas a "k" y "p". Para ampliar su vocabulario, los autores (HAYES y NISSEN, 1971) aceptaron como "palabra" tres producciones: un castañeteo de dientes, un sonido identificable a "tsk" y una especie de "clik" aspirado. La justificación de su identificación con palabras provenía del hecho de que cada una estaba ligada a una significación (demanda de un paseo en automóvil, de un cigarrillo, de una salida al jardín).

Al respecto es importante señalar que la asociación de las producciones a una significación es característica de los casos en que un mono ha conseguido producir la aproximación de palabras. Estas eran empleadas a propósito. Así lo atestiguan tanto las observaciones realizadas por FURNESS como las del matrimonio HAYES.

Si recapitulamos el conjunto de los resultados obtenidos en el marco de las diversas experiencias citadas, veremos que manifiestan una extremada pobreza. Deben tenerse en cuenta las favorables condiciones en que fueron situadas Gua y Viki, a diferencia de los animales de laboratorio, los esfuerzos realizados para introducirlas en la vida de una familia humana donde la palabra es empleada constantemente, así como las repetidas y sistemáticas tentativas de entrenamiemto a su respecto. Paralelamente han de tomarse en consideración los éxitos manifestados por estos animales en el dominio de las actividades no verbales, tanto en el plano del desarrollo intelectual como en el de la socialización y adquisición de rutinas y hábitos que implica la vida en una familia a la manera de un hombrecito.

Es legítimo hablar de fracaso, sobre todo si se tiene en cuenta que en Viki —el sujeto de experimentación más brillante, con su vocabulario de "palabras"— y según comprobación de HAYES y NISSEN (1971, 113), "el lenguaje oral resultó tan poco disponible que no servía para ningún objetivo práctico". Las razones de ese fracaso pueden ser discutidas (cf. *infra),* pero, gracias, a él, los investigadores se orientaron hacia otras formas de lenguaje distintas del habla.

B. Los Gardner: el aprendizaje del lenguaje gestual de los sordos*

R. A. GARDNER y su esposa, B. T. GARDNER, lograron salir del atolladero en el que habían desembocado las investigaciones precedentes, recurriendo al lenguaje gestual empleado por los sordos. Se trata de un lenguaje humano, practicado por una importante cantidad de personas (no sólo sordos, sino también no sordos, que lo utilizan para comunicarse con ellos), y relativamente codificado, sobre todo en los Estados Unidos, donde se llevó a cabo la experiencia (y donde los especialistas lo designan con el nombre de *American Sign Language,* que se abrevia ASL o incluso *Ameslan*[1]). Este lenguaje se realiza con movimientos en los que intervienen esencialmente los brazos, las manos y los dedos. En este sentido, parece ser conveniente para el aprendizaje en animales cuyas habilidades motrices y cuya destreza siempre han sido puestas de relieve, como recuerdan los GARDNER.

Por otra parte, los animales muestran en forma espontánea actitudes o movimientos que pueden ser interpretados como expre0 siones de un deseo o de una demanda. Esto se observa ya en los animales cuyas habilidades motrices y cuya destreza siempre han diversos ejemplos relacionados con monos. Ciertos gestos de solicitación (alimento, ejecución de un acto en común) fueron observados en su medio natural o en los zoológicos. W. N. KELLOGG (1968) recapituló la lista de los gestos o actitudes observados en

---

* Véase VILLIERS, *op. cit.* (pág. 140). (*N. del T.*)

[1] Utilizaremos el término ASL, adoptado en los primeros trabajos de los GARDNER, y que presenta la ventaja de ser conciso. En los Estados Unidos, y de acuerdo con la tradición del abate d l'Epée inventor de los "signos metódicos", los elementos de ese lenguaje son llamados *signs.* En lo que más afecta, empleamos el término "gesto", también ambiguo, pero menos que "signo", y para el cual se dispone de un adjetivo usual, cosa que no ocurre con "signo". Para obtener indicaciones acerca del lenguaje gestual de los sordos, de los sordos franceses —aunque sus principios son semejantes y muchos gestos son idénticos—, se puede consultar OLÉRON, 1974.

Gua con la interpretación que se les atribuía: mordisquear los dedos o las ropas del experimentador o trepar a la silla donde se la alimentaba, para expresar hambre; tender los labios hacia la taza en caso de sentir sed, alejar la taza para denotar saciedad, etcétera. De igual forma, HAYES y NISSEN (1971) reseñaron las observaciones hechas acerca de Viki: colocar las manos de los experimentadores sobre un objeto para obtener la autorización de jugar con él, señalar con el dedo pequeñas heridas para ser curada, tender la mano para pedir un alimento o un objeto, colocar la mano del experimentador sobre el borde de un cajón donde se encontraban la llave de la casa y la de su habitación para expresar el deseo de salir o de ir a la cama, etc.

En estos comportamientos espontáneos podría hallarse una base sobre la cual fundar el aprendizaje del lenguaje gestual.

La experiencia de los GARDNER comenzó en 1966 con una mona a la que llamaron Washoe y cuya edad podría estimarse entre los 8 y los 14 meses, o sea, alrededor de 11 meses. Más tarde ampliaron la experiencia utilizando individuos "adoptados" desde su nacimiento (una hembra, Moja, en 1972; un macho, Pili, en 1973). Aquí consideraremos fundamentalmente el resultado de las observaciones consagradas a Washoe, que fueron objeto de detallados análisis y de varias publicaciones a partir de 1969 (cf. bibliografía)[2]. Sobre los trabajos ulteriores, puede consultarse GARDNER y GARDNER (1975). Con independencia de la edad de los sujetos, estos trabajos se caracterizan por recurrir a colaboradores que poseían un excelente conocimiento del ASL (sordos o hijos de sordos), mientras que los GARDNER y sus primeros colaboradores habían aprendido este lenguaje con vistas a la experiencia y sólo habían adquirido una limitada práctica del mismo. Además, la presencia de varios animales abre la posibilidad de comunicaciones gestuales entre ellos.

A diferencia de Gua y de Viki, Washoe no fue incorporada constantemente a la vida familiar. Pero vivía en un remolque colocado en el jardín y equipado como una casa, con cocina y baño, y durante el día siempre la acompañaba al menos una persona que se esforzaba por estar constantemente en comunicación con

---

[2] Aparte de sus publicaciones, los GARDNER realizaron una película, *Teaching sign language to a chimpanzee: Washoe*, 16 mm, bl. y n., 1973, que es sumamente importante ver para darse cuenta de la manera en que el animal utiliza el lenguaje que se le ha enseñado.

ella durante todas las rutinas de la vida cotidiana y de los juegos y salidas. Las comunicaciones con el animal y entre las personas, cuando se hallaban varias con él, se efectuaban siempre en ASL, código que los autores y sus colaboradores habían aprendido con ese fin. El lenguaje oral estaba prohibido, tanto para evitar distraer a Washoe del uso de los gestos como para obligar a los participantes a desarrollar su práctica del ASL.

Los resultados de la experiencia fueron positivos. Washoe se mostró capaz de adquirir un vocabulario amplio. Los GARDNER consideraron únicamente el *vocabulario activo,* es decir, gestos efectivamente empleados por el animal de una manera regular y permanente, según los resultados de pruebas planteadas de acuerdo con estrictos criterios. El vocabulario fue aumentando con el tiempo: dos gestos después de seis meses de entrenamiento, siete después de un año, 45 después de dos años, 85 al cabo de treinta y seis meses, y 135 al cabo de cincuenta y uno. Salvo algunos nombres propios, se trata de gestos de ASL empleados todos ellos de manera apropiada (cf. *infra*)[3]. El número de gestos conocidos por el animal pero a los que sólo era capaz de responder sería mucho más elevado. A pesar de no haber sido comprobado sistemáticamente, los GARDNER lo estimaron en varios centenares de términos.

Estos resultados contrastan con el fracaso del aprendizaje del lenguaje oral y parecen justificar la elección del lenguaje gestual. Sin embargo, la expericiencia exige matizaciones y discusiones acerca de una serie de puntos.

1. LAS MODALIDADES DE LA ADQUISICION

En primer término, es conveniente examinar las modalidades según las cuales se efectuó la adquisición. Dado el terreno en que nos hemos situado, es éste un punto importante pues se trata de precisar si esa adquisición tiene alguna semejanza con la que

---

[3] En la experiencia llevada a cabo con los chimpancés "adoptados" desde su nacimiento, las adquisiciones fueron mucho más precoces. Los primeros gestos identificables aparecieron hacia la edad de tres meses. Moja y Pili eran capaces de utilizar cuatro signos, la primera durante su 13.ª semana y el segundo en su 15.ª semana. A los seis meses disponían, respectivamente, de 15 y 13 gestos, al año de 27 y 23 y a los dos años Moja conocía 54 gestos (GARDNER y GARDNER, 1975 y doc. mimeog.).

realiza el niño. Pudo advertirse que la producción de algunas palabras por ciertos monos era el resultado de un entrenamiento, sin el cual es evidente que aquéllas no habrían aparecido. *Con la adquisición de los gestos del ASL sucede prácticamente lo mismo.*

Los GARDNER (1971) hicieron una clasificación de los diversos procedimientos según los cuales se le enseñaron los gestos a Washoe. Se trata de la fijación de un producción espontánea, de la elaboración *(shaping),* de la intervención directa *(guidance)* y de la imitación. Todos implican la intervención del experimentador, pero de una manera más o menos directiva.

La imitación es procedimiento que deja mayor libertad al animal, manifiesta con mayor claridad su espontaneidad y parece más cercano al aprendizaje que lleva a cabo el niño. La parte esencial del dispositivo de la experiencia, constituida por la presencia constante de una o varias personas describiendo las situaciones vividas y comunicándolas entre sí en ASL, proporcionaba un modelo que se presta a la imitación en el mismo sentido que las palabras pronunciadas por los padres en presencia de sus hijos pequeños. El informe menciona algunas adquisiciones realizadas de esta manera, una de las cuales parece constituir un buen ejemplo de imitación diferida (el gesto "cepillo de dientes", producido en forma espontánea, tras varios meses de presentación, con motivo de la visita a un cuarto de baño). Los GARDNER consideran la imitación susceptible de dar cuenta de ciertas regularidades de orden sintáctico (cf. *infra).*

Sin embargo, ellos mismos advirtieron que, en términos generales, la imitación sólo cumplió un papel muy restringido en la adquisición del vocabulario, al menos en el caso de la imitación pura y simple, sin intervención suplementaria de los experimentadores.

FOUTS (1972), asistente de los GARDNER, ha presentado dos experiencias que permiten comparar la eficacia de la imitación, la intervención directa (a la que llama *molding)* y un método combinado. Se organizaron sesiones de aprendizaje a fin de que Washoe adquiriera 30 gestos del ASL. Los resultados son muy claros: la imitación reveló ser casi totalmente ineficaz, al contrario de la intervención directa o del método combinado. Aunque se trate de un entrenamiento cuyas condiciones experimentales se hallaban lejos de un aprendizaje espontáneo, estos resultados son coherentes con lo que acaba de mencionarse.

La fijación de una producción espontánea deja una parte a la iniciativa del sujeto, ya que el experimentador sólo interviene *a posteriori* para mantener esa producción, respondiendo a ella de manera positiva y retomándola él mismo eventualmente para presentarla como modelo y, llegado el caso, introduciendo correcciones en la misma. Pocos fueron los gestos aprendidos de esta manera. Al comienzo, los GARDNER buscaron reforzar lo que se puede considerar como el equivalente gestual del parloteo infantil. Pero el "parloteo gestual" apareció rara vez en el animal, a quien preocupaba más actuar directamente y manipular objetos que emitir gestos "gratuitos". Ciertas producciones espontáneas fueron identificadas con gestos del ASL, lo cual fue posible por la índole de éste, o al menos de ciertos elementos de su vocabulario. Más adelante discutiremos este punto.

En conjunto, las adquisiciones de Washoe son el resultado de intervenciones sistemáticas por parte de los experimentadores.

El papel de las intervenciones directas *(guidance* o *molding)* está muy claro desde este punto de vista: se trata de una técnica empleada para el amaestramiento (FOUTS, 1972) de animales de espectáculo, y que consiste en dar a los miembros la posición y el movimiento que caracterizan el gesto que se quiere enseñar. Al principio, los GARDNER no pensaron recurrir a esta técnica, debido a que no deja suficiente espontaneidad al animal, pero acabaron por concederle el lugar que su eficacia justificaba.

Debemos mencionar también el entrenamiento efectuado en sesiones donde al comienzo se trataba de verificar el vocabulario adquirido y conservado por Washoe. Los GARDNER (1971) comentan que a medida que crecía el vocabulario debían recurrir a sesiones (dos por día) cada vez más largas, y que éstas se habían convertido en *drill sessions.* Se intentaba llevar al animal a la producción de gestos que había realizado con anterioridad, creando el contexto para esa producción, lo cual constituye, sin duda, una situación de práctica sistemática. Por lo demás, si no se obtenía el resultado buscado se apelaba a medios capaces de evocar la respuesta o de corregirla (imitación o ayuda que llegaba hasta la intervención directa).

2. LENGUAJE GESTUAL Y PRODUCCIONES ESPONTANEAS

El carácter del lenguaje gestual no es indiferente a las realizaciones llevadas a cabo por Washoe. Es importante insistir sobre este punto. Si el lenguaje gestual y el oral fueran completamente equivalentes, los éxitos del animal respecto del primero serían plenamente significativos: mostrarían su capacidad de utilizar el lenguaje humano sin restricciones, y los fracasos de las experiencias anteriores en relación con la comunicación oral podrían atribuirse a particularidades contingentes de aquéllas. Ahora bien: el lenguaje gestual ofrece características que permiten comprender que sea más fácilmente asimilable que una lengua oral, lo que debemos tener en cuenta antes de concluir en la adquisición, por parte del animal, de una capacidad lingüística de orden general.

Sin embargo, ciertos autores tratan el lenguaje gestual como si fuera una lengua con las mismas características que las lenguas orales, y analizable en la misma forma. Este punto de vista fue adoptado, en particular, por STOKOE (cf. 1972), seguido por diversos psicólogos y psicolingüistas, y por los GARDNER, y acaba coincidiendo con las posiciones de los sordos americanos, que reivindican a través del lenguaje gestual su identidad de minoría social; esto implicaría que ese lenguaje fuese a la vez original y equivalente a las lenguas orales. Nuestro punto de vista es diferente (cf. OLERON, 1974, 1978); nos parece falso distinguir en los gestos el equivalente de los fonemas (los *chérèmes* de STOKOE). Con respecto a los referentes, el lenguaje gestual se encuentra en una relación analógica y no (si es posible utilizar esta metáfora) digital. Incluye una simbolización que conserva vínculos, al menos en una parte de su vocabulario, con los objetos designados, lo cual no sucede en las lenguas orales.

En efecto, el lenguaje gestual se halla estrechamente enlazado a la acción y la expresión afectiva. Ciertos gestos son indicativos: consisten en mostrar un objeto, una dirección, una persona. Otros evocan las reacciones que provoca el referente, lo que se hace con el objeto, cómo se capta [son los gestos que OLÉRON (1952) denominó "acomodativos"]. El lenguaje gestual de los sordos codifica, elimina las implicaciones activas y afectivas y, sobre todo, con ciertos locutores de estilo "frío", esas implicaciones no se presentan en ninguna forma. Pero los gestos conservan un parentesco con la acción y la expresión, parentesco en cierto modo etimológico, que permite recobrar su origen probable. A la inversa, hay indicaciones, acciones esbozadas, expresiones que son semejantes a términos del lenguaje gestual y pueden ser asimiladas a ellos.

Hallamos un ejemplo ilustrativo en el término "ven-dame" *(come-give me)*, el más frecuente en el vocabulario de Washoe (GARDNER y GARDNER, 1971). Los observadores constataron que, tanto en su medio natural como en cautividad, los monos emplean un gesto, interpretado como demanda, que consiste en extender la mano, con la palma hacia arriba, en dirección a un congénere o una persona susceptible de darles lo que ansían. Se trata de un gesto "funcional", comienzo de la acción que consiste en coger y traer hacia sí el objeto cuando éste haya entrado en contacto con la mano. Es también una expresión afectiva, donde el deseo o el interés se manifiestan por una orientación hacia el objeto codiciado y un amago de atraparlo aunque sea inaccesible. Y se convierte en un elemento de comunicación en la medida en que el que lo ve lo interpreta como una demanda, lo cual, según ciertos testimonios, intervendría a nivel de los grupos constituidos en la naturaleza por determinados monos. El mendigo que tiende la mano no hace otra cosa que producir ese gesto. Los lenguajes gestuales de los sordos han conservado ese ademán para expresar "mendigar" (cf. en cuanto a los sordos franceses, OLÉRON, 1974). (El gesto que corresponde al término más general y abstracto "pedir" tiene una forma socializada o ritualizada, la de las manos unidas que expresan la oración.) Washoe ya utilizaba ese gesto cuando llegó a casa de los GARDNER, quienes le adjudicaron también el sentido "ven" a causa del contexto de su uso, que parece significar la llamada dirigida a una persona para que se acerque (también veremos aquí la expresión afectiva de un deseo) y su proximidad con el gesto ASL que posee esta significación (pero que incluye un movimiento del índice que Washoe no adquirió). Estamos, pues, frente a una expresión natural, y su incorporación al vocabulario de Washoe no es comparable al aprendizaje de un gesto puramente convencional.

Lo mismo sucede con "rápido", palabra también muy utilizada por Washoe. Los GARDNER (1971) constataron que Washoe manifestó espontáneamente lo que parece ser una expresión de impaciencia: el brazo levantado y la mano abierta agitándose vigorosamente. Debido a su similitud con el gesto ASL correspondiente a "rápido" *(hurry)* se le aceptó como forma que expresa esa significación adecuado a los contextos en que se producía. En última instancia, no se podría decidir si el animal empleaba ese gesto en forma aislada, si se estaba expresando en ASL o si sencillamente manifestaba su impaciencia mediante una expresión espontánea. Y cuando aparecía combinado con otros gestos (ya que entra en muchas combinaciones, cf. *infra*), siempre es posible preguntarse si intervenía con el carácter de una palabra o de una expresión afectiva asociada.

Análogas observaciones pueden formularse respecto del gesto "ir" *(go)*, que consiste en designar la dirección del objeto, el lugar o la persona hacia los que es atraído el animal, y "arriba" *(up)*, efectuado con el brazo levantado.

Estos análisis concuerdan con una puntualización de FOUTS (1973). En una experiencia de aprendizaje de 10 gestos por parte de cuatro jóvenes chimpancés, este autor observó que algunos eran más fáciles de adquirir que otros, y emitió la hipótesis de que esto se hallaba relacionado con su similitud con los comportamientos espontáneos del animal (respecto de "beber", señala que algunos chimpancés se chupan el pulgar, lo que es semejante a la ejecución del gesto correspondiente).

Estos ejemplos no son típicos, sin embargo, puesto que incluyen procedimientos de expresión espontáneos, reforzados a lo sumo por las reacciones positivas del medio. Llegan demasiado lejos, pues el conjunto de los gestos fue objeto de enseñanza. Pero podemos considerar que el adiestramiento se ve facilitado, al menos para alguno de ellos, por las características antes mencionadas. De este modo, los gestos "yo" *(I-me)* y "tú" *(you)* consisten en señalar con el dedo índice hacia uno mismo o hacia el interlocutor *presente,* es decir, en *mostrar* el referente designado, lo cual incorpora al lenguaje un procedimiento de naturaleza no lingüística (en la medida en que el lenguaje implica la constitución de un *doble* del objeto símbolo o signo). El vocabulario de Washoe comprende una gran cantidad de gestos acomodativos o que incluyen una asociación acomodación-figuración. "Cepillo de dientes": frotarse los dientes con el índice; "beber": colocarse el pulgar entre los labios mientras la mano se levanta evocando la acción de beber de una botella; "comer": los dedos de la mano cerrada se llevan a la boca; "abrir": las manos se apartan como si estuvieran abriendo las hojas de una ventana; "bebé": los antebrazos se unen como para llevar un niño, etc. El filme de los GARDNER permite comprobar que los ademanes efectuados por Washoe suelen estar más cerca de una ejecución concreta que los gestos más estilizados del ASL, lo cual hace más sensible su parentesco con las acciones efectivas.

Hay que subrayar estos aspectos, pues conciernen al menos a una parte de los gestos utilizados por Washoe. Sin embargo, es preciso reconocer que su alcance es limitado; no podemos olvidar que el resto del vocabulario está formado por una considerable proporción de gestos puramente convencionales para quien los usa (aunque el especialista pueda hallarles una "etimología" basada en la analogía o en testimonios históricos). Incluso algunos (ciertos nombres propios) incluyen signos dactilológicos totalmente desprovistos de sentido para quien no conoce el alfabeto. La facilitación de su aprendizaje reside, a lo sumo, en el empleo de un repertorio de acciones (respecto de su cuerpo y de los objetos), y hasta de gesticulaciones de las que el animal dispone naturalmente, pero que no determinan su carácter simbólico.

3. CARACTERISTICAS DEL LENGUAJE DE WASHOE

Podemos analizar las peculiaridades del lenguaje utilizado por Washoe desde los distintos puntos de vista según los cuales se caracteriza a las lenguas.

a) *Desde el punto de vista de la ejecución material* y de la inteligibilidad (que en una lengua oral corresponde a la fonética y a la inteligibilidad de la articulación), los gestos de Washoe pueden identificarse, al menos, como aproximación al ASL. La ejecución no es la de un experto que pusiera su atención en la dicción; en muchos casos, el animal produce esos gestos con un notable nivel de alteración y simplificación. Los GARDNER (1971) repararon en esto, señalando que era procedente la comparación con las producciones en ASL de niños pequeños sordos que, en su aprendizaje, manifiestan también modificaciones o aproximaciones (lo mismo que hacen, al pronunciar las palabras, los niños que están aprendiendo una lengua oral). El mono, por su parte, no es capaz de realizar exactamente las mismas configuraciones que permite la mano humana, más móvil. Los GARDNER informaron que los gestos de Washoe eran identificables por personas sordas o familiarizadas con el ASL, lo que representa el equivalente de un test de inteligibilidad. Citan coeficientes de acuerdo entre estos observadores, que no conocían a Washoe, y los observadores habituales en ocasión de los tests de vocabulario. Pasan del 67 por 100 y el 71 por 100 para un primer test, al 89 por 100 en un segundo test (doc. mimeogr.).

b) *Desde el punto de vista semántico,* las producciones de Washoe poseen un sentido: son apropiadas a la situación en la que intervienen. Esto sucede cuando parece tratarse de la expresión de una necesidad o un deseo (comer, salir, ir en tal dirección, a tal lugar, sentir cosquillas, jugar...). Lo mismo sucede cuando se vinculan estas producciones a un referente. Los GARDNER realizaron tests durante los cuales se exponían objetos o reducciones, o su representación, en imagen o con forma de proyección de diapositivas, sin que los observadores que contemplaban el gesto efectuado por el animal conocieran el estímulo propuesto. Sin perjuicio de un cierto porcentaje de errores, los gestos producidos eran apropiados y constituían la denominación del objeto. (Para ofrecer una idea del orden de dimensión de los errores, un test que incluía 32 items, representados cada uno en cuatro ejemplares, o sea, 128 en total, permitía obtener de 91 a 92 respuestas correctas.)

La significación no se sitúa en un nivel elevado de complejidad y abstracción. Se puede considerar que el mecanismo que asegura el enlace entre el signo y el referente pertenece a tipos de conexión que intervienen en los condicionamientos. En el caso de gestos que se pueden atribuir a la manifestación de una necesidad o un deseo, fuera de las formas de expresión directa mencionadas anteriormente, el gesto es utilizado como una producción que, en función de las asociaciones creadas por el aprendizaje, trae aparejada la satisfacción. Los GARDNER adjudicaron al condicionamiento instrumental o al *shaping* el aprendizaje de ciertos signos. Es el caso de "más" *(more).* Es mejor citarlos: "Toda persona que se familiariza con los chimpancés, pronto advierte la pasión que les impulsa a buscar el cosquilleo. Sin duda, éste constituyó la recompensa más eficaz que hayamos empleado con Washoe. En los primeros meses, cuando queríamos dejar de hacerle cosquillas, Washoe indicaba su deseo de que continuáramos, y lo hacía tomándonos las manos y colocándolas sobre sus costados o alrededor de su cuello. La significación de estos gestos era indudable, pero, puesto que no estábamos estudiando nuestra capacidad para interpretar sus gestos de chimpancé, decidimos elaborar una respuesta arbitraria que ella pudiera utilizar para pedir la prosecución del cosquilleo. Observamos que mientras se le hacían cosquillas tendía a juntar sus brazos para cubrir el lugar donde se producía el cosquilleo: el resultado era una aproximación muy tosca al signo que en ASL significa "más" *(more)*. Entonces, dejando de hacerle cosquillas, nos pusimos a apartar sus brazos del cuerpo. Cuando soltábamos sus brazos y amenazábamos con reiniciar el cosquilleo, ella tendía nuevamente a unir sus manos. Si, en efecto, lo hacía, volvíamos a hacerle cosquillas. Cada cierto tiempo interrumpíamos la acción y esperábamos a que uniera espontáneamente las manos. Al comienzo, toda aproximación al signo "más", por primitiva que fuese, era recompensada. Más adelante, exigimos una aproximación mejor e introdujimos la ayuda de la imitación (1969, 668-669).

Cuando se produce el gesto en presencia de situaciones, objetos o personas de los cuales parece expresar el nombre o un rasgo que lo caracteriza (el color, estar sucio, etc.), o bien la pertenencia ("mío"), etc., podemos considerar que el elemento percibido de la situación actúa como estímulo o señal que desencadena el gesto como respuesta. Los objetos son, en realidad, elementos de una constelación de estímulos de los cuales los experimentadores forman parte, por su asociación con la recompensa que genera la producción del gesto apropiado y por sus incitaciones y sugestiones (que intervienen en la medida en que los intercambios con el animal se sitúan en el marco de un programa de entrenamiento).

Washoe se reveló capaz de generalizar el uso de los gestos aprendidos; es decir, los aplicaba sin limitarse exclusivamente a los objetos o contextos respecto de los cuales los había producido la primera vez, extendiéndolos a la clase entera de los referentes: por ejemplo, en relación con animales, tanto si son vivos y reales como si están representados. El gesto "abrir" le fue enseñado utilizando las tres puertas de las que Washoe debía servirse diariamente, y lo extendió de manera espontánea a todas las puertas, incluida la del frigorífico, y a toda especie de recipientes, armarios, cajones, cajas, botellas e incluso a la apertura de un grifo. No todas las generalizaciones observadas eran correctas, y una determinada cantidad de errores en los tests de vocabulario incluía generalizaciones del gesto adecuado a un referente que pertenecía a una misma categoría. Esto confirma la capacidad de generalización (y conduce a afinar el juicio negativo que las referencias a los errores inducen) (cf. también Fouts, 1973).

Este tipo de generalización es clásica, incluso a nivel de las respuestas condicionadas. Es posible que las generalizaciones observadas vayan más allá de lo que revelan las experiencias de laboratorio. Hay que tener en cuenta la mayor libertad del animal y el hecho de que las producciones gestuales son respuestas a situaciones complejas cuyo análisis no está realizado ni ha sido encarado, como sí ocurre en las experiencias, donde los investigadores tratan de definir los estímulos lo más estrictamente posible. De este modo, las generalizaciones del "sentido" de los términos están más próximas a las que se observan en el niño, sin que haya que ir a buscar su origen en mecanismos originales. Por otra parte, el modo de entrenamiento utilizado por los Gardner incluía cierta capacitación para la generalización, debido a que los gestos se asocian a referentes variados (por ejemplo, se enseñaron a Washoe las primeras extensiones de "más" a otros ejercicios aparte del cosquilleo). No se excluye que esto puede haber ayudado a las generalizaciones ulteriores, esta vez espontáneas, aunque el proceso de generalización parezca depender de las capacidades constitucionales de todo organismo.

En esta sección sólo hemos considerado la significación de producciones constituidas por un solo gesto. Las producciones complejas, aunque no fueron objeto de tests tan sistemáticos, son igualmente apropiadas a los referentes (cf., por ejemplo, Gardner y Gardner, 1971). Seguidamente podrá verse una ilustración de las mismas.

c) El problema de la *sintaxis* se plantea desde el momento en que Washoe fue capaz de producir enunciados complejos. La primera combinación de dos gestos apareció diez meses después del comienzo del adiestramiento, es decir, a una edad comprendida entre los 18 y los 24 meses, que corresponde, como señalan los Gardner (1971), a la edad en que los niños comienzan a manifestar la misma capacidad. Más adelante, las combinaciones llegaron a comprender más términos, y el empleo de combinaciones de gestos se convirtió en una práctica corriente. Moja y Pili fueron mucho más precoces, pues en ellos las combinaciones de dos gestos aparecieron a los siete meses.

¿Se puede considerar que este tipo de producción obedece a una sintaxis? Estas producciones son comparables a las que se observan en el niño cuando empieza a agrupar palabras, y la determinación de su carácter sintáctico suscita los mismos problemas (cf. Oléron, 1976). Por otra parte, el lenguaje gestual no utiliza la mayoría de los procedimientos gramaticales de las lenguas orales y su sintaxis está muy simplificada; a veces, llega a parecer agramatical. Esto no hace más sencillo el problema.

La afirmación del carácter sintáctico de enunciados descansa en la existencia de regularidades que van más allá de la significación particular de los términos que esos enunciados expresan.

1. *El análisis distribucional* que condujo a la distinción entre las clases "base" y "abierta" de Braine (cf. Oléron, 1976) ofrece resultados comparables, respecto de Washoe, a los que se observaron en los niños (Gardner y Gardner, 1971): el vocabulario de Washoe puede ser dividido en una clase que incluye pocas palabras que intervienen con frecuencia (por ejemplo, *come-give me, please, you, go, me, hurry, more, up, open, out, in, food*) y otras más numerosas y ampliamente distribuidas en su combinación con las precedentes.

Brown (1973) demostró (cf. Oléron, 1976) que las reglas estrictas de la distinción entre los términos "bases" y "abiertos" eran frecuentemente violadas por el niño. No hay duda de que se puede demostrar que lo son todavía más a menudo en los agrupamientos obtenidos en el animal. De todos modos, la significación sintáctica de este género de repartición es ampliamente discutible.

2. *El orden de las palabras* puede manifestar la utilización de reglas sintácticas. En efecto, éstas prescriben que ciertos tipos de palabras deben presentarse antes que otros (en las lenguas orales, el sujeto normalmente antes del verbo y el complemento después de éste). Las producciones del niño pequeño manifiestan un grado notable de libertad respecto del orden. Cuando aparecen regularidades, puede verse en ellas el indicio de una intervención de la sintaxis. Los Gardner (1971) han aportado ejemplos de regularidades observadas en Washoe. Así, en los enunciados donde intervienen "tú", "yo" y un término de acción, en casi el 90 por 100 de los casos éste se encuentra al final, y en las combinaciones donde intervienen "tú" y "yo" el primero precede al segundo en más del 90 por 100 de los casos. No obstante, los Gardner se preguntan si no hay aquí simplemente imitación de las regularidades que manifiestan en sus expresiones los experimentadores y sus ayudantes.

El carácter sintáctico del orden es puesto a prueba cuando el cambio de éste modifica la función gramatical de los términos y con ello la significación del enunciado (por ejemplo, cuando se pasa de "dos lobos mataron cinco perros" a "cinco perros mataron dos lobos"*). Washoe produce enunciados de este tipo, pero si unas veces tenemos *me tickle you* y otras *you tickle me*, los GARDNER reconocen que es imposible determinar si corresponden a una intención diferente. Nos dicen, con humor, "aunque Washoe parecía disfrutar haciéndole cosquillas a su compañero y a veces producía *me tickle* antes de hacerlo, su preferencia por estar del lado receptor del cosquilleo era muy grande. En consecuencia, la mayor parte de las combinaciones que incluían el gesto *tickle* eran interpretadas por sus compañeros humanos como demandas de que le hicieran cosquillas. Si algunas veces esto implicaba un error de su parte, Washoe estaba tan dispuesta a aceptar su resultado que ellos no tenían medio alguno a saber si se habían equivocado" (1971, 176-177).

Tiempo después, los GARDNER (1971) fueron más positivos y encontraron en los enunciados de dos términos regularidades comparables a las observadas en los niños pequeños (por ejemplo, el demostrativo se emite prácticamente siempre en primera posición). De igual modo en lo relativo a los enunciados que incluyen un número mayor de términos.

3. Con respecto a *las relaciones entre términos* se han propuesto diversas clasificaciones. Los GARDNER (1971-1974) presentaron una clasificación de las expresiones de Washoe demostrando que, salvo unas pocas variaciones, es muy comparable a la propuesta por BROWN para las expresiones recogidas en niños pequeños.[4] Por ejemplo, para la atribución se tiene: *"big train", "red book"* (niño), *"drink red", "comb black", "Washoe sorry", "Noami good"* (Washoe); para la posesión: *"Adam checker", "nommy lunch"* (niño), *"clothes Mrs. Gardner", "you hat", "body mine", "clothes yours"* (Washoe).

Con todo, es discutible interpretar las categorías así distinguidas como sintácticas más que como semánticas. Las relaciones examinadas implican que se conceda un sentido a los enunciados (y el sentido se atribuye es el resultado de una interpretación basada en el contexto, aunque sólo probable). En particular, las relaciones consideradas ponen en juego propiedades de los objetos que se reparten entre clases semánticas. La atribución corresponde, sin duda, a la relación sustantivo-adjetivo, pero también al vínculo objeto-cualidad que es posible situar en el origen de las relaciones sintácticas y cuya aprehensión, de todos modos, puede bastar para establecer la relación considerada. Lo mismo en cuanto a la atribución. Aquí la relación es entre sustantivos, pero si la pertenencia se expresa por medio de formas gramaticales (el genitivo en las lenguas que utilizan declinaciones, la terminación *'s* en inglés, la prepo-

---

* El ejemplo propuesto por el autor tuvo que ser cambiado, pues en castellano no presenta ambigüedad: *Le chien mord le chat/le chat mord le chien*, "el perro muerde al gato/el gato muerde al perro". *(N. del T.)*

[4] Una de las fuentes de variación reside en las particularidades del lenguaje gestual, que no siempre distingue de manera explícita entre la acción y el objeto (los gestos acomodativos expresan el objeto por medio de la acción efectuada); tampoco distingue siempre entre el agente y la acción, sino que esto sólo interviene en el nivel de un vocabulario relativamente especializado, por ejemplo, por ciertas profesiones ("soldado", "carpintero"), y no en el nivel de las enunciaciones elementales observadas en el caso presente.

sición *de* en francés*, etc.), corresponde también (y se podría decir que de una manera primitiva) a las relaciones relativas a las propiedades de las personas y los objetos. Los GARDNER (1971), por su parte, se inclinaron a una interpretación semántica (igualmente válida para el lenguaje del niño).

4. Uno de los aspectos de la sintaxis está constituido por el empleo de *términos gramaticales* entre los cuales figuran los pronombres y las preposiciones. La traducción de los gestos de Washoe por "yo" y "tú" no debe ser interpretada como uso de pronombres: ya se vio que inidicaban solamente a las personas aludidas. También se emplean los términos *in* y *out*. Sin embargo, resulta claro que son utilizados sobre todo en el sentido de "adentro", "en el interior", y "afuera", es decir, en un sentido concreto relativo a una dirección o sitio, lo que se demuestra por el hecho de que pueden presentarse solos o en combinación con "ir", y expresando el deseo de ser conducido o admitido en la casa o de salir de ella. El uso propiamente preposicional, que supone la referencia simultánea a dos objetos (contenido y continente) parece inseguro.

5. Otro aspecto de la sintaxis concierne a la distinción entre enunciados afirmativos, negativos e interrogativos y al uso de medios que permitan esta distinción.

En Washoe se observaron gestos que expresan la negación ("no" —que es simplemente el cabeceo y no el gesto convencional del lenguaje gestual— y "no puedo"); lo mismo sucedió en el caso de Moja.

En las lenguas orales la afirmación y la interrogación pueden distinguirse por la entonación. En las lenguas gestuales, tal distinción se efectúa de acuerdo con la manera en que se ejecuta el gesto. Según los GARDNER, Washoe desarrolló precozmente esa distinción, que aparecía, por ejemplo, en su modo de enunciar el nombre de los referentes que observaba en las revistas ilustradas: con la expresión interrogativa buscaba una confirmación del nombre que proponía. Sólo más tarde aprendió una interrogación expresada mediante un gesto específico, la pregunta "¿quién?".

Por el contrario, había adquirido la capacidad de distinguir otras formas de interrogación y de responder a ellas de manera correcta. Los GARDNER dedicaron un estudio especial a este tema (1975). En efecto, las preguntas permiten comprobar la capacidad del sujeto y distinguir diferentes categorías gramaticales. A la pregunta "¿quién?" el individuo sólo responderá de manera apropiada si distingue los sustantivos animados de los inanimados, y, desde luego, si distingue todas las demás categorías que corresponden a otros tipos de preguntas (como "¿dónde?" o "¿de quién").

Washoe podía responder a muchas más preguntas de las que era capaz de formular. Los tests creados por los GARDNER incluían las preguntas "¿quién?", "¿de quien?", "¿qué?", "¿dónde?", asociadas a diferentes personas u objetos, y que por tanto provocaban respuestas en las que intervenían nombres propios o comunes, pronombres posesivos, verbos o indicadores de localización. Se trataba de 10 clases de preguntas (por ejemplo, "quién" + pronombre: "¿quién, usted?"; "quién" + acción: "¿quién fuma?"; "quién" + cualidad: "¿quién bueno?"; "de quién" + demostrativo: "¿de quién esto?", etc.); para cada clase el test era proseguido hasta que el animal proporciona respuestas a 50 preguntas. Sobre esta importante muestra de datos (500), la clasificación de las res-

---

* Y en español. *(N. del T.)*

puestas en función de las categorías implicadas por las preguntas presenta éxitos en el 84 por 100 de los casos. Esta cifra sitúa a Washoe en un nivel que permite compararla con un niño cuyo dominio de la lengua está ya muy avanzado (para fijar la edad en que se alcanza este nivel habría que aplicar el mismo test a los niños, cosa que no se ha hecho).

Si estos resultados llevan a atribuir a Washoe una competencia en materia gramatical, cabe preguntarse sobre la índole de la misma y el sentido que se le debe adjudicar. Es evidente que las reacciones son apropiadas a las preguntas y que una pregunta no conduce a cualquier respuesta (aunque existan algunos errores, muchos de ellos semejantes a los que cometen los niños pequeños, por ejemplo el hecho de repetir la pregunta más que contestarla). Pero se puede considerar que un determinismo de varios componentes contribuye a asociar la respuesta conveniente con la pregunta. Obsérvese la restricción del vocabulario en el que se escogen preguntas y respuestas, las indicaciones que la pregunta y su contexto suponen (de las que no se puede excluir la mímica) y el entrenamiento al que el animal se halla sometido de una manera sistemática, en particular en los tests de vocabularios (cf. *supra*). Estos incluyen el uso de preguntas con vistas a inducir la producción de los términos cuyos conocimientos se quiere verificar [el "¿qué es esto?" *(what)* es ampliamente empleado para provocar la denominación de los objetos]. No es posible examinar sistemáticamente todas las preguntas formuladas, ya que los GARDNER no proporcionan la lista sino sólo algunos ejemplos; pero éstos bastan para deducir algunas indicaciones. Por ejemplo, la pregunta "¿quién + pronombre?" posee las formas: "¿quién, tú?", "¿quién, yo"?, cuya respuesta es, en el primer caso "Washoe", y en el segundo, el nombre del experimentador. Como los "pronombres personales" están constituidos por la indicación de la persona, podemos considerar que dicha indicación está fuertemente asociada a la producción del nombre y tiene, por tanto, una gran probabilidad de provocarla. Las preguntas "¿quién + acción?", "¿quién + cualidad?" tienen como respuesta ya sea la indicación que constituye el pronombre (alrededor de dos tercios de las respuestas), ya sea el nombre de la persona (un tercio). Se admitirá que la práctica de enunciados donde el sujeto y la acción o la cualidad están habitualmente asociados debe facilitar la producción de uno cuando se da el otro; el propio gesto "¿quién?" llama a su sustitución por el término apropiado como sujeto del verbo o portador de la cualidad ("¿quién fuma?" — "tú fumas"; "¿quién bueno?" — "bueno yo", etc.). Las cualidades que forman parte del vocabulario de Washoe están limitadas y convencionales (divertido, bueno, hambriento, estúpido) y se atribuyen a uno de los interlocutores sólo de manera lúdica: la respuesta es correcta en tanto que se designe a uno de ellos. Las respuestas a la pregunta "¿dónde?" consisten en señalar un sitio o una dirección, gestos traducidos por "aquí" o "afuera", etc. Nuevamente pensamos en una asociación entre el gesto que expresa la pregunta y el gesto designativo que proporciona la respuesta.

Es indudable que en estas actividades no hay automatismo mecánico. Por el contrario, es posible hallar en ellas el equivalente de una comprensión (porque las respuestas no están asociadas por un único vínculo a una pregunta, sino que pertenecen a una clase y es esa clase la que está en relación con la pregunta). Pero atribuir carácter gramatical a ésta equivale a dar un paso aun más difícil en tanto que se dé a la gramática una definición abstracta. Es sorprendente la similitud con los logros del niño. Puede pensarse que, en los primeros estadios, el niño obedece también a mecanismos asociativos que constituyen lo esencial de su gramática en ese momento; sin embargo, como ya hemos señalado, el niño no está sometido al entrenamiento sistemático del que disfrutó Washoe y desde este punto de vista la intervención de mecanismos asociativos es menos probable. El hecho de que el animal consiga dar respuesta a las preguntas, y no producir preguntas con la misma diversidad, marca una diferencia que es preciso tomar en consideración mientras nuevas experiencias no hayan demostrado que puede ser superada.

d) Finalmente debemos considerar *el modo de utilización* del lenguaje. El lenguaje humano se caracteriza por la espontaneidad y la productividad. Las condiciones en las cuales Washoe adquirió el lenguaje y fue constantemente entrenada en su práctica parecen, *a priori,* poco favorables para la manifestación de esos rasgos. Sin embargo, en este punto los informes de los GARDNER son positivos.

Señalan, por ejemplo, que el recurso a la comunicación gestual forma parte de los comportamientos espontáneos del animal cuando se dirige a sus compañeros humanos (desde ese punto de vista, la presencia constante de éstos es un factor favorable). Observan asimismo que Washoe empleaba el lenguaje gestual para dirigirse a cualquier persona, y al comienzo incluso para dirigirse a todo ser vivo, incluido los perros y los gatos.

Y, hecho éste todavía más llamativo, el animal era capaz de utilizar un "lenguaje privado", es decir, de hablarse a sí mismo. En este punto será preferible citar textualmente a los GARDNER:

"Era frecuente que, al jugar, Washoe se hiciera gestos a ella misma, particularmente en los sitios que le aseguraban cierto aislamiento, por ejemplo, cuando se encontraba en lo alto de un árbol o sola en la habitación antes de dormirse. Discretamente sentados en la habitación vecina, y mientras esperábamos que se durmiera, a menudo la veíamos practicar gestos exactamente como ha informado Ruth WEIR (1966) respecto de niños pequeños. Si reparaba en que la estábamos observando, Washoe se detenía."

"También hacía gestos cuando hojeaba revistas o libros de imágenes y se irritaba ante nuestros intentos de unirnos a ella en esta actividad... Washoe no sólo nombraba para sí misma las imágenes, sino que... también se corregía. Una vez mostró un anuncio, hizo los gestos correspondientes a esto "es comida" *(that food),* y después miró su mano de cerca y cambió el anunciado por "esto es bebida" *(that drink),* que era el correcto."

"Washoe también hacía gestos en relación con las acciones que ejecutaba o preparaba. Con frecuencia vimos a Washoe avanzar furtivamente hacia una parte prohibida del jardín haciendo el gesto de 'silencio', o correr precipitadaficha que representa el nombre de la manzana. Por tanto, el enunciado corresescalera de mano y pintarrajeaba sobre un pedazo de papel... De pronto hizo los gestos 'arriba rápido' y se puso a trepar por la escalera" (1974, 20-21).

Debemos buscar la productividad, como capacidad de emitir enunciados nuevos que no son la copia de enunciados oídos o ya producidos, en los enunciados complejos, porque (fuera del caso de invención de palabras), es en las combinaciones donde se manifiestan. El limitado vocabulario de Washoe, así como la igualmente limitada extensión de los enunciados complejos, no se prestan para manifestar una productividad comparable a lo que se puede observar en el niño, cuyo vocabulario aumenta con gran rapidez, llegando muy pronto a enunciados relativamente largos. El animal sería comparable al niño pequeño que no dispone más que de un escaso número de fórmulas estereotipadas y respecto al cual hablar de productividad es una anticipación.

Podemos encontrar una forma de productividad en la capacidad, frente a una situación dada, de emitir diversos enunciados cuyo rasgo común es el de adaptarse a esa situación, pero que incluyen contenidos diferentes. Esto constituye un indicio de que las emisiones no están enlazadas a las situaciones por un vínculo asociativo simple. Muchos enunciados de Washoe son de esta clase. Los GARDNER (1971) ofrecen un ejemplo característico con relación a tests, en uno de los cuales uno de los experimentadores pisó una de las muñecas de goma de Washoe. A lo largo de varias pruebas repetidas durante dos semanas, Washoe formó estas diferentes frases: "*Up Susan, Susan up, mine please up, give me baby, please shoe, more mine, up please, please up, more up, baby down, shoe up, baby up, please more up, you up.*" (1971, 167).

C. Premack y Rumbaugh: lenguajes visuales, fichas y ordenadores

Las experiencias de PREMACK y RUMBAUGH entran en el marco general de las experiencias de laboratorio que en modo alguno intentan imitar o siquiera acercarse a las condicones de estimulación e intercambios afectivos que emparentan la vida del animal con la del niño. Esto no significa que el contacto entre el animal y el experimentador humano no desempeña un papel importante en el éxito de los aprendizajes. PREMACK (1971, *b)* señaló la imposibilidad de proseguir la experiencia por desinterés completo del sujeto si el experimentador dejaba de mantener este contacto, así como las perturbaciones que acarreaba la introducción de un experimentador menos conocido por el animal. En igual sentido, Rumbaugh (1977) manifiesta que su proyecto excluía al comienzo las interacciones entre el experimentador y el animal; pero pronto se vio claro que los aspectos sociales eran de una gran importancia en el aprendizaje de la lengua, y se modificó el proyecto para permitir intercambios entre el sujeto y los experimentadores.

De todos modos, si bien el aspecto social es una condición que no se debe descuidar (y aunque constituya un elemento importante para comprender el alcance y la significación de las actividades "lingüísticas" aceptadas por el animal), sólo debe considerarse en cuanto que su descuido comprometería la realización misma de las experiencias.

[Desde el punto de vista del rigor de éstas, es útil recordar que la interacción entre el sujeto y el experimentador abre el camino a los artificios que nacen de lo que un experimentador inhábil o demasiado implicado en la situación puede dejar transparentar. Premack (1976) ha discutido este punto. Al mostrar que tests "a ciegas" —ya utilizados por los Gardner— dan resultados poco inferiores a aquellos en los que está incluido un experimentador, rechazó la objeción consistente en que los éxitos de Sarah podían deberse a ese tipo de artificios.]

Aunque muy diferentes en su realización de las experiencias de los Gardner, las de Premack y Rumbaugh se inspiran en aquéllas en cuanto a que recurren únicamente al canal visual de comunicación. Colocan a los sujetos en las condiciones de la lectura y, en cierta medida (eliminando los elementos de habilidad gráfica) de la escritura. Los estímulos propuestos al sujeto y los que resultan de su acción persisten mientras una decisión no conduzca a borrarlos. Como señala Premack respecto de su material —y esto también vale para el material de Rumbaugh— esa persistencia elimina los problemas de memoria que plantea toda lengua oral (e igualmente el lenguaje gestual): los "enunciados" pueden permanecer expuestos durante todo el tiempo que sea necesario para que el sujeto los considere y responda a ellos.

1. LA EXPERIENCIA DE PREMACK

Esta experiencia se cumplió esencialmente con Sarah, un chimpancé hembra que al comienzo de la misma tenía de cinco a seis años. Si bien se menciona a algunos sujetos más, Peony, Elisabeth, Walnut (PREMACK, 1976), por diversas razones éstos no fueron sometidos a un entrenamiento tan completo como el de Sarah. Los primeros informes se presentaron en 1971 y los más detallados en 1976 (PREMACK, 1971 *a,* 1971 *b,* 1976). En 1972 se formula una exposición adaptada a fines de divulgación. Contiene excelentes ilustraciones que enseguida utilizaremos.

El material del aprendizaje está formado por trozos de plástico de distinta forma, tamaño, textura y color. El dorso metálico de esos trozos (que llamaremos "fichas") permite fijarlos a un tablero vertical imantado y componer asi combinaciones que corresponden a frases (escritas de arriba a abajo, como en chino, pero sólo porque Sarah prefirió al comienzo esta disposición) o a elementos de tests. (No obstante, los entrenamientos que incluían la disposición de fichas y objetos reales uno junto al otro se ejecutaban sobre una bandeja horizontal donde unas y otros eran colocados.) Las fichas son las palabras del lenguaje aprendido por Sarah. Tienen en común con las palabras del lenguaje humano el no incluir ninguna similitud con los referentes, y están constituidas por formas arbitrarias (salvo, en todo caso, con "Sarah", que evoca la silueta de un animal).

La primera etapa del entrenamiento consistió en establecer la relación entre las "palabras" y sus referentes. Fue sencillo hacerlo al comienzo: bastó con colocar las "palabras" correspondientes a alimentos en la proximidad de éstos, e inducir al animal a colocar la ficha sobre el tablero, lo cual le permitía obtener el alimento correspondiente. Las "palabras" que designaban personas fueron introducidas a su vez (facilitado esto por el hecho de que cada una de esas personas llevaba fijada a su cuello una placa que reproducía su "nombre"); luego lo fueron las palabras que indicaban acciones; naturalmente, el primer verbo fue "dar", ya que es el verbo que designa la distribución del alimento por la cual comenzó la enseñanza. De este modo es posible llegar a un enunciado como "Mary dar manzana Sarah" y cualquier otro del mismo tipo. Para cada categoría de términos (agente, acción, objeto, destinatario o desenlace de la acción),

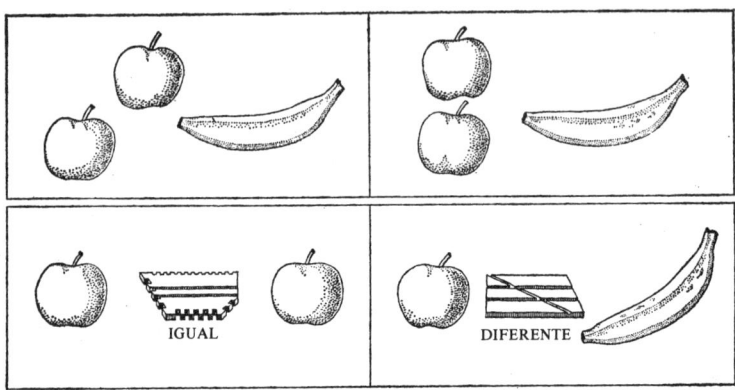

Fig. 1.—Experiencia de Premack. Empleo de fichas que corresponden a "igual" y "diferente". El animal, que previamente ha aprendido a emparejar elementos idénticos, es colocado ante dos objetos de este tipo (aquí, dos mánzanas) y entrenado para sitúar entre ellos la ficha "igual". Se emplea el mismo procedimiento con dos objetos diferentes y con la ficha "diferente" (PREMACK, 1972, 94). (© *Pour la science,* edición francesa de *Scientific American.*)

la introducción de varios elementos permite ampliar el campo de los enunciados y, por el método de elecciones discriminativas, enseñar y comprobar su empleo apropiado.

PREMACK advirtió que los enunciados que tenían a Sarah por destinataria y que se referían a una acción como "dar", eran aprendidos con mucha mayor facilidad que los otros. Cuando el enunciado describía una acción que no satisfacía al animal, éste se negaba a escribirlo. Para inducirle a ello era preciso introducir recompensas subsidiarias.

El entrenamiento para responder a una pregunta se efectuó en una primera etapa con la utilización de los términos "igual" y "diferente". Estos términos correspondían a fichas que el animal tenía que colocar entre pares de objetos semejantes o diferentes, lo cual, según los informes de PREMACK, Sarah lograba hacer con gran rapidez. Como observa este autor, una prueba de complemento en la cual, dados dos objetos, la tarea del sujeto es colocar la ficha correcta en el intervalo que aquéllos dejan libre, es una pregunta implícita. El uso de una ficha que corresponde a "?" y que se coloca entre los objetos, es una manera de for-

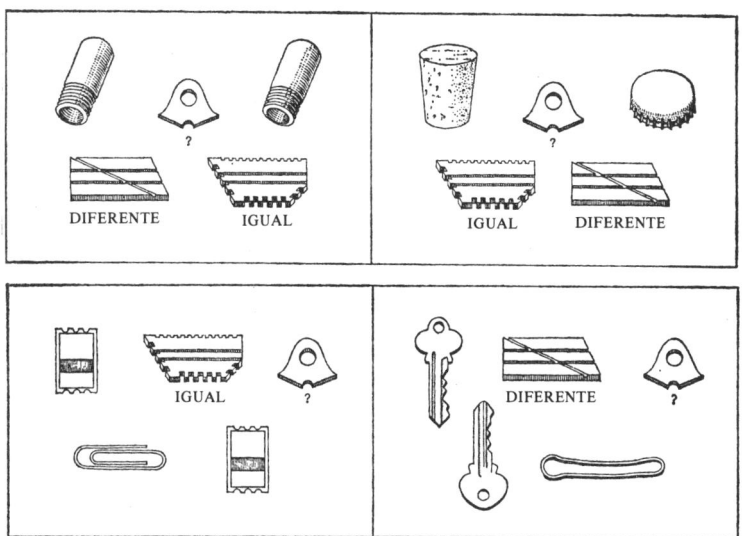

Fig. 2.—Experiencia de Premack. Interrogación introducida con las fichas "igual" y "diferente". Arriba: La ficha "?" es colocada entre dos objetos idénticos o diferentes y el animal es inducido a sustituir esa ficha por la que corresponde a "igual" o "diferente". Abajo: Al lado de un objeto y de la ficha "igual" o "diferente" se coloca la ficha "?"; ésta debe ser reemplazada por el objeto adecuado (Premack, 1972). (© *Pour la science,* edición francesa de *Scientific American.*)

mular la pregunta; la respuesta consiste en la sustitución de "?" por la ficha adecuada ("igual" o "diferente"). Del mismo modo, puede efectuarse el complemento (y la interrogación explícita con el ?): dados un objeto y el término relacional, colocar el objeto que se encuentra, respecto del primero, en la relación indicada (igual o diferente) (cf. fig. 1 y 2).

Con los mismos elementos se puede formular una pregunta explícita (con "?" al final), pregunta que exige como respuesta la elección de una ficha correspondiente a "sí" o "no".

Premack califica de "metalingüística" otra parte del aprendizaje propuesto a Sarah. Incluye el uso de una ficha que correspondería a la expresión "nombre de". Los elementos en juego son objetos y fichas que los designan. La sucesión de las fichas "manzana", "nombre de" y del objeto manzana, representa el enunciado "manzana es el nombre de manzana". La intro-

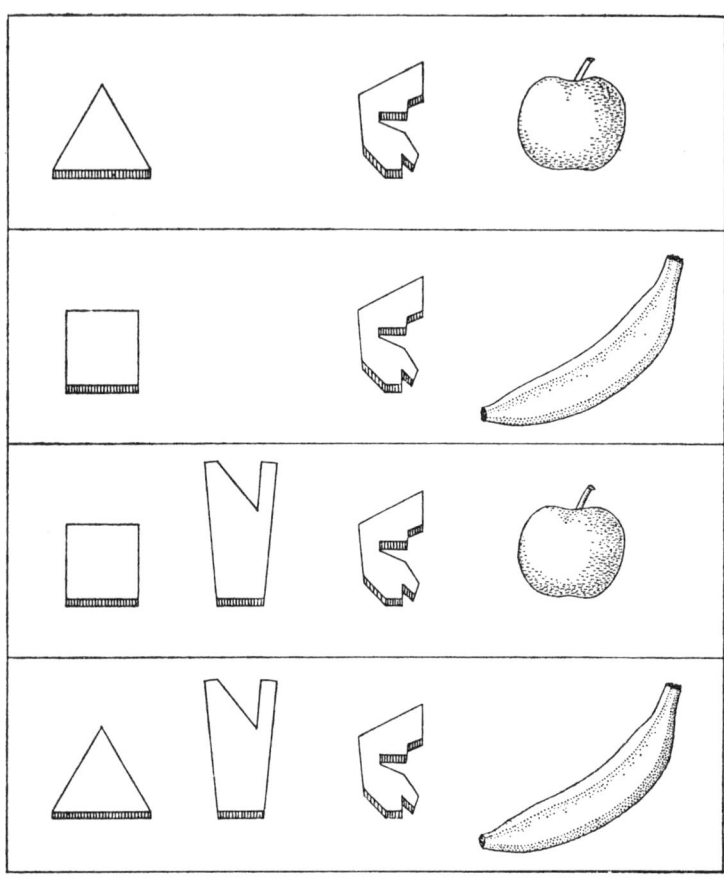

Fig. 3.—Experiencia de Premack. Entrenamiento "metalingüístico". La ficha que aparece en el medio corresponde a "nombre de". El triángulo de arriba es la ficha que representa el nombre de la manzana. Por tanto, el enunciado correspondiente es " ▲ es el nombre de manzana". Este es el enunciado que debe producir el animal insertando "nombre de" entre la manzana y su "nombre". De igual modo con respecto al plátano. En la parte inferior, el signo "no" (a la izquierda del signo "nombre de") permite producir enunciados negativos. (Premack, 1972, 96). (© *Pour la science*, edición francesa de *Scientific American.*)

ducción de la ficha "no" junto a "nombre de" permite la producción de enunciados negativos (cf. fig. 3). El uso de la ficha "?" permite preguntas del mismo tipo que las que se pueden formular con "igual-diferente".

Los nombres que designan clase (o cualidades), tales como "rojo" y "amarillo", colocado ante el animal uno de los obje-"grande" fueron enseñados utilizando un método que consistía en presentar dos conjuntos de objetos que diferían por las cualidades consideradas y en hacer que el animal completara el enunciado "Mary da Sarah" mediante el término que designaba una de las cualidades. Por ejemplo, respecto de los términos "rojo" y "amarillo", colocado ante el animal uso de los objetos del conjunto rojo, se invitaba a aquél a utilizar la ficha correspondiente a "rojo", y lo mismo en cuanto a los objetos amarillos y a la ficha correspondiente a "amarillo".

La enseñanza de los términos correspondientes a las clases de orden superior a éstas, a saber: "color", "forma", "tamaño", se cumplió de la siguiente manera: El enunciado "rojo ? manzana" fue completado sustituyendo "?" por el único término disponible, la ficha correspondiente a "color". Lo mismo para el enunciado "amarillo ? plátano", lo que corresponde a enunciados que se pueden traducir por "rojo es el color de la manzana", "amarillo es el color del plátano". El entrenamiento se completó con el uso de fichas negativas que asociaban "no" y "color" y permitían, a partir de "rojo ? plátano", producir con ayuda de esa única ficha disponible "rojo no color plátano".

Sobre la base del empleo de la ficha correspondiente a un término genérico, PREMACK expuso cómo era posible introducir nuevos nombres de color. Por ejemplo, para "marrón", el enunciado "? color chocolate" fue completado por la ficha correspondiente a "marrón", todavía no conocida pero la única disponible; para "verde" se utilizó el enunciado "? color uvas" y el mismo procedimiento. Los términos así introducidos fueron empleados después en la misma forma que los del procedimiento antes descrito, permitiendo respuestas apropiadas a los mismos tipos de enunciados.

Entre los demás aprendizajes comunicados por PREMACK figuran los que emplean fichas correspondientes a las preposiciones "sobre", "bajo", "al lado de", y a la reacción lógica "si-entonces" (que interviene en dos enunciados).

2. LA EXPERIENCIA DE RUMBAUGH

La investigación emprendida por RUMBAUGH se efectuó con un chimpacé hembra, Lana, nacida en cautividad y que al comienzo de la experiencia tenía 2;3 años. Esa experiencia fue objeto de diversas comunicaciones y de un trabajo colectivo cuya redacción dirigió RUMBAUGH (1977); este trabajo contiene las referencias de las mencionadas comunicaciones y constituye el material que esencialmente se ha utilizado en lo que sigue.

El principio de esta experiencia es semejante al de la expuesta por PREMACK, pero la de RUMBAUGH es más sofisticada en la medida en que se introduce un sistema más complejo. El animal produce sus mensajes y respuestas presionando las teclas de un teclado. Los mensajes que le son dirigidos aparecen sobre pantallas, que también reproducen lo que él compone sobre su teclado. El control del desarrollo de la experiencia está a cargo de un ordenador. Este dispositivo permite una automatización de la situación, ya que puede funcionar durante veinticuatro horas sin movilizar constantemente a un experimentador, y además asegura la objetividad de las evaluaciones y decisiones, puesto que éstas se encuentran determinadas por el programa según el cual funciona el ordenador. Este pone en ejecución un programa de análisis del lenguaje que le permite reaccionar sólo ante las producciones correctas y de una manera adecuada. Por ejemplo, cuando se trata de demandas, actúa sobre distribuidores que expenden golosinas, bebidas diversas, juguetes, e incluso dispone la apertura de una ventana que permite ver lo que pasa afuera, ordena el comienzo de una emisión musical, la proyección de películas o de diapositivas, etc. Sin embargo, los experimentadores no están ausentes, puesto que intervienen para comunicarse con Lana enviándole mensajes mediante un teclado que se encuentra en el exterior de su jaula. Uno de ellos entra en ésta cuando el animal, siempre por medio del teclado, le pide que venga, que se ocupe de ella (meciéndola, haciéndole cosquillas). (Por lo demás, ciertas etapas preliminares del aprendizaje sólo tuvieron éxito cuando el experimentador, estando presente, proporcionaba una motivación indispensable, punto que ya hemos tratado.)

El ordenador está programado de tal manera que realiza una función de enseñanza, por ejemplo negándose a obedecer a las demandas mal compuestas, o a aceptarlas. Una de sus ventajas es asegurar el registro de todas las producciones del animal y de todos sus intercambios con el experimentador.

La lengua que aprende Lana es una lengua visual, y su aprendizaje es asimilable al de la lectura. Los elementos de

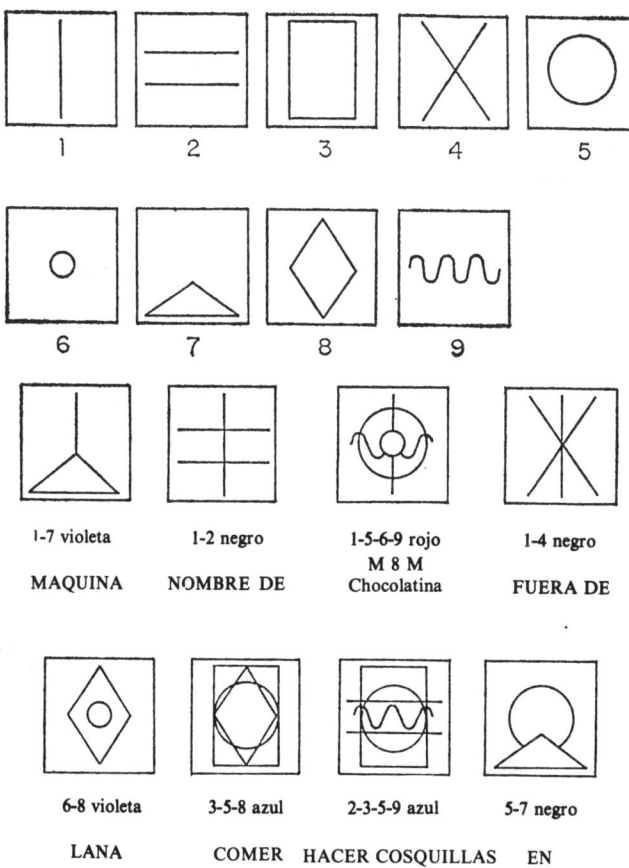

Fig 4.—Experiencia de Rumbaugh. Elementos constitutivos y muestras de lexigramas [Rumbaugh (ed), 1977, 94.]

esa lengua, que los autores bautizaron "yerkish" (se podría traducir por "yerkesiano") en honor de Yerkes, pionero de la primatología y cuyo nombre es el que lleva el centro donde se realizaron las experiencias, están constituidos por "palabras" o lexigramas formados por figuras abstractas (cf. fig. 4). Estos lexigramas figuran en las teclas del teclado que está a disposición del animal. Aparecen en las pantallas cuando éste aprieta las teclas correspondientes y también cuando el experimentador lo hace sobre las de su propio teclado.

Como en todas las experiencias de este tipo, la primera etapa del aprendizaje consistió en establecer una conexión entre un lexigrama y el referente al que corresponde. Esto se logró haciendo que el animal presionara una tecla correspondiente al lexigrama "caramelo", lo que determinaba la aparición del caramelo, o "agua", lo que determinaba la presencia de este elemento, etc. Más tarde, el animal fue invitado a producir enunciados que, cuando se trataba de demandas, comenzaban por el lexigrama "por favor" y terminaban con el lexigrama "punto" (punto, signo de puntuación). (Estas indicaciones eran necesarias para que el ordenador pudiera interpretar el enunciado como una demanda y "punto", de manera general, como el final de la comunicación.)

El aprendizaje del enunciado completo pasó por un estadio que los autores designan como "holofrástico". Por ejemplo, si se trataba de que obtuviera un caramelo, el animal tenía que pulsar la tecla "por favor" y después una cualquiera de las teclas "máquina", "da", "caramelo". En ese momento la programación estaba preparada de tal manera que cualquiera que fuese la tecla pulsada aparecían los tres lexigramas. En una etapa posterior, la "holófrasis" fue separada en dos grupos, "máquina da" y "caramelo" y, por último, los tres elementos fueron separados y sólo se obtenía la recompensa si los tres eran accionados en el orden correcto.

Un hecho sobre el cual los autores insisten es la capacidad que el animal manifestó para "leer", es decir, para identificar primeramente los lexigramas que aparecían sobre las pantallas con los que figuraban en las teclas (a pesar de las diferencias de tamaño y presentación), y después para reconocer los enunciados o elementos de enunciados presentados sobre las pantallas y responder a ellos de una manera apropiada.

De este modo, Lana se reveló capaz de rellenar enunciados incompletos agregándoles los términos convenientes, como el complemento adecuado al verbo propuesto. Por ejemplo: "por favor máquina da" es completado por "caramelo", "plátano", "agua", etc., o "por favor máquina hace" por "ventana abierta" o "cine" o "música", pero no la inversa. También logró distinguir los comienzos de enunciados mal formados presentados sobre las pantallas, de los comienzos bien formados (por ejemplo, "por favor da máquina", "por favor hace máquina" son incorrectos porque no se respeta el orden de los términos). Los elementos correctos se completan; los otros son rechazados (Lana los hace desaparecer pulsando el lexigrama "punto": había descubierto que podía utilizarlo como signo para eliminarlos).

Los experimentadores dedicaron un estudio al entrenamiento dirigido a permitir a Lana reaccionar ante preguntas relativas al nombre de los objetos, como PREMACK había conseguido con Sarah. Este entrenamiento incluyó la presentación de la pregunta: "¿Cuál es el nombre de...?" expuesta en cuatro lexigramas: un punto de interrogación (colocado en primer lugar, como "por favor", con vistas a la identificación del tipo de enunciado por el ordenador) y los equivalentes de "cuál es" *(what)*, "el nombre de" *(name of)* "esto" *(this)* mientras el experimentador presentaba el objeto por nombrar. El entrenamiento abarcó una primera fase que implicaba la respuesta a la interrogación presentada sobre las pantallas en presencia de un pedazo de plátano (el animal tenía que pulsar la tecla correspondiente a este referente); después, una fase de discriminación en la que intervenían de manera similar dos referentes (un pedazo de plátano y un caramelo); por último, una fase de transferencia que comprendía la introducción de otros términos (todos ellos conocidos por el animal).

El entrenamiento tuvo resultados positivos, aun cuando la parte correspondiente a la discriminación exigió unos 1.600 intentos. Por el contrario, la parte referida a la transferencia se efectuó con gran rapidez.

3. LAS CARACTERISTICAS DEL LENGUAJE DE SARAH Y DE LANA

Las observaciones antes expuestas acerca de las características del lenguaje gestual empleado por Washoe, sus relaciones con la acción y las reacciones ante los objetos que restringen su carácter arbitrario, contribuyen a facilitar su adquisición y uso y permiten también preguntarse sobre su carácter estrictamente lingüístico (en todo caso, en el empleo que el animal hace de él) no se aplican, evidentemente, a los lenguajes visuales imaginados por PREMACK y RUMBAUGH. Se trata de lenguajes convencionales en su totalidad, como claramente señaló PREMACK, y los dos autores se propusieron que las similitudes entre los símbolos y los referentes fueran inexistentes. Los aprendizajes efectuados por los chimpacés son más que demostrativos, aun cuando las modalidades de comunicación, que estos lenguajes permiten, presentan un carácter completamente artificial, que los GARDNER habían podido evitar.

Una diferencia importante entre el lenguaje gestual utilizado por éstos y los lenguajes visuales de PREMACK y RUMBAUGH es que el lenguaje gestual de los sordos, si bien presenta características que lo diferencian de las lenguas orales y, en particular, de las simplificaciones con relación a éstas, sobre todo en materia de sintaxis (cf. OLERON, 1978), es indiscutiblemente un lenguaje humano, ya que lo emplean corrientemente decenas de millares de personas en el mundo. Por el contrario, los lenguajes imaginados por PREMACK y RUMBAUGH son, como máximo, *análogos* al lenguaje humano. La finalidad perseguida por PREMACK era, al comienzo, proceder a un análisis de comportamiento del lenguaje que condujese a una transcripción que conservara los rasgos específicos de esos componentes. Esta clase de análisis y ese tipo de transcripción plantean problemas de fondo sobre los que volveremos más adelante. Nos limitaremos a señalar que los lenguajes visuales realizados por los dos autores están simplificados en relación con los lenguajes orales, ya que omiten una cantidad de formas y relaciones que éstos expresan regularmente. Esa simplificación deriva del método científico, que es esencialmente analítico. El ejemplo del niño muestra también que no hay que confundir comienzo de la adquisición y dominio de la lengua, y que es razonable comenzar los aprendizajes en el animal por formas simplificadas, que en cierta medida son más asimilables a las actividades verbales del niño que a las del adulto. Con todo, no se puede descuidar el intervalo que separa la analogía y la identidad, y considerar que hay, sin restricción, aprendizaje *del* lenguaje en el marco de estas experiencias.

En el mismo sentido, pero esta vez desde un punto de vista psicológico, el uso de formas visualizadas simplifica la tarea de los sujetos. Dicho uso fue justificado por PREMACK sobre la base de que estas formas descartan problemas de memoria inmediata, que intervienen en la comprensión y organización de un enunciado de cierta complejidad. El dispositivo de RUMBAUGH, que permite ver sobre pantallas los símbolos correspondientes a las teclas y los mantiene visibles mientras no sean borrados por la señal de fin del mensaje, responde a la misma preocupación. Ahora bien, esa simplificación, siempre justificada desde el punto de vista metodológico, altera la naturaleza de la tarea propuesta. No se puede considerar que la colocación de elementos directa o indirectamente manipulables en configuraciones captadas espacialmente es homóloga a la producción de un enunciado que se desenvuelve en el tiempo y se pierde a medida que se desarrolla.

Podemos examinar los lenguajes aprendidos por Sarah y Lana en la misma forma que el de Washoe.

a) La naturaleza de los dispositivos creados por PREMACK y RUMBAUGH excluye para sus sujetos los problemas de *ejecución material* en las producciones de los elementos de su lenguaje. Los únicos errores que los individuos pueden producir desde este punto de vista son confusiones en la elección de una ficha o una tecla de un teclado, lo que evidentemente carece de relación con una torpeza o una imprecisión en la ejecución de un gesto del lenguaje mímico (o de la emisión de un fonema en una lengua oral).

b) En lo concerniente a la *semántica,* las producciones de los chimpancés se adaptan a sus referentes. Esto viene dado por el entrenamiento que asocia unos a otros, y ese entrenamiento, al igual que en el caso de Washoe, reveló ser eficaz.

Lo que resulta particularmente interesante en el caso de las experiencias de PREMACK y RUMBAUGH, es que sus sujetos parecen capaces de manejar términos que no remiten solamente a referentes concretos. PREMACK dio detalles relativos a la adquisición de "igual-diferente", de términos "categoriales" como "color", "forma", de cuantificadores como "todos", "varios", "ninguno"...

Si se examina más detenidamente en qué consiste el aprendizaje, está claro que respecto de estos términos no se puede invocar la referencia a una noción abstracta,

En cuanto a "igual" y "diferente", ya hemos visto que la respuesta consistía en intercalar una ficha de forma apropiada entre dos objetos. La similitud y la diferencia de estos objetos están dadas por la percepción. Lo general en el uso de las fichas es que se emplean cualesquiera que sean los objetos que sirven al test y no sólo asociadas a objetos particulares cuyo empleo se habría enseñado. Pero la similitud y la diferencia son características *visibles,* tan visibles como las propiedades particulares de cada objeto, y es a esa identidad o a esa diferencia visual a la que el animal responde al colocar la ficha adecuada.

Por lo que se refiere al color, en primer lugar, se entrena al individuo en la asociación de fichas que corresponden a un color particular (rojo, verde...) con objetos que presentan ese color. Luego se le capacita para responder a preguntas del tipo "¿Cuál es el color de la manzana?" presentada en la forma de una serie de fichas "?", "color de " y "manzana" (o, indistintamente, en el lugar de "manzana" una manzana real). El entrenamiento también se aplica a la negación (con enunciados de tipo "?", "no", "color de", "manzana"). Asimismo incluye enunciados de tipo "rojo", "?", "manzana", donde el sujeto debe reemplazar el "?" por una elección entre "color de", "no color de".

Vemos que, efectivamente, en estas actividades hay procesos de generalización, pero siempre sobre la base de propiedades perceptivas y asociación a estas propiedades de las fichas de forma y color apropiados.

El mismo tipo de aprendizaje se utilizó para los términos correspondientes a la forma y el tamaño, sugiriendo las mismas observaciones.

c) En cuanto a la *sintaxis*, en primer lugar se puede considerar el *orden de las palabras*. Los dos tipos de enseñanza, el de PREMACK y el de RUMBAUGH, introducen como regla que debe ser enseñada el respeto a un orden en la sucesión de los términos. En la experiencia de RUMBAUGH, como hemos visto, el ordenador está programado de tal manera que rechaza las producciones que no corresponden al modelo.

Desde este punto de vista, el aprendizaje fue eficaz. PREMACK (1976) ha hecho conocer datos que indican los errores cometidos por Sarah al comienzo del aprendizaje en el que tenía que producir enunciados del tipo "da plátano a Sarah". Estos errores no son muchos en total, produciéndose el modelo requerido con la más elevada frecuencia. PREMACK apuntó que, dentro del marco de este aprendizaje, los errores en el orden de las palabras se eliminaron más rápidamente que los que afectaban a la elección de las palabras y que, por otra parte, los errores no eran aleatorios, apareciendo el verbo casi siempre en primera posición.

Por su parte, RUMBAUGH (1977) menciona errores en el orden de los lexigramas, cometidos en los inicios del aprendizaje de Lana. Este autor no da indicaciones sobre la frecuencia de esos errores en relación con el número de producciones correctas; sólo señala algunos puntos característicos: frecuencia de los errores en la permutación de dos palabras adyacentes, eliminación de estos errores, que fueron frecuentes sobre todo en el segundo y el cuarto mes del aprendizaje, capacidad del sujeto para darse cuenta de un error en la composición de la frase, atestiguada por el pronto recurso de eliminar la frase mal compuesta.

Estos elementos indican que la adquisición del orden no supone problemas particulares para el chimpacé. También sugieren que es éste un aprendizaje que, en apariencia, habría podido realizarse con el mismo éxito si se hubiese decidido constituir el orden lógico de los términos según un principio totalmente distinto.

En cuanto a las relaciones con el aprendizaje del orden de las palabras por parte del niño, se advertía que para PREMACK dicho aprendizaje es más difícil en el animal. (Obsérvese que los dos autores consideraron los rendimientos de sus sujetos en producciones más largas y por tanto más complejas que las primeras producciones, de dos términos, del niño pequeño.)

El entrenamiento de Sarah y Lana incluyó el uso de cierto número de *términos gramaticales*. En PREMACK (1976) hallamos "es" *(is)*, demostrativos *(this/that)*, nexos *(y/and)*, *(o/or)*, "si-entonces" *(if/then)*, etc. En RUMBAUGH el "yerkish" incluye la expresión de relaciones espaciales, por ejemplo: "en" *(in)*, "sobre" *(on)*, "fuera de" *(outside)*, "bajo" *(under)*, "detrás" *(behind)*; también incluye la expresión de la posesión *(of)*, de los términos que corresponden a los pronombres interrogativos y relativos "que", "cual" *(what, which)*, etc.

El método de enseñanza de estos elementos era el mismo que el de los vinculados a referentes definidos, y en el aprendizaje se obtuvieron éxitos comparables. Tales elementos corresponden a fichas o lexigramas cuya asociación con términos apropiados aprenden los sujetos. Por ejemplo, en PREMACK, "es" se aprende a partir de enunciados como "rojo" "?" "color"; "?" es reemplazado por "es", y de aquí la frase: "rojo es [un] color". Lo mismo con "redondo" y "manzana". El entrenamiento se extendió a los enunciados negativos con introducción de la negación en el lugar del "?" en "rojo" "?" "forma".

Igualmente, RUMBAUGH menciona la enseñanza del plural, pero dentro de la lógica del sistema y bajo la forma de una partícula que sólo se aplica a los verbos (los ejemplos sólo se refieren a "ser"). El entrenamiento permite al animal escribir enunciados como: "rojo amarillo es plural color" y emplear igualmente el plural cuando, una vez aprendido el nexo "y", es colocado entre los dos objetos.

La distinción entre diferentes *formas de proposiciones:* declarativas, interrogativas, imperativas (aquí, en realidad, demandas) y negativas, forma parte de los aprendizajes logrados por los sujetos. El aprendizaje consiste siempre en el mismo tipo de montaje basado en asociaciones entre fichas o lexigramas. La negación, la interrogación, el cuestionamiento se efectúan mediante fichas o lexigramas específicos que se sitúan al lado de los que expresan el contenido de los enunciados. Cuando se coloca el "?" entre dos fichas en PREMACK (cf. *supra,* aprendizaje de "igual-diferente"), exige su reemplazo por otro término. Lo mismo cuando, colocado al final de una frase interrogativa, exige la colocación de la ficha que significa "sí" o "no". El modo de comunicación adoptado excluye el equivalente de la entonación, pero la inversión del orden, que interviene en la lengua y es accesible a un sistema semejante, no fue tomada en consideración.

Una de las afirmaciones más contundentes respecto de la grámitica de las producciones de Sarah, atañe a la prueba en la que PREMACK cree hallar una jerarquía de los constituyentes de la frase en ciertos enunciados dominados por el animal. Estos enunciados son del tipo: "Sarah coloca plátano cubo manzana plato"; aquí la ejecución consiste en colocar el plátano en el cubo y la manzana en el plato. Aunque este tipo de enunciado parezca más bien una producción agramatical, PREMACK subraya que se trata de una organización en la cual el verbo domina a los dos grupos de complementos que son regidos por él (organización que puede ser expresada por medio de un árbol jerárquico, tan del gusto de los lingüistas).

Esta interpretación es discutible. El aprendizaje de un enunciado de esa índole se efectúa a partir de enunciados separados "Sarah coloca plátano cubo", "Sarah coloca manzana plato", cuyos elementos redundantes son progresivamente suprimidos. La asociación creada entre un objeto y un continente por cada enunciado se mantiene cuando los dos enunciados están condensados en uno solo. Por supuesto, es preciso que el sujeto haya establecido una organización que situaría a un lado los objetos y al otro los recipientes, pero esto forma parte del conocimiento que ese sujeto adquiere de su medio y, en la medida en que aquí se trata de lenguaje, más que la sintaxis lo que está en juego es la semántica. Interpretación ésta reforzada por el hecho de que la correlación objeto-recipiente no está sintácticamente formulada (al faltar elementos de relación como las preposiciones, que establecerían la relación entre el verbo y el segundo término, ese vínculo no puede descansar sino en factores extra-sintácticos).

En el entrenamiento de Lana, RUMBAUGH observó que al comienzo el animal presentaba determinada cantidad de producciones en las que figuraba un doble complemento o un doble sujeto. Se trata de estructuras más simples que aquellas sobre las cuales reflexionó PREMACK, pero parecen obedecer al mismo principio.

d) El modo de utilización del lenguaje puede ser considerado desde el punto de vista *de la espontaneidad y de la productividad,* como se hizo con respecto a Washoe, pero también desde el punto de vista del *metalenguaje,* que es propio de los trabajos de PREMACK y RUMBAUGH:

1. En lo relativo a la *espontaneidad,* entendida en sentido amplio, las situaciones experimentales en las que se vieron confinadas Sarah y Lana no se prestaban a su manifestación (a diferencia de Washoe). La experiencia de RUMBAUGH permitía al animal utilizar el dispositivo durante las veinticuatro horas, fuera de la presencia de experimentadores. No parece que esa posibilidad haya sido verdaderamente utilizada; en sus últimos informes los autores no hablan de una producción de discursos comparables a los soliloquios que los GARDNER observaron en su sujeto. Lo que induce el entrenamiento es un empleo sistemático de los dispositivos con vistas a obtener lo que razonablemente se puede considerar como la satisfacción de necesidades o deseos. Desde este ángulo, y en particular con respecto a la experiencia de RUMBAUGH, donde el dispositivo aparece como el intermediario forzoso de esas satisfacciones, el proceso se muestra perfectamente integrado al comportamiento. Los autores mencionaron que el castigo, constituido por la desactivación del teclado, era sentido por Lana con gran intensidad; ella perdía así, según expresión de aquéllos, el acceso al mundo y el control sobre sus acontecimientos.

A pesar de estas restrictivas condiciones, RUMBAUGH observó ciertas denominaciones espontáneas: el animal producía el enunciado "X nombre de esto" frente a objetos cuya fórmula no se le había enseñado.

PREMACK presenta como forma de productividad el aprendizaje de "palabras" nuevas a partir de la ficha "nombre de". En efecto, la asociación de esta ficha a objetos todavía no designados y a los "nombres" que los designan, permite el aprendizaje de estos nombres. Lo mismo sucede con "color de", "forma de". PREMACK distingue estos aprendizajes de la simple transferencia: según él, ésta se caracteriza por la aplicación de nombres ya conocidos a objetos nuevos. Sin entrar en una discusión minuciosa de esa distinción, observaremos que, al menos, no es evidente. En efecto, si se consideran sólo los objetos que están materialmente presentes ante el sujeto y sobre los cuales se ejercen las reglas, fichas y referentes poseen un *status* común. El procedimiento destinado a demostrar que las fichas son ejemplos de una regla definida por la presencia de la ficha "nombre de" o "color de", no es esencialmente distinto del que introduce objetos ya conocidos, pero todavía no conectados por medio de la regla.

RUMBAUGH presenta diversos ejemplos (1977, cap. 9) donde se ve al sujeto emplear lo que se le ha enseñado de una manera original en relación con las condiciones del aprendizaje.

Hay un ejemplo constituido por el uso de una frase mediante la cual Lana pide al experimentador que se coloque detrás de la jaula en que ella se encuentra, no para comenzar, como de costumbre, cierto juego que la divierte, sino, aparentemente, para pedirle que se ocupe del distribuidor (que estaba averiado y no le suministraba el pan que ella pedía; el distribuidor era normalmente aprovisionado por detrás). De un modo semejante, Lana tomó la iniciativa de pedir que lo que ella deseaba, en apariencia, fuera llevado detrás de la máquina (con un empleo de *move* en el sentido transitivo, que no se le había enseñado), se sobreentendía que para aprovisionar el distribuidor.

Estos ejemplos son más bien típicos de una invención intelectual y no estrictamente lingüística. Se describió una innovación lingüística en la creación de una combinación verbal que suplía la falta de disponibilidad de un término. El vocabulario enseñado no incluía término para la fruta naranja, pero sí uno para el adjetivo que designaba el color correspondiente. Para pedir una naranja que tenía el experimentador, después de varios tanteos Lana inventó la expresión "manzana que es anaranjada". (En el lenguaje del ordenador un término perteneciente a una categoría no podía ser utilizado para otra; el lexigrama "anaranjado" sólo podía ser tratado como adjetivo, y no como sustantivo complemento de un verbo*.) En otro caso, se expresó la misma demanda mencionando "lo que está en el tazón" (la naranja estaba, efectivamente, en un tazón).

Se puede considerar de naturaleza análoga la extensión comunicada por RUMBAUGH, del empleo del lexigrama "no" *(no),* primeramente utilizado para responder a preguntas ("¿está abierta la ventana?", "¿está cerrada la puerta?"); los autores observaron que espontáneamente Lana había empleado ese término como una protesta (cuando el experimentador bebía o comía algo que ella no podía procurarse) o la declaración de una ausencia (de un alimento en el distribuidor, mientras que el experimentador le afirmaba que éste lo contenía).

---

* El término *orange* designa tanto el fruto "naranja" como el color "anaraniado". *(N. del T.)*

La capacidad de crear palabras compuestas estaría probada en Washoe, al llamar a un pato *"water bird"* utilizando dos palabras que ya conocía (Fouts, citado por Rumbaugh y Gill, 1976). Miles (1976) ha referido varias observaciones análogas sobre el chimpacé Ally, quien como Washoe utilizaba el lenguaje gestual de los sordos: empleo de la palabra *"string"* para designar un objeto todavía no denominado, como una pluma, y creación de *"flower string"* para designar un plumero formado por plumas de colores brillantes; si se le hace cosquillas con ese plumero, realiza gestos *"tickle string"*, y ante un sombrero con una pluma *"string hat"*.

2. Lo que conduce a hablar de *metalingüística* es el uso de la ficha o el lexigrama "nombre de", que ya se ha mencionado. Se puede comprobar rápidamente que el empleo del término "metalingüística" es ampliamente metafórico. "Nombre de" es una ficha o un lexigrama de igual naturaleza que los demás; si no es igual a los que se vinculan con un objeto particular, al menos sí lo es a los que admiten referentes generales. Premack ha señalado su similitud con "color de", "forma de", a los que atribuye el mismo valor productivo. Está claro que el animal que emplea la ficha o el lexigrama no realiza un discurso sobre el lenguaje; sólo aplica una regla de combinación entre fichas o lexigramas y objetos. Esto implica una diferenciación entre las fichas (o los lexigramas) y los objetos, pero se puede pensar que esa distinción es subyacente al conjunto de las situaciones y corresponde tanto a la apariencia y a los papeles desempeñados por cada categoría, como a una distinción ligada al empleo de un símbolo particular.

Un punto que debe destacarse es el hecho de que Lana se reveló capaz de *preguntar* el nombre de objetos; Rumbaugh menciona dos casos que se sitúan en el mismo período de aprendizaje. El animal, que todavía no conocía el nombre de ciertos objetos (se atraía su interés hacia ellos mediante el ofrecimiento de caramelos), tras diversos tanteos preguntó sus nombres en una frase perfectamente correcta (*"¿Tom give Lana name-of this"*). Una vez proporcionados esos nombres, Lana los utilizó para pedir que se le dieran los objetos deseados. Sin embargo, no se puede sostener que haya aquí una conducta metalingüística; más bien se muestra de una manera clara (pero que además exigiría confirmaciones provenientes de otras observaciones), el uso instrumental de la palabra-símbolo por el chimpacé. (Diversas experiencias anteriores, efectuadas en contextos diferentes, habían mostrado la realidad de ese uso.)

D. La significación de las experiencias

La única conclusión firme que se puede extraer de los trabajos cuyos aspectos esenciales acabamos de comentar es que los mismos aportaron datos insospechados sobre la capacidad de los chimpancés respecto del lenguaje y que, después de ellos, ya no es posible considerar el problema del lenguaje animal y el problema correlativo de la naturaleza del lenguaje de la manera en que eran considerados antes.

Ahora bien; debemos mencionar dos reservas con respecto a los datos disponibles:

En primer lugar, las experiencias que los produjeron todavía se presentan con el carácter de excepcionales. En este sentido, es necesario que sean retomadas y repetidas a fin de establecer que los resultados obtenidos no son excepcionales, ya sea por la cualidad de los sujetos observados, ya por las interferencias introducidas por los contactos entre los sujetos y los experimentadores. Las experiencias muestran el carácter esencialmente social del lenguaje, y la imposibilidad de estudiarlo en un dispositivo donde el sujeto se encuentre en condiciones perfectamente objetivas. PREMACK (1976) mencionó —y probó— la influencia que la intervención de un experimentador carente de prudencia puede ejercer sobre los resultados. Los tests a ciegas desarrollados por los GARDNER son, en ese aspecto, un modelo.

La segunda reserva sigue la dirección inversa. Las experiencias citadas no son más que comienzos; trabajos de pioneros que permitieron franquear lo que se consideraba como una barrera. Puede pensarse que las que se desarrollan sobre el mismo tema (cuya pesadez, por desgracia, ya no será compensada con su novedad) pondrán de relieve muchos hechos de los que todavía nos hacemos una idea vaga y que no se pueden anticipar[5].

---

[5] En BUSNEL y GRANIER-DEFERRE (1977) se hallarán indicaciones y referencias sobre los trabajos en curso y una recapitulación de algunos resultados.

No obstante, los resultados logrados por los chimpancés siguen estando muy lejos de lo que realiza el hombre al utilizar el lenguaje; es ilusorio (sobre la base de los resultados observados) imaginar que podrían alcanzar un nivel que corresponda a la práctica de una lengua. Es más lógico comparar al chimpancé con el niño que comienza a adquirir la lengua; tal comparación es, igualmente, más justa.

1. Lo que sorprende, cuando uno procede a esa comparación, es la diferencia en las modalidades del aprendizaje. Los aprendizajes efectuados tanto por Washoe como por Sarah y Lana (y todos los otros monos, menos conocidos, que fueron sometidos a estos entrenamientos) pertenecen al orden del amaestramiento, como apuntó FOUTS respecto de Washoe. Según las comprobaciones de los GARDNER y de FOUTS, Washoe no aprendió prácticamente nada por imitación. En cuanto a Sarah y Lana, los autores pensaron aun menos en la imitación. Si bien el animal fue sometido a ciertas demostraciones sobre la manera de actuar con los dispositivos (completar una laguna con una ficha o sustituir una ficha por otra, por ejemplo), lo esencial descansa en el carácter forzoso de la situación y en el juego de refuerzos. Los comportamientos del animal aparecen extremadamente determinados, y lo que constituye el aprendizaje es la ausencia de elección: en el caso de PREMACK, por ejemplo, para toda situación nueva el animal sólo dispone de una única respuesta que no puede hacer otra cosa que producir. Sólo después llega a intervenir una elección entre dos y, eventualmente, unos pocos elementos más.

Las condiciones en las cuales el niño aprende su lengua no tienen nada que ver con un sistema semejante de imposiciones. Aun cuando haya que conceder mayor espacio que el habitual a las presiones ejercidas para inducir al niño a hablar, a las correcciones aplicadas sobre sus producciones, o a las satisfacciones que éstas generan, la diferencia sigue siendo extrema.

Lo que parece distinguir al niño del animal estriba básicamente, por un lado, en el interés puesto en el lenguaje, debido al cual hablar y comunicarse corresponden en el niño a una motivación muy intensa y, por otro, a una facilidad en su aprendizaje que le permite llegar rápidamente mucho más lejos que el animal. Estos dos rasgos introducen el lenguaje no sólo en las actividades instrumentales y utilitarias, sino que también señalan aquello que implica una condición favorable para su ejercicio y, por tanto, para su desarrollo. Es evidente que las condiciones de entrenamiento impuestas al animal no son favorables a una actividad de esa índole y sus juegos; fuera de estas condiciones, no entran en formas tan estructuradas como aquellas que el lenguaje implica con rapidez.

2. Estas diferencias no excluyen que los aprendizajes del niño y del chimpancé tengan algunos elementos comunes; al respecto, la espontaneidad invocada a propósito del primero no constituye una objeción. Por una parte, la espontaneidad no está excluida en el animal, sobre todo cuando las condiciones de su vida le permiten su expresión (por ejemplo, entre los GARDNER). Por otra parte, porque la espontaneidad no se identifica con la manifestación de capacidades innatas, sino que corresponde a una facilidad en algo que, sin embargo, sigue siendo un aprendizaje. Acabamos de mencionar la imitación, pero ésta no lo explica todo y, en realidad, lo que llamamos imitación es un proceso global, no forzosamente único cuyo análisis es necesario (y además no sencillo, como lo demuestra la diversidad de teorías desarrolladas a ese respecto). Es legítimo, en consecuencia, preguntarse si existen homologías entre las actividades impuestas al chimpancé y las que realiza el niño.

En este sentido es interesante considerar la experiencia de PREMACK. Su proyecto inicial era descomponer el lenguaje en constituyentes elementales y ver si éstos podían ser enseñados en forma aislada. El hecho de recurrir al chimpancé resulta un medio para comprobar esa posibilidad de enseñanza; el niño normal no podría prestarse a una descomposición semejante, cuyas etapas, demasiado lentas para él, quemaría.

El empleo de un sistema de fichas constituye una transposición de las características del lenguaje al plano de la manipulación. Se puede ver aquí una interpretación conductista del lenguaje: el comportamiento con las fichas obedecería a los principios que regulan el comportamiento en las concepciones conductistas (percepción de las características del estímulo, respuesta, refuerzo positivo o negativo de la respuesta).

Colocados en el plano de la ejecución de las tareas solicitadas al sujeto, cabe preguntarse en qué medida la manipulación de fichas (y de lexigramas en el caso de Rumbaugh) es verdaderamente homogénea con respecto a las primeras manipulaciones de los modos y estructuras de la lengua por parte del niño. Al respecto se intentó sugerir que esa homología era discutible, al menos en ciertos casos. Llenar un blanco mediante la ficha que significa "igual" o "diferente", reemplazar la ficha "?" por otra, son operaciones donde la estructura de los objetos percibidos sirve de guía, lo que no sucede en el caso del lenguaje, cuyos elementos no se despliegan de la misma manera en el espacio. Esa simplificación, justificable para el uso del animal, ¿conserva bastante similitud con el lenguaje para que se pueda pasar de una forma de aprendizaje a la otra?

Es posible concebir un análisis del lenguaje del niño que se desarrolle según un procedimiento análogo al seguido por Premack, con vistas a determinar en qué medida las conductas del niño no se descomponen en actividades elementales del tipo de las que se ejercen sobre objetos, algunos de los cuales desempeñan el papel de símbolos. El análisis de Premack no es completamente transferible, pues una parte de las tareas solicitadas al chimpancé parecen desbordar las capacidades del niño que se encuentra en las etapas más iniciales de sus adquisiciones (la utilización de "igual-diferente", de "nombre de" y, *a fortiori*, los términos relativos a inferencias). No sucede lo mismo cuando se trata de la actividad básica: poner en correspondencia la ficha que designa un objeto con este mismo objeto.

Las primeras interpretaciones conductistas de la denominación, presentada como asociación de una etiqueta verbal a un objeto, recuerdan el género de relación establecido entre una ficha o un lexigrama y su referente. La etiqueta verbal, para el enfoque conductista, era un objeto comparable al objeto nombrado, al menos en lo concerniente a las propiedades fundamentales (perceptibilidad, manipulabilidad), pero, por otra parte, dentro del marco de esas propiedades, más móvil y más fácilmente movilizable que el propio objeto. Estas son, en efecto, las características de las fichas y, en cierta medida, de los lexigramas. Las fichas y lexigramas "igual" y "diferente" se asemejan a las etiquetas de igual denominación invocada por Miller y Dollard (cf. Oléron, 1972) para dar cuenta de los comportamientos de asimilación y discriminación favorecidos por el empleo de estos términos.

Debe apuntarse que Premack (y, en cierta medida, Rumbaugh),

a pesar de tal similitud inicial, se aparta de este tipo de modelo conductista. Este autor desarrolla su análisis tratando de definir las habilidades practicadas por el sujeto que, como las capacidades de representación o utilización de relaciones de segundo orden, corresponden más bien al vocabulario cognitivista. Y lo que en última instancia busca poner en evidencia se refiere a las capacidades intelectuales necesarias para la utilización del lenguaje, lo cual se sitúa en una dirección muy distinta a la del análisis conductista.

De este modo hemos pasado de lo que al comienzo parecía que iba a explicar las modalidades del aprendizaje del lenguaje, a lo que se puede considerar como un estudio de las condiciones o prerrequisitos intelectuales de éste, y que incluso se prolonga en un estudio más general de la inteligencia, comparándola (a través de las pruebas, y no todas se refieren al lenguaje) en el chimpancé y en el hombre, como lo muestra el título de la obra que presenta la síntesis de los trabajos (PREMACK, 1976).

3. La referencia a las capacidades intelectuales subyacentes a la adquisición y uso del lenguaje implica varias clases de problemas; entre ellos, los dos que a continuación se mencionan.

El primero no hace más que reiterar una interrogación ya planteada y que es subyacente a las experiencias examinadas; ¿es posible inducir las capacidades intelectuales requeridas para la utilización del lenguaje mediante un análisis de actividades que no se efectúan sobre el lenguaje, sino sobre situaciones solamente análogas a la realidad lingüística?

El segundo se refiere al origen de la incapacidad de los animales superiores para utilizar espontáneamente un lenguaje comparable al del hombre, y a las dificultades que implicó enseñar al chimpancé los equivalentes de dicho lenguaje.

Los estudios correspondientes presentan varias hipótesis. Algunas han considerado los aspectos instrumentales, básicamente referidos a los obstáculos para la producción de la palabra. Otras tuvieron en cuenta variables psicológicas, ya sea de orden general o de orden más específicamente cognoscitivo o intelectual. YERKES, por ejemplo, exageró la incapacidad del chimpancé para imitar los estímulos auditivos, llegando a estimar que si el chimpancé tuviera la capacidad de imitación del loro, su inteligencia le facultaría para utilizar el habla (YERKES y LEARNED, 1925). DELACROIX (1933) aludió, por el contrario, a una insuficiencia intelectual. HARLOW (1958) pensó que no era seguro que hubiese que incriminar a las capacidades intelectuales más que el déficit de ciertas aptitudes específicas y que, de todos modos, si esas capacidades debían ser cuestionadas, esto no implicaba una diferencia considerable, desde este punto de vista, entre el hombre y el chimpancé.

Es llamativo que pocos autores, en apariencia, hayan mencionado una capacidad que parece más modesta y que no encuentra su lugar en los análisis y teorías desarrolladas acerca de las sutiles combinaciones de la lingüística: la memoria (cf., sin embargo, PREMACK, 1976). Lo que, no obstante, es tan sorprendente, en la adquisición del lenguaje por el niño, como el hecho de aplicar palabras a referentes apropiados y realizar combinaciones gramaticales conformes con las normas de la lengua, es la facilidad con la cual una palabra oída una vez queda inmediatamente fijada. El vocabulario de los chimpancés entrenados en el uso del lenguaje no es desdeñable, en particular el de Washoe; pero debe observarse que ese vocabulario es objeto de constantes entrenamientos y ejercicios, lo cual contribuye, sin duda, a su conservación. No se negará que el ejercicio interviene también en el mantenimiento del *stock* lingüístico del niño, pero la memoria verbal de éste parece menos tributaria de repeticiones y refuerzos que la del animal. Es, al mismo tiempo, más abierta y más espontánea.

Desde el punto de vista intelectual, sin entrar a detallar citas y análisis que no cabrían aquí, podemos adelantar la idea de que lo que distingue al animal, aun el más evolucionado, del hombre es la aptitud de este último para construir mundos imaginarios. Se ha propuesto definir la inteligencia como la actividad de construcción de modelos (OLERON, 1972 *a*, 1972 *b*); éstos no sólo son interpretaciones de la realidad, como los modelos científicos o técnicos, sino, como los mitos o las obras de arte, un segundo tipo de universo donde se proyectan los deseos oscuros y los sueños. Esa capacidad expresa la inadaptación del hombre y el desajuste entre sus potencialidades y la actualidad de sus realizaciones instantáneas, origen de los cambios, progresos y regresión que atestigua la historia colectiva e individual. [BERTRAND (1971) ha sugerido que la ausencia de lenguaje entre los monos superiores estaba vinculada a la excelente adaptación que presentan con respecto a su medio.]

Esa libertad respecto a la realidad inmediata trae aparejadas varias consecuencias desde el punto de vista del lenguaje. Ante todo, porque éste mismo es sistema o medio para construir ciertos tipos de modelos de la realidad. Después, porque asegura un entrenamiento que facilita la toma de distancia para con el entorno inmediato y, por tanto, la elaboración de modelos que no son puro calco de aquel.

Esa libertad respecto a los referentes fue con frecuencia mencionada como una característica que permite definir el lenguaje humano. Para VON GLASSERSFELD (RUMBAUGH, 1977), y para BENVENISTE (véase 4, *supra*), éste es el criterio que impide considerar la danza de las abejas*como lenguaje, por el hecho de que el mensaje es siempre relativo al referente definido que constituye la fuente de alimento.

Y, por otra parte, la libertad (relativa) respecto a las cosas tiene por correlato la libertad respecto al lenguaje, que se traduce en la creación de palabras nuevas, el cambio y renovación de las significaciones, la creación de imágenes y metáforas, los juegos de palabras y los equívocos, etc. La lengua se halla sometida a reglas, pero éstas, incluso en lo relativo a la sintaxis, se prestan a combinaciones múltiples que finalmente se pliegan a la expresión de los matices, aun de los más sutiles. Uno de los criterios que distinguen al chimpancé entrenado en la utilización de un lenguaje humano es el hecho de que haya adaptado contenidos diferentes a una estructura lingüística pero que, por el contrario, no parezca capaz de modificar las estructuras aprendidas para crear otras nuevas (PREMACK, 1976).

---

* Véase REUCHLIN, M., *Psicología,* Madrid, Morata, 1980. *(N. del T.)*

CAPITULO II

EL DESARROLLO SEMANTICO[1]: ASPECTOS Y PROBLEMAS GENERALES

1. DIVERSIDAD DE ASPECTOS DE LA SIGNIFICACION Y DE LAS CAPACIDADES SEMANTICAS

"Basta con cotejar las definiciones de las palabras *significar, significación* y *sentido* en los grandes diccionarios para percatarse de que el asunto estuvo durante mucho tiempo lejos de ser claro; el estudio de las obras actuales de semántica prueba que todavía no lo es por completo." Esta afirmación de MOUNIN (1968, 152) expresa con bastante acierto (incluso quizá de una manera optimista) la situación de una noción compleja. Noción que en gran medida se ha vuelto confusa, por la interferencia de alusiones a dominios cuyas nociones poseen una constitución heterogénea. La distinción entre estos campos permite, si no darles completa claridad, al menos localizar los motivos de oscuridad. Esa distinción es necesaria en la perspectiva de un estudio del desarrollo, en la medida en que se entiende que éste supera la recolección de hechos discontinuos y permite comprender y evaluar las interpretaciones o los modelos de ellos propuestos.

Mediante una conocida formulación, ampliamente divulgada, SAUSSURE definió el signo lingüístico como la unión de un

---

[1] La semántica es la rama de la lingüística que se ocupa del aspecto significativo del lenguaje. El adjetivo "semántico" designa aquello que está referido a la significación; así, se hablará de "componentes semánticas" de un discurso o de la "evolución semántica" de una palabra. Según un proceder corriente, del adjetivo se deriva un sustantivo que expresa colectiva o sustancialmente la realidad correspondiente. Se habla entonces de lo semántico, comparado, por ejemplo, con lo sintáctico. Por atracción, este sustantivo suele emplearse en femenino, lo que amenaza crear una confusión con la disciplina, cuyo objeto ella designa entonces. MOUNIN (1968) llama la atención sobre la distinción, que no siempre se hace, entre la semántica y la semiología (o semiótica): esta última es la teoría general de los signos (incluidos los signos no lingüísticos; cf. PRIETO, 1968).

significante y un significado. El significante aparece definido de una manera unívoca: es la producción verbal, por ejemplo, la palabra. No sucede lo mismo con el significado, como señala MOUNIN (1968): unas veces es equivalente al concepto y otras a la cosa u objeto que el "significante" designa. Añadiremos que ni el concepto ni el objeto son realidades unívocas y claramente definidas.

Se puede considerar que la significación exige análisis que se sitúan en tres terrenos: el objeto, el sujeto psicológico y la lengua. Aun cuando en aras de la claridad estos dominios tengan que ser considerados en forma aislada, no puede olvidarse que se hallan en constante interferencia y se implican parcialmente unos a otros (el objeto depende de un sujeto que toma conocimiento de él; el sujeto contribuye a modelar ese objeto en función de su organización cognoscitiva, y la lengua se expresa sobre el primero y es practicada por el segundo, etc.). La significación está particularmente enlazada a la comprensión, es decir, a un proceso intelectual, y, por tanto, a las capacidades que la determinan. En el caso del niño, que se desarrolla en todos los niveles y, por consiguiente, tanto en el intelectual como en el lingüístico, la interferencia presenta una singular importancia. El acceso a las significaciones, así como el dominio de las operaciones que éstas implican, depende del nivel intelectual, hecho que deberemos mencionar continuamente.

2. DIVERSIDAD DE LAS CAPACIDADES SEMANTICAS

La falta de unidad de la noción de significado, así como la diversidad de campos a los que remite, conducen a admitir que en las capacidades y rendimientos del sujeto es posible hallar niveles y modalidades diferentes y apreciables. El dominio de la semántica de la lengua supone múltiples componentes de los cuales los más elementales han sido puestos de relieve en el análisis psicológico. Es cierto que, al comienzo, las capacidades del niño se limitan a unas pocas, que son las más primitivamente definibles; pero si queremos situar sus progresos y abordar el logro de las formas más sutiles, es conveniente adoptar una visión de conjunto (aunque no se la pueda presentar en forma exahustiva y detallada).

Para una parte de las formas que vamos a mencionar nos

hemos inspirado en KATZ (1973). La enumeración propuesta no pretende abarcar niveles que correspondan a un orden de adquisición o de dificultad; un orden semejante sólo podría establecerse mediante estudios sistemáticos que hasta hoy no se han efectuado. Sólo las dos primeras formas pueden ser consideradas como las más primitivas, en la medida en que corresponden a una simple puesta en práctica de capacidades, tales como se las puede inferir del comportamiento, y que permiten pruebas objetivas.

Tendremos en cuenta la recepción y la producción que intervienen en cada caso examinado. Un cuadro completo debería incluir las explicaciones y comentarios o justificaciones correspondientes, que pertenecen al metalenguaje y sobre todo a la competencia del especialista.

1*a)* La comprensión de los enunciados recibidos, expresada mediante respuestas apropiadas (motrices o verbales).

1*b)* La producción de enunciados apropiados a la situación en la que intervienen.

Estas capacidades son atestiguadas en pruebas que se utilizaron en muchas experiencias, así como en tests clásicos.

2*a)* El reconocimiento de la pertenencia del enunciado a la lengua. Se trata de una capacidad no especificada. No se espera que el sujeto conozca la significación de una palabra o de un enunciado, sino que reconozca a éstos como algo que forma parte de la lengua que emplea.

En cuanto a una palabra aislada, se trata de reconocer que la emisión recibida constituye una palabra y no un sonido o una combinación extralingüística o, incluso, eventualmente, una palabra de una lengua desconocida. Esa capacidad pertenece al conocimiento del vocabulario, pero se la puede considerar como infrasemántica. En efecto, el sujeto puede basarse en criterios fonéticos. Es sabido que los individuos familiarizados con las combinaciones fonéticas que participan en las palabras de su lengua, pueden juzgar como extranjeras aquellas producciones que incluyen combinaciones inhabituales. Esa capacidad es relativamente precoz, como muestra la experiencia de MESSER (1967) con niños de 3 a 4;5 años (cf. OLÉRON, 1976). También pueden emplearse criterios sintácticos, en la medida en que el estímulo propuesto posee una forma que puede ser reconocida como la de un adjetivo, un verbo o un adverbio. Observemos que esto nos introduce ya en el terreno de lo semántico, porque, bajo la forma sintáctica, se alcanzan significaciones al menos potenciales. Por otra parte, no se puede omitir el problema de la invención de palabras nuevas, cuya pertenencia a la lengua puede reconocer el individuo a partir de reglas de derivación vislumbradas con mayor o menor claridad. En este caso, realmente ya no se está fuera de la significación.

En cuanto a las oraciones, el reconocimiento de su pertenencia a la lengua estriba en criterios formales (sintácticos). Desde el punto de vista del sentido, si éstos son respetados (de una manera verosímil), la pertenencia a la lengua de las palabras constitutivas resulta evidente. Si ninguna forma parte de ella (caso precedente), el juicio se apoya en las interpretaciones que cada uno puede proponer, y resulta aleatorio. Si algunas son reconocidas, definen un contexto a partir del cual se puede inferir la significación global. Si todas son conocidas, como en la célebre oración cuyo original ha propuesto CHOMSKY (1965): "Las ideas verdes sin color duermen furiosamente", la significación está determinada por su relación, su pertenencia a categorías compatibles. Puede estudiarse la manera en que el niño desarrolla sus capacidades respecto a estas categorizaciones, lo que han hecho, por ejemplo, HOWE y HILLMAN (1973), JAMES y MILLER (1973), OLÉRON y CORROYER (1979); cf. cap. IV. Es posible imaginar, por simetría con la sintaxis, "escalas de semanticidad" que permitirían evaluar las frases como más o menos —si no significativas— próximas a un enunciado significativo. No debe olvidarse que el uso metafórico de las palabras abre posibilidades de interpretación que trascienden categorías rigurosas que se trata de discriminar con nitidez. (Así, la oración de CHOMSKY puede sugerir ciertas interpretaciones: las "ideas verdes" hacen pensar hoy en tesis ecológicas, algunas desprovistas de vigor, y la actividad o el sueño de las "ideas" pueden formar parte de clichés literarios...)

2b) Desde el punto de vista de la producción, para limitarnos a las situaciones reales (por oposición a las del psicolingüista, que imaginaría un material para sus experiencias), podemos mencionar fundamentalmente la creación de palabras nuevas que entran dentro de las reglas de derivación aceptadas en la lengua. Los niños son capaces de creaciones semejantes [cf. OLÉRON 1976, 115-116, donde se reproducen algunos ejemplos tomados de DECROLY y GREGOIRE para el francés; *"pincer"*: servirse de un pincel, pintar; *"pianer"*: tocar el piano; *"cerconnier"*: fabricante de *cerceaux* (aros de rueda, de cuba); *"poutrier"*: carpintero de obra, fabricante de *poutres* (vigas), etc.]

3*a*) La identificación de ciertas relaciones semánticas entre las palabras, como la identidad (sinonimia), la oposición (antonimia), naturalmente la diferencia (que sólo tiene sentido para términos cercanos), y otras donde es más complicado distinguir la parte que corresponde a la forma de la que pertenece a los contenidos (por ejemplo, las relaciones de sobreordenación, subordinación, coordinación, que suponen un conocimiento de la clasificación de los objetos o de los seres, es decir, de una sistemática al menos rudimentaria). (La determinación de sinomimia y antonimia entre palabras es objeto de preguntas que forman parte de numerosos tests de desarrollo intelectual.)

Entre las oraciones se trata de la identificación de aquellas que poseen o no el mismo sentido, y eventualmente un sentido opuesto. Una oración que posee el mismo sentido que otra es la *paráfrasis* de ésta. Ciertos lingüistas han considerado importante el estudio de la paráfrasis para una teoría de la significación, y a ello se consagraron diversos trabajos (cf. L. VEZIN, 1976). Al igual que para la sinonimia y la antonimia de las palabras, diversos tests incluyen items donde el sujeto debe señalar una proposición que tiene el mismo sentido que un determinado enunciado. En este caso, la identidad de sentido es a veces aproximada, y a menudo es cuestión de interpretar los enunciados que se expresan en lenguaje metafórico. Veamos un ejemplo extraído de un test de LADY:

"A pequeñas causas, grandes efectos".

Indicar las dos afirmaciones cuyo sentido es más cercano al del proverbio citado:

"Los pequeños arroyos forman los grandes ríos".
"La excepción confirma la regla".
"No hay humo sin fuego".
"Una cerilla basta para provocar la destrucción de un gran palacio".

En algunos casos la comparación puede referirse a pares palabra-enunciado (un enunciado complejo puede decir lo mismo que una palabra según el conocido procedimiento de la "perífrasis").

3*b*) Las producciones correspondientes (por ejemplo dar los sinónimos, los antónimos, etc., producir paráfrasis).

4*a*) La determinación de las redundancias (en el sentido literario y no en el de la teoría de la información). Un ejemplo es la detección de los pleonasmos "defectuosos" de los gramáticos ("prever de antemano", "subir arriba", ejemplos del diccionario *Robert).*
Se considera a los pleonasmos como faltas de estilo, pero proceden de un conocimiento imperfecto del sentido de las palabras, una parte del cual es ignorada o no advertida o juzgada como no marcada suficientemente (la redundancia pasa a ser entonces un procedimiento enfático).

4*b*) Las producciones, o más bien las no producciones correspondientes (salvo, eventualmente, con fines humorísticos).

5*a*) La detección de ambigüedades. No todas las ambigüedades que presenta la lengua son semánticas. Algunas se sitúan en el plano fonético; es el caso de palabras homófonas, cuya distinción puede efectuarse en el plano de la escritura, o de grupos cuyos elementos pueden ser limitados de manera diferente (*"est maitre au pole"="aime etre au pole"="est métropole..."*)* lo que se presta, como toda ambigüedad, a juegos de palabras y chistes.

Los lingüistas admiten la existencia de ambigüedades sintácticas y algunos atribuyen a su elucidación un papel importante en el desarrollo de una teoría de la lengua (cf. RUWET, 1967). Esta clase de ambigüedad aparece en ciertas frases, pero se refiere a su significación y no pueden ser consideradas no semánticas. Esto se advierte en ejemplos como los que reproducimos: "Tomé la fotografía" (KATZ); "Leí la crítica de Chomsky" (RUWET); *"J'aime mieux Pierre que Paul"* (RUWET); "Le boulanger fait des batards"... (MOUNIN)**.

---

* Un ejemplo del español: "Hábilmente piensa"="hábil mente piensa"="Ah, vilmente piensa". *(N. del T.)*
** Los dos últimos ejemplos pierden su ambigüedad una vez traducidos: "Me gusta más Pedro que Pablo", "El panadero hace panes de forma alargada bastardos (hijos)/bastardas (letras-limas)". *(N. del T.)*

Las llamadas ambigüedades léxicas afectan a las palabras que admiten varias significaciones (polisemia). Dos de los ejemplos recién citados son ambiguos a causa de la polisemia de uno de sus términos (*"prendre" y "batard"*). La ambigüedad no es obstáculo para la comprensión, en especial la polisemia, porque el contexto desempeña un papel selectivo y conduce a adoptar sólo una de las interpretaciones compatibles con el resto del enunciado. Esto explica, sin lugar a dudas, por qué razón la capacidad para detectar ambigüedades aparece relativamente tarde. SHULTZ y PILON (1973) estudiaron esa capacidad y comprobaron que era inexistente en niños de primer grado (entre seis y siete años), y que en cuanto al séptimo y décimo grados (alrededor de trece y dieciséis años) se situaba en torno al 50 por 100 de éxito para las ambigüedades sintácticas. Al menos así sucede cuando las diferentes interpretaciones no son propuestas a los sujetos: en este caso, las descubren con mayor prontitud. Con esa condición, las ambigüedades léxicas se detectan más precozmente que las otras.

5*b*) La capacidad correspondiente es también ambigua. No producir enunciados ambiguos es una cualidad para la comunicación. Producirlos constituye un arte más sutil, que permite efectos de orden social o literario frecuentemente apreciados... Las ambigüedades que aparecen en las expresiones de los niños pequeños se deben a la ausencia de dominio de las formas sintácticas y a la imprecisión de las significaciones que ellos confieren a la palabra. Su eliminación deriva de un dominio creciente en estos dos terrenos, pero también, y sin que esto haya sido objeto de estudios específicos, del progreso en el afán de una comunicación clara e inequívoca, lo cual no depende exclusivamente del desarrollo lingüístico.

6*a*) La detección de términos implícitos. Muchos enunciados incluyen una referencia a estados de cosas o disposiciones psicológicas a las que aluden o implican, aunque no estén explícitamente mencionados.

Una categoría es la formada por los sobreentendidos, a través de los que el emisor da a entender algo que no dice con toda claridad. Lo vemos en un enunciado como "Pedro no detesta el vino" (DUCROT, 1972), una forma de expresar que en realidad a Pedro le gusta el vino (y quizá le guste mucho y hasta en exceso...). El sobreentendido juega con las significaciones, pero finalmente este juego es, como señala DUCROT, de orden social: es una manera de decir que permite al locutor no asumir la responsabilidad de sus palabras y defenderse de la significación sobreentendida parapetándose tras la significación formulada.

Las presuposiciones son más directamente de orden semántico, porque ponen en juego las significaciones de las palabras. Un verbo como "comenzar" presupone que la acción considerada, o el estado, no tenía lugar o no existía en un momento anterior; por el contrario, "cesar", "terminar", "acabar" implican la presuposición inversa. "Saber" presupone que el hecho mencionado existe e "imaginar", por el contrario, que no existe. En cuanto a las presuposiciones en el niño, su estudio se halla en sus comienzos. Volveremos a ellas más adelante (capítulo IV).

6*b*) La capacidad de producir sobreentendidos se desarrolla con el conocimiento de la lengua, pero también con la competencia en la utilización de los medios y modalidades de expresión, en función de las relaciones entre el emisor y el oyente y el contexto social de sus intercambios. En cuanto a la producción de los presupuestos es, desde luego, paralela a la adquisición de la significación de las palabras y puede considerársela como un aspecto de dicha adquisición.

7*a*) La sensabilidad hacia diversos sutilezas en los procedimientos de expresión. Mencionaremos los de acentuación o subrayado, que permiten, por ejemplo, poner de relieve una parte del enunciado ("Fue en París donde lo encontré" frente a "Lo encontré en París").

Del lado opuesto figura la alusión, el *"understatement"*. En otra perspectiva podemos mencionar los matices de valor evocativo, afectivo (que recubre parcialmente una interpretación de la palabra "connotación"). La distinción entre sentido figurado y sentido literal podría merecer un lugar aparte. Esa distinción está directamente ligada a la polisemia de las palabras, lo que se pone de manifiesto, por ejemplo, cuando se consideran los términos que pueden designar tanto cualidades físicas como "morales" (dulce, tierno, frío...). Como en el caso de la ambigüedad, la comprensión en uno u otro sentido es más precoz que la capacidad de expresar concretamente la doble significación (cf. Asch y Nerlove, 1960).

7b) En cuanto a las producciones, las formas de énfasis se pueden considerar precoces, pues responden a un aspecto importante de la comunicación. (Fórmulas como: "es... que..."* aparecen relativamente pronto.) La creación de imágenes, figuras, metáforas, los juegos con las significaciones, etc., corresponden a la creatividad verbal para la cual el niño se muestra también precozmente capaz, especialmente en el marco de los usos del lenguaje lúdicos (cf. Aimard, 1975).

8a) La capacidad de comprender y utilizar definiciones para captar o dar precisión a la significación de una palabra.

8b) La capacidad de dar definiciones o, inversamente, a partir de una definición encontrar o elegir la palabra pertinente (capacidad a la que apelan diversos tests).

3. MODALIDADES Y CONTEXTOS DEL DESARROLLO SEMANTICO

A. Comprensión y producción

El dominio de las significaciones implica tanto la comprensión de los mensajes como su producción adaptada. Pero se trata de formas que ponen en juego capacidades y operaciones psicológicas (e incluso, cuando se considera la producción, fisiológicas) diferentes. De modo que en cierta medida son disociables no sólo en formas patológicas clásicas (afasias), sino también en la práctica de una lengua (por ejemplo, de una lengua extranjera que uno puede "poseer" convenientemente cuando se trata de leerla sin ser capaz de hablarla con facilidad comparable). En cuanto a la adquisición de la lengua materna por parte del niño, se admite que existe un desfase, ya que la comprensión es más precoz que la producción. Pero la amplitud de tal desfase se presta a controversia y se ha impugnado su autenticidad.

---

* En general, su traducción literal al español constituye galicismo. Ejemplo: *"c'est lui qui me l'a dit"*, literalmente "es él quien me lo dijo", posee en español una forma correcta: "me lo dijo él", donde el procedimiento de énfasis se localiza en el desplazamiento del sujeto hacia el final de la frase. *(N. del T.)*

En el plano de los hechos es difícil establecer determinaciones precisas debido al carácter vago, global o aproximado de las primeras reacciones (indicios de la comprensión) y su contexto, así como de las primeras producciones.

Si se da crédito al testimonio de los padres, es frecuente considerar que las palabras son comprendidas (cualquier test simple desmiente esta opinión) (cf., por ejemplo, HUTTENLOCHER, 1974). El niño puede conceder interés preferente a un objeto, y lo elige si se pronuncia su nombre. Pero si lo que se presenta es el nombre de otro objeto, el niño producirá la misma respuesta. De igual modo cuando se trata de una acción (o de la inhibición de una acción). HUTTENLOCHER cita el caso de un niño cuya madre pensaba que él conocía la prohibición "no". Pronunciada esta palabra, el niño interrumpía en efecto la acción iniciada; pero, respecto a la misma acción, resultó que "sí" traía aparejado el mismo resultado...

Muchos observadores han llamado también la atención sobre las diferencias que presentan los niños. Algunos parecen menos predispuestos a expresarse y a expresarse precozmente que otros. Su silencio no sería índice de un retraso sino más bien reflejo de una actitud o de un modo de reacción.

Sin embargo, es comprensible que la producción que implica la movilización y un cuidadoso control del aparato fonador pueda estar desfasada con respecto a la comprensión. En sus formas más simples, ésta sólo implica poner en relación el enunciado, la situación y una respuesta, que puede ser una reacción o un gesto muy simple y, en consecuencia, precozmente dominado. Los primeros indicios de comprensión en el niño suelen representarse por el hecho de que gira la cabeza hacia la persona o el objeto cuyo nombre es pronunciado ante él, o los señala con el dedo. Estas reacciones se presentan muy temprano, y con igual prontitud pueden integrarse en una respuesta dirigida por un juego de estímulos discriminables.

La existencia de un desfase no implica que la comprensión, al menos cuando se ejerce sobre estructuras lingüísticas de cierta complejidad, no tenga necesidad de un soporte en la producción.

LENNEBERG (1962) menciona un caso observado por él, en favor de la posibilidad de una disociación total entre producción y comprensión. Se trata de un niño afectado de anartria congénita y, por tanto, incapaz, como consecuencia de la parálisis de los músculos fonadores, de producir los sonidos del lenguaje. A pesar de esta incapacidad, que era prácticamente completa, y no obstante las tentativas de educación emprendidas, el niño llegó , según LENNEBERG, a un conocimiento normal de su idioma.

Semejante disociación plantea considerablemente problemas en cuanto a la representación de la adquisición del lenguaje. Ser capaz de comprensión con incapacidad de producción implica que el sujeto pueda desarrollar capacidades mientras permanece, por así decirlo, puramente contemplativo. Esto contraría la concepción del psiquismo y hasta de la vida (el primero no puede ser separado de la segunda), de los que parece que nada subsistiría si excluyéramos de ellos las reacciones y la acción sobre el medio. El espacio reservado a la acción y al movimiento en doctrinas tan diferentes como el conductismo, las opiniones teóricas de BERGSON o PIAGET, revelan el peso que le concede la reflexión. En el caso que estamos considerando, es cierto que la actividad motriz general estaba conservada, ya que la dolencia sólo había alcanzado al aparato fonatorio; pero los gestos globales de la vida cotidiana no poseen similitud con las actividades verbales, y es difícil comprender que puedan ofrecer un sustrato específico a éstas. El adulto cultivado descifra los mensajes sin participación motriz aparente; pero esa participación interviene en el caso de un mensaje difícil, y la comprensión parece favorecida si se la reproduce en voz alta o al menos en silencio. El aprendizaje de la lectura pasa también por una fase de articulación vocal. El sordo que descifra palabras mediante la lectura de los labios, suele acompañar esa lectura por una reproducción de aquello que identifica. Los registros electromiográficos han revelado actividades musculares efectuadas durante la lectura o la ejecución de ciertas operaciones mentales. De este modo, proporcionan argumentos conocidos en favor de la teoría motriz del pensamiento.

Cuando se trata específicamente del aprendizaje del lenguaje, este tipo de argumento puede considerarse demasiado general. El lenguaje del adulto está anticipado respecto del lenguaje del niño; éste debe, pues, recibirlo en cierta medida para aprenderlo y aquello que puede producir se encuentra retrasado en relación con lo que se ofrece a su comprensión. Esperar que el niño pueda producir los enunciados para poder comprenderlos es entrar en un círculo vicioso; todo progreso sería imposible... No obstante, el paralelo entre la comprensión y la producción resulta demasiado rígido. Se olvida que todas las actividades y, manifiestamente, la actividad verbal, suponen aproximaciones, intentos y también errores antes de obtenerse su dominio. Tales aproximaciones y errores contribuyen a la elaboración del modelo de la lengua que el sujeto realiza, y es razonable pretender que son indispensables.

¿Acaso LENNEBERG, tal vez demasiado fiel a la disociación propuesta por CHOMSKY entre competencia y actuación, no dedujo de su caso de anartria congénita más de lo que en verdad probó? Este autor insiste en que la comprensión del niño era total. Pero esa comprensión sólo podía ser probada por intermedio de respuestas *no verbales* (ejecución de acciones o respuestas dadas con la cabeza: "sí" o "no"). Las frases cuya comprensión fue comprobada presentaban cierta complejidad: "Coge eso y ponlo sobre la botella." "¿Es éste el momento de almorzar?" "¿Dio la buena señora de comer al gato negro?" Las capacidades demostradas por estas pruebas son reales, pero no es evidente que lleguen más allá de la descodificación de señales características incorporadas al enunciado. La comprensión se evalúa de manera mucho más completa en las situaciones donde se establecen intercambios entre emisor y receptor. Entonces puede alcanzar puntos que se separan de las referencias concretas a la percepción y la acción. El fracaso del aprendizaje de la lectura por el niño observado o, al menos, su carácter en apariencia muy restringido (en la correspondencia de palabras o frases con imágenes) y la ausencia, al parecer, de acceso a la escritura, contribuye a limitar el alcance de las conclusiones extraídas por LENNEBERG.

FOURCIN (1975) presentó un caso que, según él, confirma la observación y la tesis de LENNEBERG. Se trataba de un sujeto afectado por una cuadriplegia congénita, y por tanto casi totalmente paralítico e incapaz de adquirir la palabra. Sin embargo, pudo aprender el inglés escuchando primero y después leyendo; la lectura, la radio y la televisión desarrollaron sus conocimientos de una manera perfectamente normal. Ahora bien: sólo a la edad de treinta años, cuando tuvo la posibilidad de utilizar una máquina de escribir manejada a pedal, pudo expresarse verdaderamente. El breve texto autobiográfico reproducido en el encabezamiento del artículo muestra un completo dominio de la lengua. Por otra parte, el sujeto obtuvo el diploma de programador en informática.

Lo que, sin embargo, nos revela la exposición del caso es que el sujeto, cuando era niño, no estaba desprovisto de toda capacidad de expresión oral. Simplemente sus producciones resultaban prácticamente ininteligibles, salvo para sus padres. Por otra parte, no poseemos indicaciones sobre eventuales progresos en la expresión escrita que habrían podido manifestarse a partir del momento en que el sujeto pudo disponer de su máquina de escribir. Parece ser, con todo, que ya en el primer uso de ésta existía un importante desajuste entre la cualidad lingüística de sus producciones orales y la de su producción escrita.

Las dificultades relativas de la producción a las que se apeló para explicar el desfase entre comprensión y expresión, en el caso del niño que se desarrolla normalmente, no sólo radica en la articulación. HUTTENLOCHER (1975) ha discutido este aspecto. También se podría hablar de la memoria, considerada desde el ángulo del almacenamiento y la movilización (éstos serían más fáciles respecto a las experiencias perceptivas y a los esquemas de acción que respecto a las palabras), o en función de la distinción común entre recuerdo y reconocimiento (el reconocimiento es más fácil que el recuerdo; aplicada a las palabras, esa diferencia toma el sentido del desfase comprensión-producción).

Estas observaciones se quedan en el plano de la sugestión. Debe apuntarse que conciernen, como lo que se dice casi siempre sobre el tema, a los comienzos de la adquisición, correspondiente a estadios donde todavía no se encuentran construcciones organizadas sintácticamente. Es probable que hubiera que disociar estos niveles, porque los mismos análisis corren el riesgo de no ser válidos para el conjunto. En particular, cuando queda afectada la organización sintáctica, cabe preguntarse si todavía se puede hablar de desfase o si, en este nivel, no es pertinente la concepción de CHOMSKY para quien la competencia no puede ser disociada. Si aparece un desfase, éste residiría en el hecho de que el sujeto descifra el mensaje apoyándose en indicios semánticos y contextuales que dispensan de una aprehensión exacta de la organización sintáctica, que sí es requerida, por el contrario, en la producción.

B. La variación de la extensión

El sentido que todo niño pequeño parece atribuir a tal o cual palabra parece depender de la historia de sus encuentros con ella en los contextos que han estado asociados a su recepción o producción. Historia que en ciertos casos pueden reescribir los padres o los familiares, historia a la que puede proponerse comparar con la evolución del léxico de las lenguas, con evidentes diferencias, sin embargo, no sólo respecto a la escala temporal, sino sobre todo porque, en el caso del niño, la evolución tiende hacia una norma admitida en el momento en que la observación se establece, mientras que la historia de la lengua concierne al cambio en las propias normas.

Bajo los aspectos anecdóticos de la evolución es importante buscar regularidades, manifestaciones de principios generales que se pueden enunciar de una manera abstracta. Más adelante veremos de qué forma el modelo de los rasgos semánticos se ha propuesto suministrar una interpretación general. Con ello se verá también la manera en que el recurso a la experimentación aporta precisiones y posibilidades de control de una interpretación teórica que la simple observación no puede ofrecer.

Examinaremos en esa sección las variaciones en la extensión del sentido de las palabras. Se trata de un problema que presenta un interés general, en la medida en que atañe a la evolución de una característica fundamental de la significación: la aplicación pertinente de la palabra a los referentes que ella designa. Fuera de los nombres propios, toda palabra de una lengua posee un carácter genérico: se aplica a referentes que nunca son idénticos (y que, incluso si lo fueran, no por ello serían menos múltiples). Las normas lingüísticas definen —no sin márgenes de variación e incertidumbre— el campo de referentes al que cada palabra debe aplicarse. Hay sobreextensión cuando el locutor extiende ese campo, y subextensión cuando lo restringe; en el primer caso hace entrar en el campo más objetos de lo admitido, y en el segundo, menos.

1. LA TESIS DE LA SOBREEXTENSION INICIAL

Es algo admitido que los primeros usos que el niño hace de las palabras están marcados por la sobreextensión. Esas palabras, en efecto, son aplicadas no solamente a los objetos que designan en la lengua adulta, sino también a otros que poseen alguna relación con ellos. La evolución tiene lugar en el sentido de una restricción progresiva de la extensión, que la devuelve a los límites del uso "normal".

Una interpretación de la evolución consiste en considerar que la sobreextensión inicial está determinada a partir de similitudes presentadas por los referentes. Cuando cierta palabra ha sido aplicada a un objeto (una persona, una situación...), el niño extiende su uso a objetos que poseen una semejanza con él. E. CLARK (1973) ha sistematizado esta interpretación, atribuyéndola al modelo de desarrollo que consideraremos en el capítulo siguiente. Esta autora presentó una compilación de las principales observaciones proporcionadas por los estudios de los siglos XIX y XX, cuya consulta es muy útil.

Vemos allí, por ejemplo, la denominación *"tic-tac"* aplicada a un reloj de bolsillo, y luego a toda clase de relojes de bolsillo y de pared, a un contador de gas, a un tubo enrollado sobre un tambor, a un termómetro de esfera (LEOPOLD), o la de *"tee",* diminutivo del nombre "Timmy", un gato, aplicada a los perros, las vacas, los carneros y los caballos (LEWIS).

Los puntos sujetos a discusión conciernen a la realidad de la evolución que se acaba de describir (sobreextensión y luego restricción progresiva) y, por otra parte, a la explicación de las variaciones de la extensión. Por lo que se refiere a dicha explicación, E. CLARK interpretó las variaciones suponiendo que, al comienzo, el niño sólo capta una parte de los rasgos semánticos que constituyen la significación de las palabras; la adquisición de rasgos nuevos restringiría progresivamente su extensión. Otra interpretación se refiere a la restricción del vocabulario disponible, que conduce a empleos inadecuados; éstos van disminuyendo a medida que el vocabulario se enriquece. Por último, merecen ser consideradas otras interpretaciones como, por ejemplo, la que se refiere a los errores que intervendrían en los procesos de codificación y descodificación y de movilización de lo adquirido, del tipo de los que se mencionaron en la sección precedente.

a) El primer punto que hay que considerar incumbe al valor que debe darse a las observaciones dirigidas a la sobreextensión. Los ejemplos comunicados por los autores son llamativos, pero ¿en qué medida corresponden a una regla general en el primer empleo de las palabras? La propia E. CLARK (1973) señala con prudencia que sólo unas pocas palabras parecen ser objeto de sobreextensión; otras, por el contrario, ya en el comienzo se emplearían de acuerdo con el uso adulto (aunque a todas luces se carece de controles precisos de dicho acuerdo cuando se trata de los primeros usos efectuados por el niño muy pequeño).

ANGLIN (1976) ha llamado la atención sobre el lado artificioso de estas observaciones. Mientras que las sobreextensiones son fáciles de notar (el niño aplica una palabra a referentes identificables), las subextensiones posibles escapan al observador. Si el niño dice "perro" frente a un gato, la sobreextensión está clara. Por el contrario, si ante un caniche no pronuncia la palabra "perro", porque para él el caniche no es un perro, éste es un caso de subextensión de la palabra, pero que escapa a todo el mundo debido, precisamente, a que el niño no ha dicho nada.

ANGLIN (1976) y REICH (1976) sugirieron la necesidad de definir de una manera general las relaciones entre la extensión de las palabras empleadas por el niño y por el adulto (cf. fig. 5). Al lado de la sobreextensión (en el niño), se puede considerar la subextensión, la disociación sin coincidencia (los referentes son totalmente distintos para el niño y el adulto), la coincidencia parcial y finalmente la identidad.

BLOOM (1973) ofrece un ejemplo de subextensión: el primer uso de la palabra "coche" *(car)* por una niña de nueve meses: sólo la aplicaba a los coches que veía desplazarse por la calle desde la ventana de su casa (y no cuando ella misma subía a un coche, o lo veía parado, o miraba imágenes que lo representaban).

REICH da un ejemplo extraído de la observación de su hijo, donde el sentido de la palabra "zapato" *(shoe)* es restringido: el niño (de ocho meses) respondía a la pregunta "¿dónde?" *(where)* en un juego en el que él se dirigía hacia la persona o el objeto nombrado, y ante "zapato" *(shoe)* sólo reaccionaba dirigiéndose hacia un armario donde estaban colocados los zapatos de su madre. Los que se hallaban cerca de él en la habitación, o los del padre, guardados en otro armario, no quedaban inte-

El desarrollo semántico 83

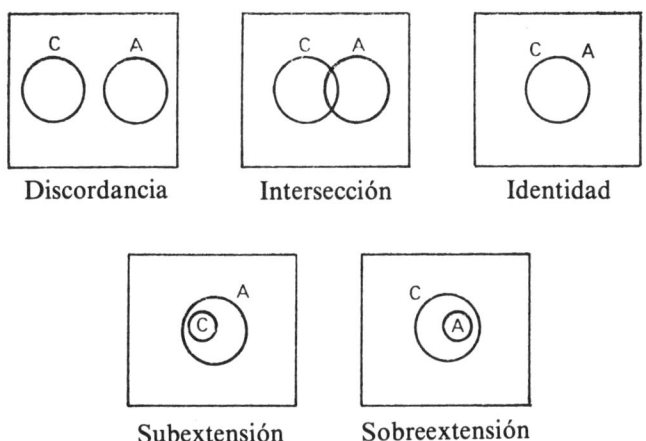

Fig. 5.—Las diferentes clases de relación entre la extensión de palabras en el niño y en el adulto, según Reich (1976, 118). Los círculos C representan la extensión para el niño, y los círculos A, la extensión para el adulto.

grados en la respuesta. Sin embargo, se trataba de un estadio transitorio, ya que en unas dos semanas la extensión se cumplió por etapas a los otros zapatos, incluidos los llevados por las personas.

Reich cita un caso de disociación sacado de la observación del mismo niño: durante un período (en una edad no indicada), llamaba al receptor de televisión *"TV guía"*, y se negaba a admitir que este último término se aplicara a la revista de televisión, y que el receptor se llame "televisión".

Anglin (1976) ilustra la coincidencia parcial con el ejemplo de la palabra "flor", que el niño no aplica a todos los referentes que el adulto designa con este término, pero que puede incluir referencias a plantas (filodendros o cactus, por ejemplo) que no son, botánicamente, flores. Recuerdo que en mi niñez (cuatro o cinco años) contribuí a bautizar a un gato con el nombre "*Le bouquet*" ("el ramo"), porque viéndolo sentado en el centro de una mesa, en una postura hierática típica de estos animales, esa palabra, que designaba el complejo jarrón-flores colocado en el centro de una mesa, la encontré apropiada (*"on dirait un bouquet!"*) ("¡parece un ramo!"), y no esta otra, más pertinente —pero menos poética—: *"statue"* ("estatua").

b) El empleo de las nociones de sobreextensión y subextensión se efectúa por referencia a un sistema conceptual susceptible de ser definido objetivamente. Esto queda muy claro cuando el vocabulario considerado puede ser relacionado con clasificaciones naturales, como la de los animales: la aplicación del nombre "perro" a un gato transgrede dicho sistema, y la noción de sobreextensión encuentra de este modo un claro fundamento. Pero tal interpretación "racional" no tiene en cuenta ni las aproximaciones apoyadas en otras bases, ni la intervención de factores subjetivos propios del emisor.

Sin embargo, algunas de las extensiones que se han dado a conocer parecen determinadas por asociaciones cumplidas sobre la base de contigüidades que podemos considerar puramente accidentales. Los ejemplos citados por OLÉRON (1976) ofrecen algunas ilustraciones. Por ejemplo, el hijo de DARWIN (ROMANES, 1891) aplicaba el término "cua", inicialmente destinado a designar a un pato en el agua, no solamente a los pájaros e insectos, sino también a los *líquidos;* después lo aplicó a una moneda en la que figuraba un águila y, a partir de aquí, a *cualquier moneda.* El mismo proceso se observó en el hijo de PAVLOVITCH (1920) que aplicaba el término "bebé", a partir de la fotografía que lo representaba, a todas las fotografías, y después a los libros que contenían imágenes y a los *libros en general.* Otro caso semejante es el del niño mencionado por los STERN, que empleaba "lalá" para la música, los ruidos (musicales o no), y también, por haber oído una música militar, para referirse a los soldados.

Pudiera parecer que en estos casos se tratara de una difusión de la significación que se operaría poco a poco, como si fueran árboles de los que se podrían trazar ramas y ramificaciones pero cuya estructura es más de tipo histórico que lógico.

Por otra parte, es natural que se busque la base de las extensiones en similitudes que descansan en las características objetivas del objeto. Estas son, al menos, de orden perceptivo (para el niño pequeño no es cuestión de llegar a las que puede desarrollar la investigación científica o simplemente la reflexión). Se trata de las similitudes mencionadas por E. CLARK; la autora clasificó las observaciones según se refirieran a similitudes concernientes al movimiento, la forma, el tamaño, el sonido, el gusto, la textura (reconociendo que la disociación es a veces arbitraria y que pueden intervenir simultáneamente varias formas de similitud). Esto equivale a negar o reducir el lugar que debe concederse a las asimilaciones realizadas sobre la base de acciones, reacciones, actitudes; dicho de otro modo: los elementos subjetivos introducidos por el niño (CLARK deja un estrecho margen a la acción tratada como un residuo, ilustrado por sólo dos casos). Esta restricción no es fortuita: el modelo de desarrollo de la autora (los rasgos semánticos) remite a las propiedades de los objetos definidos independientemente del sujeto y que éste va descubriendo de manera progresiva. PIAGET, quien por el contrario subraya el papel cumplido por la asimilación que realiza el sujeto en la constitución de las similitudes, utiliza ejemplos que ratifican su concepción. El niño da el mismo nombre a referentes cuya comunidad estriba en la posición, en los efectos que ejercen sobre él, en la expresión de una intención que se extiende a ellos. De este modo, un niño emplea el vocablo "guau" no sólo para designar al perro, sino también para diversos objetos o personas a los que ve, como vio a un perro, desde la terraza en la que se encuentra (PIAGET, 1945).

La importancia que ha de concederse a los factores mencionados —asociación, subjetividad— es tanto mayor cuanto más pequeño es el niño. Los primeros usos del lenguaje no están subordinados a una estructura objetiva del mundo (que no se expresa, de todos modos, por la simple organización de conceptos definidos por su extensión relativa), sino que como continuación de las actividades preverbales, están ligados a expresiones cuyo determinismo es interno y comprende una amplia porción de gratuidad y juego.

c) Las controversias acerca de la extensión en el empleo de las palabras no pueden dejar de lado otro elemento: la amplitud del vocabulario de que dispone el niño. Parece natural que una palabra sea aplicada a un número más elevado de referentes cuando el vocabulario es restringido y el sujeto trata de expresarse utilizando los recursos de que dispone.

Las observaciones sobre la evolución de la extensión de las palabras muestran un paralelismo entre la reducción de dicha extensión y el empleo de vocablos nuevos. Las restricciones en la extensión de una palabra coinciden con la aparición de términos que toman a su cargo una parte de los referentes englobados en el uso de la primera palabra. Esto aparece en los cuadros propuestos por E. CLARK para describir lo que ella llama la "restricción del campo semántico" (1973, cuadros 8 y 9). En cuanto a los ejemplos, cabe también remitirse a OLÉRON (1976). Podemos estimar que aquí no hay una simple coincidencia, sino, por el contrario, un antecedente primitivo que contribuye a determinar el comportamiento del niño. Es bastante fácil imaginar que, en una situación donde la comunicación sería una exigencia primordial, los criterios pragmáticos que permiten asegurar esa comunicación dominan sobre las exigencias de tipo cognoscitivo, sobre todo si dicha comunicación no exige una precisión real en la denominación sino que satisface, sobre todo, una necesidad de contacto con las personas que rodean al niño. Lo mismo sucede si, al mismo tiempo que la comunicación, lo que el niño realiza es una actividad lúdica, haciendo uso de su capacidad para producir palabras relacionadas —aunque sea de manera aproximada e imprecisa— con sus experiencias.

El niño no emplea una misma palabra sino para designar referentes que poseen alguna relación entre sí, pero esto no significa que no capte las diferencias que éstos presentan, lo cual no excluye que en ciertos casos no perciba o no tome en cuenta esas diferencias. Pero es frecuente que las capte, como revela el comportamiento, y debemos tratar de entender por qué razón el niño no las tiene en cuenta en sus denominaciones. Podemos pensar que en cierto modo esas diferencias tendrían un peso menor que el impulso a proponer, para designar los objetos a pesar de ellas, los únicos términos más o menos pertinentes de que dispone, y que cumplen su función si el medio reacciona positivamente a su empleo. Poniéndonos en el lugar del niño, podríamos imaginar que su comportamiento equivalga a decirse algo semejante a lo que sugiere BLOOM (1973, p. 79): "*I Know about dogs, that thing is not a dog. I don't know what to call it but it is like a dog*" *.

Salvando las distancias, esta situación no es fundamentalmente distinta de lo que se puede observar en el adulto cuando no dispone del vocabulario pertinente para exponer lo que desea expresar, o cuando las reglas de la comunicación social vedan el uso de este vocabulario. Así, cuando se trata

---

* "Tengo conocimiento sobre perros, esto no es un perro. No sé cómo llamarlo, pero es algo parecido a un perro." *(N. del T.)*

de palabras con fuerte carga afectiva u objetos de tabú, como las que se refieren a la muerte, el sexo, la anatomía o el funcionamiento de ciertos órganos, está permitido utilizar palabras no pertinentes, a menudo más generales o que implican asociaciones con aquéllas o son analógicas. La comunicación es posible mediante términos aproximados, y su empleo no permite inferir —al menos no en todos los casos— una determinada organización semántica.

d) Merecerían un examen aparte los nombres que designan a las personas más cercanas al niño: el padre y la madre esencialmente, pero también los hermanos o hermanas, es decir, las personas que se hallan en permanente contacto con él. Esos nombres son básicamente los nombres propios, pero se les utiliza como nombres comunes en la lengua establecida ("papá", "mamá") o en la práctica del pequeño.

ARISTÓTELES dice que los niños empiezan por llamar a todos los hombres "papá". Esto fue confirmado por diversos observadores [cf. entre los trabajos recientes, RUKE-DRAVINA (1976) y THOMPSON y CHAPMAN (1976), sobre los que enseguida volveremos]. Pero el doble uso de "papá" y "mamá" hace relativamente poco clara la evolución. En RUKE-DRAVINA vemos, por ejemplo, a los dos niños estudiados no utilizar "mamá" como nombre propio hasta la edad de 1;5 y 1;6 años, después de que uno de ellos (pero no el otro) generalizó primero su empleo. Más tarde, sin embargo, lo que se toma en cuenta es el nombre común, pero la observación deja ver que también es de un cierto modo generalizado (aplicado, por ejemplo, por un sujeto de 4;2 años a toda persona que se ocupa de un niño como lo hace una madre: de un compañero dice que tiene dos mamás, porque de él no sólo se ocupa su madre, sino también una niñera). Las sobreeextensiones que intervienen en estos diferentes estadios no son, en apariencia, de la misma clase, y es preferible no confundirlas.

También cabe interrogarse acerca de la similitud de los comportamientos respecto a los miembros de la familia cuya denominación oscila entre el nombre común y el nombre propio (tío, tía, primo y, en cierta medida, abuelo, abuela: por supuesto, con la forma diminutiva en que aparecen en las comunicaciones con los niños). Es indudable que el número de las personas que reciben estas denominaciones debe desempeñar cierto papel e intervenir en la extensión o ausencia de extensión que se les conceda.

Los nombre de pila que designan especialmente a una persona también son susceptibles de generalización. BLOCH (1921) lo había observado con respecto a "Francine", nombre de una criada que se ocupaba del niño, y que éste aplicaba, en plural, a personas que se vestían como ella. RUKE-DRAVINA ha citado empleos semejantes de los nombres del hermano y la hermana, tomados como sinónimos (con la complicidad de los padres) de "chico" y "chica" en general (incluida la forma plural). También aquí —y RUKE-DRAVINA lo señala— el hecho de que otros niños lleven el mismo nombre que un hermano o una hermana es un factor que contribuye a la generalización.

e) Varios autores han afirmado que las sobreextensiones sólo se manifiestan en las producciones del niño, y que no se las encuentra en la comprensión de las palabras que se les proponen. Este es un punto importante, ya que, si se admite, el hecho constituye una objeción contra la teoría de CLARK. En efecto, dicha teoría implica que las variaciones de la extensión se revelan tanto en la comprensión como en la producción, pues emanan de la composición semántica de las palabras. En esta composición, la presencia de tales o cuales rasgos conciernen a la significación de las palabras tomadas con independencia de la manera en que el sujeto las trata, produciéndolas o comprendiéndolas. Si las variaciones de la extensión sólo afectan a la producción, entonces bastaría con retener los factores relativos sólo a ésta, como la insuficiencia del vocabulario y las dificultades para movilizarlo.

Ciertas observaciones sugieren que no hay sobreextensión en la comprensión (por ejemplo, BLOOM, 1973). O bien no se observan tales sobreextensiones, o bien las palabras que son objeto de una sobreextensión en la producción se emplean con una extensión normal en la comprensión. Así ocurre, por ejemplo, en la observación de LABOV, citada Por BUTTENLOCHER (1974); su hija aplicaba la palabra "mamá" a todos los miembros de la familia, pero cuando se le preguntaba "¿Dónde está mamá?" respondía mirando a su madre y no a los demás.

Pero estos hechos están lejos de ser claros e incluso coherentes. HUTTENLOCHER (1974), por ejemplo, descarta la existencia de sobreextensión en la comprensión e intenta atribuir la sobreextensión en la producción a las particularidades de esa actividad. Sin embargo, menciona sobreextensiones en la comprensión en uno de sus sujetos: el niño (1;1 año) responde correctamente a la palabra "perro" mostrando los perros entre sus juguetes, pero en un libro de imágenes muestra también un ciervo o un mapache.

THOMSON y CHAPMAN (1976) efectuaron una investigación que tiene el mérito de abordar el problema de una forma sistemática. El estudio, referido a cinco niños cuya edad oscilaba entre 1;8 y 2;3 años, incluyó una serie de tests de producción y comprensión repetidos en varias sesiones; las palabras comprendidas en la prueba (cuatro por sujeto) se elegían en función de las sobreextensiones manifestadas en las producciones espontáneas de cada niño. El material del test comprendía fotografías o imágenes que representaban ejemplares diversos de los referentes (por ejemplo, varias fotografías de la madre y el padre), items vecinos que se prestaban a una sobreextensión de las palabras y otros claramente distintos.

Los resultados ponen de manifiesto la complejidad, incluso para la pequeña muestra de palabras utilizadas, y la variación de las conductas según los niños y las categorías de palabras. Es indiscutible la aparición de sobreextensiones en la comprensión, pero no para algunas de las palabras objeto de una sobreextensión en la producción (es el caso de los nombres que designan personas como papá y mamá, pero no de las palabras que designan animales u objetos).

Los resultados de esta investigación son incompatibles con las teorías de la sobreextensión. La ausencia de concordancia en las sobreextensiones en producción y en comprensión es desfavorable con respecto a la teoría de los rasgos semánticos. La existencia de sobreextensión en la comprensión excluye la sola referencia a particularidades de la producción. La misma insuficiencia del vocabulario antes mencionada queda puesta en duda por el hecho de que algunos niños pueden designar los objetos sometidos a prueba por medio de términos más apropiados que los que son objeto de una sobreextensión (por ejemplo, dos niños emplean la palabra "hombre" para designar representaciones de hombres, aunque generalizan "papá", aplicándola a otros personajes masculinos).

Por consiguiente, las teorías propuestas pueden tener a lo sumo una validez parcial (dan cuenta de una parte de los hechos, pero son contradichas por otras). Los autores proponen especificar la teoría de los rasgos semánticos según la antigüedad en la adquisición de las palabras: cuanto más temprano se ha adquirido una palabra, mejor se halla establecida su composición semántica y por tanto menos posibilidad tiene de manifestar sobreextensión (es el caso de nombres como "papá" y "mamá", que se adquieren precozmente y no manifiestan, como se dijo, sobreextensión en la comprensión por parte de los niños sometidos a examen).

Los autores consideran asimismo la hipótesis alternativa, según la cual las palabras que al comienzo hayan tenido una extensión normal en cuanto a la comprensión, se ven ampliadas en su uso por una especie de "contagio" procedente de las sobreextensiones impuestas en la producción por la dificultad de ésta (restricción o dificultad de movilización del vocabulario), reforzada por el acuerdo o la aceptación del medio.

Las dos interpretaciones implican una evolución diferente en las modalidades de la comprensión (sobreextensión o especificación al comienzo); la observación atenta de los inicios de la adquisición permitiría decidirse por una de ellas.

f) La adquisición de palabras nuevas depende finalmente de contingencias, algunas de las cuales se vinculan con las capacidades del niño y otras con los comportamientos del entorno. De aquí la dificultad de reducirlo todo a modelos interpretativos generales.

En cuanto a las capacidades del niño hay que mencionar las cognoscitivas, pero también las posibilidades de percepción y memorización de las palabras. La adquisición depende también del dominio de las dificultades de articulación. Los primeros términos de mayor extensión figuran entre los más fáciles de articular (caso de las producciones que designan al padre y la madre). Esta facilidad, en continuidad con lo que sucede a nivel preverbal, contribuye a determinar su empleo en circunstancias en que sólo convienen de manera aproximada a la designación de los referentes. Hay una especie de asimilación de tipo mecánico que no se puede dejar de lado.

Por lo que se refiere a la influencia del medio, no se ha insistido suficientemente sobre el hecho de que los propios padres alientan cierto tipo de producción en sus hijos, y se hacen cómplices de ella cuando no les proporcionan un modelo adaptado a sus capacidades. Como acabamos de indicar, THOMSON y CHAPMAN (1976) mencionaron de pasada ese factor. RUKE-DRAVINA (1976) también llamó la atención sobre el empleo generalizado de nombres propios cuando se le habla al niño; así, el uso de "mamá" para designar a toda mujer que tenga, por ejemplo, un bebé en los brazos (uso que en francés se sobreentiende, a causa de la doble forma, común y propia, de la palabra "mamá"*), pero también (cf. *supra*) el uso de los nombres de dos niños de la familia para designar de una manera general a los chicos y chicas de la misma edad.

Está claro que considerar la forma en que el niño aplica las palabras sin tener en cuenta esos factores sería descuidar un elemento susceptible de influir poderosamente en ese empleo.

Por último, es preciso referirse a los factores accidentales, el hecho de que la palabra pronunciada en un determinado contexto se vea asociada al mismo, lo cual a la vez puede generar una restricción y una sobreextensión, aunque ésta sea de tipo asociativo más que propiamente generalizante.

Así, REICH (1976) propone explicar la denominación "*TV guía*" para el receptor de televisión por la falsa interpretación de una expresión del adulto, como ésta: "¿Qué programa es éste? Mira la revista de televisión."

La restricción observada por el mismo autor en la respuesta a la palabra "zapato" tampoco debe interpretarse, probablemente, de una manera puramente semántica. La respuesta del niño es ambigua en la medida en que se trata de un juego y en que ese juego ha tomado, como suele suceder con los niños, una forma estereotipada (en este caso, ir a abrir el armario y, en particular, el armario donde están las cosas de la madre, lo cual no excluye elementos afectivos).

Habrá que desarrollar y multiplicar ampliamente los análisis de este tipo.

2. LA EXTENSION MEDIA Y SUS JUSTIFICACIONES

Los análisis precedentes conciernen sobre todo a los inicios de la adquisición. Es interesante examinar lo que sucede después, pero con la condición de no asimilar los primeros estadios del desarrollo con los ulteriores.
Limitémonos al problema de las variaciones de la extensión. ANGLIN (1976)

---

* Lo mismo ocurre en español. *(N. del T.)*

realizó sugestivos análisis, pero aun cuando el autor no haya establecido claramente la distinción, en su mayoría se refieren a los últimos.

Con respecto al orden de adquisición, ANGLIN señala, al parecer con todo acierto, que primeramente las adquisiciones apuntan más bien a términos de un nivel de extensión "medio", y que los progresos se cumplen, en consecuencia, tanto sobre términos cuya extensión es más amplia (más generales) como sobre términos cuya extensión es más reducida (menos generales). Así, dice, el niño aprende "perro" antes que "perro de pastor" o "animal", "flor" antes que "rosa" o "vegetal", "coche" antes que "Volkswagen" o "vehículo".

El análisis de ANGLIN destaca la influencia de dos factores en favor de la elección de los términos de extensión "media".

a) El hecho de que los referentes correspondientes presentan lo que él llama una "equivalencia de comportamiento", es decir, que requieren respuestas semejantes; más exactamente, estos referentes poseen una "equivalencia de comportamiento" mayor que los referentes que corresponden a términos, por ejemplo, más generales. Así, afirma ANGLIN, "lluvia" tiene un grado de "equivalencia de comportamiento" más elevado que "tiempo", porque muchos comportamientos son adecuados para la lluvia y sólo para la lluvia (coger un paraguas o botas de goma, no andar por los charcos, etc.), mientras que "tiempo" remite a comportamientos diferentes según que esté soleado, lluvioso, pesado, brumoso, que nieve o haya viento.

La noción de "equivalencia de comportamiento" es idéntica a lo que ciertos autores llamam "equivalencia funcional". Está en relación directa con la asimilación de PIAGET, e insiste sobre la intervención del sujeto, que antes mencionamos.

b) El empleo que los adultos prefieren al dirigirse a los niños. ANGLIN cita una experiencia en la cual se invita a unas madres a poner una denominación a ciertas imágenes, según sean para adultos o para niños. Pero los niños utilizan preferentemente términos de generalidad "media", colocados en el nivel de equivalencia que, en función de lo que se acaba de decir, presenta la mayor utilidad para el niño y se adecúa al uso acostumbrado de éste. Es cierto que tales observaciones son ambiguas. En ellas puede verse una elección de la madre que determina el modelo en el que el niño va a inspirarse. Pero no se puede excluir que el afán de una comunicación eficaz conduzca a adoptar las denominaciones observadas en la lengua de éste. No obstante, resulta inseguro que la discordancia advertida en la experiencia citada esté perfectamente establecida. Y se puede estimar que, fuera del marco de una experiencia que induce al sujeto a denominaciones más precisas —y por tanto menos extensivas—, el uso habitual de la comunicación, incluso entre adultos, se sitúa en el nivel "medio" de comunicación. Todo el mundo habla corrientemente de su coche, de las flores o frutos de su jardín, pero hacen falta razones particulares para que mencione la marca de su coche o sus rosas, sus cerezas o sus melocotones... El nivel de extensión correspondería en el adulto y el niño, por las razones de eficacia de que habla ANGLIN, y en las cuales puede verse la manifestación de un principio de economía que participa en toda comunicación e incluso en el reparto de las significaciones atribuidas a las palabras, como señaló ZIPF en el caso de las polisemias.

El empleo por parte del adulto de las formas "medias" hace que éstas sean naturalmente más frecuentes. Como en cualquier otro sitio, el factor de la frecuencia no puede ser descuidado en la evaluación de la elección, operada por el niño, en el material lingüístico que se le ofrece.

C. El papel de los contextos

Una vez que se sobrepasa la actividad de etiquetado, no hay correspondencia término a término entre los elementos verbales y los referentes. La realidad lingüística se presenta en la forma de expresiones más o menos complejas, cuya significación depende de las relaciones establecidas entre los términos en una estructura de conjunto donde esos elementos no pueden ser considerados individualmente, salvo por una decisión arbitraria.

Por lo general, el carácter incompleto y la ambigüedad de los enunciados no constituyen un obstáculo para la comunicación, ya que hay ciertos recursos que permiten superarlos. Unos son de orden lingüístico: se trata de la integración de los elementos en conjuntos más amplios (la palabra en una frase, la frase en un párrafo). Los otros son de orden cognoscitivo: incumben a la conexión establecida entre el elemento, o el conjunto lingüístico, y los datos perceptivos que conciernen a la situación en la cual tiene lugar la producción verbal o a los saberes relativos, no sólo a dicha situación, sino a cualquier otra más o menos semejante y a los conocimientos que pueden aplicarse a ellas y ponerlas en claro.

Tales recursos dependen de algo que, en un sentido amplio, podemos llamar el contexto. El contexto —literalmente: lo que va con el texto— representa aquello que rodea a un enunciado actual, aquello dentro de lo cual se encuentra inserto, es decir, los elementos lingüísticos y situacionales que se encuentran asociados a su producción y recepción.

El interés hacia el contexto, cuyo concepto fue claramente formulado entonces, cobró desarrollo con la aparición de la teoría de la información (SHANNON y WEAVER, 1949). Al comienzo se excluyó de la teoría, puramente formal, toda referencia a la significación; pero a partir de la realización de experiencias sobre textos significativos, el papel del contexto en la comprensión de esos textos pudo ser evaluado con claridad.

Desde el punto de vista de los problemas aquí examinados la teoría de la información presentaba dos lagunas (lo que no se puede reprochar a sus autores, ya que los problemas que trataban carecían de relación con éstos): 1. Esa teoría sólo tenía en cuenta el contexto verbal y no se interesaba por el contexto "situacional", es decir, la percepción de referentes e indicios correspondientes a la situación concreta en cuyo marco se emitía y percibía al mensaje. 2. El modelo matemático, y las experiencias que éste sugirió, privilegian un mecanismo de asociación lineal en el encadenamiento de los elementos del mensaje. Esto lleva a descuidar la aprehensión estructurada que caracteriza cualquier producción y recepción de un mensaje y permite determinar su significado, y, por otra parte, los aspectos cognoscitivos que intervienen, por ejemplo, en el tratamiento de textos incompletos.

El éxito de la teoría de CHOMSKY trajo aparejado un desinterés hacia el contexto.

El reflujo respecto a su teoría y, de una manera más general, respecto a una concepción estrictamente lingüística del análisis, lleva a revalorar el papel del contexto. En este sentido, se pueden citar las muchas experiencias ideadas por BRANSFORD (cf. BRANSFORD y MCCARRELL, 1974), en las cuales enunciados o exposiciones más o menos largos parecen ininteligibles si previamente no se presenta a los sujetos una palabra clave o una ilustración (que cumple el papel de contexto situacional)[2]. Estas experiencias se efectuaron con adultos, pero son aplicables a los niños, para los cuales está por desarrollarse un estudio genético.

En la actualidad se encara el contexto desde un ángulo diferente del que sugería la teoría de la información a psicólogos que, en esa época, vacilaban en superar las variables directamente implicadas en las situaciones, lo cual acarreaba una suerte de aprehensión mecánica del contexto. Hoy se hace hincapié en los aspectos cognoscitivos de los contextos y de su uso. Tales aspectos no habían escapado a los experimentadores, pero aparecían más bien como una fuente de interferencia respecto de los problemas planteados.

Los aspectos cognoscitivos se muestran en las inferencias, que permiten desbordar las informaciones proporcionadas por un solo enunciado, integrar el conjunto de las que ofrece el texto del que aquel forma parte y sacar consecuencias; asimismo, los aspectos cognoscitivos aparecen en el espacio otorgado al "conocimiento del mundo" que permite la interpretación de las palabras (cf. BRANSFORD y MCCARREL, 1974). (En el ejemplo, antes citado, de la gaita, la comprensión de la frase está condicionada por el conocimiento de este instrumento.) Por tales razo-

---

[2] "Las notas eran débiles porque las costuras se rasgaban"; sólo parece tener una significación para los sujetos enterados de que la frase se refiere a una gaita.

nes, esos aspectos serán examinados con mayor detalle en el capítulo IV.

La evolución del niño con respecto al contexto se caracteriza, de una manera global, por una creciente posibilidad de desprenderse del contexto situacional más inmediato en provecho de contextos más directamente lingüísticos, por un lado, y más indirectos e intelectualizados, por el otro.

Lo que caracteriza los primeros momentos, tanto de la producción como de la comprensión, es que el significado depende estrechamente de la situación y de los objetos dentro de cuyo marco tienen lugar las emisiones. Todas las observaciones comunicadas acerca de los comienzos del lenguaje lo confirman. El niño pequeño, cuyas producciones están mal articuladas, mal estructuradas sintácticamente e incluyen un léxico aproximativo, emite plabras en relación directa con la vivencia inmediata, es comprendido por el entorno. Pero las tentativas que se apartan de esto (relato de sucesos pasados —para quienes no los vivieron con el niño—, comentarios, proyectos que suponen una innovación o una distancia en relación con la situación actual) se tornan oscuras y necesitan precisiones. La exigencia de dichas precisiones, ya sea explícita o resultante de la incomprensión del medio, induce al niño a expresiones más claras y enunciados más completos, que dejan de presuponer demasiado estrechamente lo que al comienzo no le parecía necesario decir.

La evolución de los enunciados hacia fórmulas estructuradas no es solamente un progreso en el sentido de la organización sintáctica, lo que los autores pretenden destacar, sino un progreso hacia expresiones que tienden a bastarse a sí mismas liberándose al menos de las imposiciones del contexto situacional inmediato. De igual modo, el progreso en la comprensión no está enlazado solamente al creciente dominio de las estructuras sintácticas; depende de la capacidad de integrar elementos más o menos alejados de los enunciados inmediatos y que permiten dar claridad a éstos.

D. Significación y comunicación

La definición de la significación, según la cual sólo se establece un vínculo entre la palabra y el referente, descuida la dimensión fundamental del lenguaje, que es la comunicación. En efecto, la comunicación implica no sólo que se hable de algo, sino también que, en sus palabras, locutor y oyente se tengan en cuenta, respectivamente, el uno al otro.

Las palabras emitidas no están construidas de una manera estrictamente objetiva (es decir, en función de la sola naturaleza del objeto o del referente). El locutor se dirige a alguien, y tanto la elección del objeto, el contenido del discurso como, en parte, su forma, están determinados en función del oyente.

Todos los autores que han estudiado las primeras producciones del niño, incluidas ciertas producciones preverbales, reconocieron la importancia de sus aspectos comunicativos. El habla desempeña el papel de instrumento que permite la satisfacción de una necesidad más o menos forzosa. Incluso aquellas que no corresponden a una necesidad biológica —y rápidamente son las más numerosas— aseguran intercambios y contacto con el medio, del cual ni el niño ni el adulto, pues el hombre es una animal social, pueden prescindir.

El interés hacia los aspectos comunicativos del lenguaje complica en cierta medida la manera de tratar la significación, y lleva a considerar otros aspectos del desarrollo semántico y no sólo los que se abordan cuando se trata nada más que de las relaciones con el referente.

En el análisis de las comunicaciones está muy claro que descifrar la significación de un enunciado equivale, en muchos casos, a determinar aquello que incita al locutor a hablar y a emitir ese enunciado particular. A la inversa, para aquel que habla y se dirige a un oyente, definir la naturaleza de su discurso está en función de una acción que debe ejercer sobre el oyente, y el discurso cobra formas y modalidades que están determinadas por esa intención. Estos juegos —a menudo sutiles en el adulto— no se ejercen al capricho de la iniciativa individual. Las comunicaciones, como de una manera general, las relaciones entre los hombres, están definidas por reglas y códigos sociales que el niño aprende y progresivamente va poniendo en práctica.

1. EL NIVEL PREVERBAL

La primera forma que implica la necesidad, para quien se halla frente a una producción, de interpretarla sin poder apoyarse en su contenido, está representada por las producciones preverbales y en particular por los gritos del niño. El grito es significativo en la medida en que el medio lo interpreta, lee en él la expresión de un estado de sufrimiento del organismo y reacciona de una manera que cree apropiada. El mismo tipo de lectura se ejerce sobre otras manifestaciones emocionales o afectivas, no siempre únicamente vocales, que serán tratadas como expresivas de la alegría, la satisfacción, el enfado, el afecto, el malestar... Estas manifestaciones se prolongan a todo lo largo de la vida (aunque controladas con el progreso de la edad) y siguen siendo interpretadas y sirviendo como indicios para descifrar informaciones que el sujeto produce, a veces sin saberlo ni quererlo.

Atribuir intención a una producción ha requerido interpretar y decidir. Los padres creen distinguir muy pronto las manifestaciones, como los gritos y llantos, que son "sinceras" y resultan de un estado al que conviene poner remedio, de aquellas que corresponden a una intención de manejarlos y de obtener su atención y solicitud. Pero esta distinción no es sencilla y los juicios del entorno no siempre concuerdan.

Se pueden tomar en consideración criterios objetivos. La intensidad, el carácter súbito, explosivo de una manifestación emocional, hablan en favor de su espontaneidad. Los elementos de la situación son importantes, pero las reacciones psicológicas no siempre (sobre todo cuando son de orden afectivo) están en relación directa con sus características objetivas: ¿cuántos hechos en apariencia insignificantes, pero portadores de violencias emocionales ocultas, no son capaces de desencadenar, incluso en el adulto, las más violentas reacciones? Los juicios de los padres suelen dirigirse menos a la autenticidad de los sentimientos manifestados que a la seriedad de su causa y a la necesidad de tenerla o no en cuenta.

Por parte del individuo, la distinción entre lo espontáneo y lo artificial tampoco es simple. La verdadera comedia es obra de profesionales, y no todos están en el escenario de los teatros. Más frecuente que la construcción voluntariamente elaborada es la exageración de una reacción espontánea, que puede amplificarla hasta el punto de escapar al control del sujeto. Esto suele suceder en el niño: la frustración nacida de la indiferencia o el rechazo del adulto ante una solicitación aún discreta, induce una explosión violenta que escapa al control y cuya sinceridad no se puede cuestionar.

2. ACTOS DE HABLA, PETICIONES, CONVENCIONES SOCIALES

Ya al abordar las primeras producciones verbales, los observadores revelaron de común acuerdo que éstas tomaban formas que se pueden atribuir a las relaciones existentes entre el emisor y el oyente: demandas, negativas, en oposición con aquello que se presenta como comprobación, descripción (pero que también puede implicar interrogaciones y demandas de intercambios).

A menudo, la distinción entre estas producciones se efectuó bajo el aspecto sintáctico o bajo aspectos que prefiguran la sintaxis. Surgió así el interés por la aparición de las formas verbales, de las cuales el modo imperativo (o el infinitivo, con el cual tiende a confundirse, por razones en parte fonéticas)* parece la más precoz, lo cual revela hasta qué punto el enunciado verbal está conectado a la acción (cf. sobre la adquisición de las formas verbales, OLÉRON, 1976).

El enfoque en términos de sintaxis es incompleto. Por un lado porque, como acabamos de recordar, aquellas conductas verbales del niño que manifiestan intentos de acción sobre el oyente son anteriores a la aparición de una organización sintáctica. Por el otro, porque incluso cuando hay dominio de la sintaxis se halla ésta no sólo subordinada a intentos de acción, sino que además las formas verbales que esas tentativas cobran no coinciden necesariamente con las formas sintácticas de los enunciados. De acuerdo con el ejemplo clásico, un enunciado que toma la forma de una pregunta no está necesariamente destinado a provocar una respuesta informativa, sino que a menudo apunta a la ejecución de una acción por parte del oyente. "¿Tendría usted la amabilidad de pasarme la sal?", es una manera de pedir la sal. "¿No le parece que hace calor aquí?", puede ser una invitación o una orden, según el *status* del oyente, a abrir la ventana. "Hay polvo en esta mesa" no es una constatación cuando se dirige a la persona encargada de la limpieza, y "Me gustaría el filete bien pasado", dirigido al camarero de un restaurante, no es la descripción de un estado de ánimo o una consideración especulativa...

---

* En español existe también una frecuente confusión entre imperativo e infinitivo al emplear la segunda persona del plural: "traer eso" (por "traed eso"). "¡Callar!" (por "¡Callad!"), etc. *(N. del T.)*

Fue Austin (1962) quien descubrió lo que después se llamó aspectos "ilocutorios" de la palabra, es decir, lo que en ésta constituye (o puede constituir) una acción. Austin estudió en este contexto los verbos "performativos", que poseen la particularidad de constituir por sí mismos una acción. Por ejemplo, decir "yo prometo" es ejecutar la acción de prometer. Pero el campo de lo ilocutorio desborda con mucho el uso de tales verbos, a fin de cuentas poco numerosos en la lengua, aunque sólo fuese porque, como señala Ducrot (1972), se puede prometer sin emplear el verbo "prometer", y pedir y ordenar sin utilizar los verbos correspondientes.

En su análisis distingue Austin lo "ilocutorio", que forma parte de la palabra misma (en el verbo performativo), de lo "perlocutorio", que se refiere a los efectos de la palabra sobre el oyente, efectos que él considera secundarios y que pueden ser provocados por medio de palabras muy diferentes de las performativas. Esta distinción, interesante en el marco del estudio de Austin, carece de importancia para el psicólogo que sólo considera las acciones ejercidas sobre el oyente y, desde su punto de vista, si bien propone categorizaciones de dichas acciones, éstas descansan en bases diferentes de las de Austin (una categorización importante podría ser la que distingue los efectos buscados intencionalmente de otros no previstos). Observemos, no obstante, que Garvey (1975) ha distinguido el efecto ilocutorio que corresponde a la toma de conciencia por el oyente de la finalidad de las palabras que se le dirigen (por ejemplo, cuando se trata de una petición), y el efecto perlocutorio, que es la acción propiamente dicha ejecutada por el oyente (la satisfacción de lo demandado). La distinción es pertinente en la medida en que, en efecto, la significación de un enunciado puede ser comprendida sin que se ejecute la acción correspondiente a lo que ella manifiesta. La ejecución de la acción es una buena prueba de la eficacia del enunciado, pero no puede constituir su criterio objetivo, por cuanto la ejecución puede quedar impedida por múltiples factores, internos o externos al oyente.

En la misma dirección, Searle (1969) ha desarrollado la noción de "*speech acts*", señalando que hablar consiste en producir actos de habla de diferentes tipos (tipos que antes hemos considerado: constatar, dar órdenes, formular preguntas, etc.).

La noción de acto de habla es aplicable a las producciones

del niño pequeño BRUNER, 1975; DORE, 1975), permitiéndonos adjudicar esas producciones a una base ya situada en las conductas preverbales. En efecto, estas conductas son actos. Hemos hablado de la interpretación de los gritos y otras manifestaciones emocionales por parte del medio. Esa interpretación implica que dichas manifestaciones pueden ser tratadas como actos (algunas son puramente expresivas y sólo actúan sobre el medio de una manera contingente y no implicada por la índole misma de la producción, provocando la empatía,* la satisfacción, el orgullo, el asombro, etc.).

Debido a que la noción de *speech act* es general, desborda el marco de las acciones ejercidas por la palabra sobre el prójimo, ya que SEARLE incluye en ella no sólo las órdenes, las preguntas, las promesas, sino también las constataciones y de una manera abstracta la referencia y la predicación. Esa inclusión es válida para una teoría del lenguaje, pero no contribuye a especificar los conceptos de una manera positiva para el psicólogo interesado en las acciones ejercidas por un individuo sobre otro.

DORE (1975) propuso utilizar la noción de "actos de habla primitivos" *(primitive speech acts)* para describir y clasificar las primeras producciones verbales del niño (en el estadio de la palabra única). La noción de *speech act* no aporta categorías para esta descripción, y las que emplea DORE ya fueron propuestas por diversos autores que describieron las producciones del niño preocupándose por comprender su intención. Esta noción incluye producciones que no están todas orientadas hacia un oyente y que, en consecuencia, no traen aparejada una respuesta por parte de éste: por ejemplo, nombrar (un objeto), repetir (una palabra oída), ejercitarse (en pronunciar una palabra). Estas son las objeciones que presenta esta extensión.

El interés de la referencia a los *speech acts* parece radicar sobre todo en que suministra un aval —que, sin embargo, no debe tornarse formal y verbal— para el punto de vista que considera pertinente, e indispensable para comprender el lenguaje del niño, la busca de intenciones en los enunciados, la atribución de la emisión verbal a los actos de comunicación y la inclusión de éstos en la significación de las producciones.

GARVEY (1975) ha propuesto llamar "intervenciones" a las acciones por medio de las cuales una persona pretende influir

---

* Ver REPEITO, E.: *Fundamentos de orientación.* (La empatía en el proceso orientador). Madrid, Morata, 1977. (*N. del T.*)

sobre otra. Se trata de las sugerencias, las invitaciones, las prohibiciones, las peticiones, en las cuales la autora distingue las que apuntan a una autorización y las que se proponen obtener una acción del oyente.

Uno de los caracteres importantes de las "intervenciones" es el hecho de que están sometidas a regulaciones sociales. Estas son de variada índole, y corresponden a los *status,* las condiciones, situaciones, oportunidades, rasgos y disposiciones individuales. Se traducen en los "usos" o reglas que, en función de tradiciones o modos de vida de un medio dado, definen las relaciones entre los individuos y les imponen formas según las cuales tienen lugar las "intervenciones". Una parte importante de la socialización del niño consiste en aprender la existencia y modalidades de esas normas y en adecuar su acción a ellas.

Una parte de tales reglas concierne al lenguaje. En efecto, aquéllas imponen modalidades según las cuales éste ha de ser utilizado, y de tal forma que el emisor debe adaptar su discurso no sólo a los referentes y a sus intenciones, sino también a esas reglas; en las palabras se le dirigen, el oyente tiene que descifrar bajo las formas impuestas la significación real del mensaje. Este descifrado, en la medida en que está codificado y en que los códigos pueden ser expresos o al menos pueden proponerse modelos de ellos ("no se dice, se dice..."), es relativamente facil mucho más que el descifrado de las tentativas de influencia que aparecen en declaraciones, confidencias, confesiones, donde el disfraz de las intenciones es mucho más impreciso y, complicando más las cosas, no siempre claro para el locutor, que no todas las veces tiene conciencia de sus intenciones. No obstante, su aprendizaje es necesario.

Para distinguir en lo que se dice aquello que responde a convenciones más que a la relación con referentes, los autores han empleado la noción de "conversación", y, por ejemplo, H. CLARK y LUCY (1975) hablaron de los *"conversationally conveyed meanings".*

Resulta deseable disponer de marcos teóricos que permiten sistematizar el análisis de las "intervenciones" verbales sometidas a las reglas de "conversación". Los autores que se interesaron por las peticiones[3]* (CLARK y LUCY, en cuanto al

---

[3] En inglés ."*requêst"* (fr. *requêtes*). Utilizamos este término y no "demandas" (fr. *demandes)* a causa de la ambigüedad de éste, que se refiere tanto a las peticiones

adulto; GARVEY, 1975, en cuanto al niño) se han referido, para encontrar un marco de clasificación, al análisis de las condiciones del acto ilocutorio (SEARLE, 1972) y a las consecuencias que GORDON y LAKOFF (1973) extrajeron de él mediante el examen de las peticiones indirectas.

Las condiciones de una petición auténtica o, como dicen estos autores, sincera, son:

1. El locutor desea efectivamente que la acción se ejecute.
2. Presupone que el oyente puede ejecutar la acción.
3. Presupone que el oyente está dispuesto a ejecutar la acción.
4. Presupone que el oyente no ejecutaría la acción si no se le hubiese dirigido la petición.

Las peticiones directas poseen una significación directamente proporcionada por la forma del enunciado. Por ejemplo, se presentan como una orden expresada en modo imperativo: "¡Cierre la puerta!", o con un verbo performativo: "Le ordeno o le exijo que cierre la puerta". Las peticiones indirectas reciben su significación de una interpretación que tiene en cuenta reglas de conversación. GORDON y LAKOFF han atribuido a cada condición de sinceridad los enunciados que, en los usos de la lengua, transmiten una petición. Son los siguientes:

1. "Deseo que cierre usted la puerta".
2. "¿Puede usted cerrar la puerta?"
3. "¿Querría usted cerrar la puerta?"
4. "¿Va usted a cerrar la puerta?"

Esta sistematización es discutible, porque es artificial extraer condiciones, muy necesarias para la ejecución de un acto de palabra, de formas que tomadas individualmente son actos de esta índole. Además, las condiciones mencionadas no son exhaustivas (por ejemplo, falta tomar en cuenta las

---

que incitan a una acción como a las respuestas verbales a una pregunta ("demanda", en sentido restringido). La pregunta es también una petición, ya que incita al oyente a producir una respuesta, pero debido al carácter verbal de ésta se las puede poner aparte, sin olvidar, no obstante, que una pregunta puede producir otras reacciones además de las verbales (reacciones emocionales, huida, agresión, etc.).

* Por razones idénticas a las aducidas en la nota 3, hemos traducido *demande* por *"demanda"* y dejado "petición" para *requête*. (N. del T.)

relaciones entre aquel se presenta la petición y aquel a quien se dirige ésta [GARVEY, 1975]; se trata de una condición importante, y el niño debe aprender tanto la forma de la petición como la naturaleza de estas relaciones que la hacen o no apropiada). Por otra parte, existen otras formas de peticiones indirectas además de las extraídas de las condiciones de sinceridad. GARVEY menciona una categoría de peticiones indirectas que denomina "de tipo 2" y que apela, por ejemplo, al *status* de las personas o a propiedades del acto, como su necesidad ("Usted tiene que cerrar la puerta") o que incluye un imperativo, pero que no se refiere al acto mismo ("Vea si puede usted cerrar la puerta").

GARVEY dintingue también una categoría, las "peticiones inferidas", que no mencionan la intervención del oyente; por ejemplo: "Esa puerta debería estar cerrada", "Quisiera un café", "¿Queda todavía café?".

GARVEY ha estudiado los diálogos espontáneos de niños de 3;6 años a 5;7 años para detectar en ellos la aparición de las diversas formas de peticiones. Quede claro que las más numerosas son las peticiones directas y que las indirectas están más desarrolladas en el subgrupo de niños mayores, pero que de todos modos las peticiones de tipo 2 son muy escasas, lo mismo que las "peticiones inferidas". Hay que señalar que, puesto que los intercambios se establecen entre niños de edad cercana, las condiciones son menos favorables para la aparición de peticiones indirectas que aquéllas en las que el niño se dirige, por ejemplo, a un adulto cuyo *status* exige miramientos y una forma más circunspecta de llegar a él*.

Las situaciones concretas de diálogo permiten confirmar que el oyente da efectivamente al enunciado la significación de una petición (por el hecho de que ejecuta lo que se pide o asimismo porque expresa una negativa a satisfacerlo o presenta objeciones). Sin embargo, quedan aún por estudiar la manera en que, de un modo menos incorporado en la acción, los niños identifican enunciados como peticiones y de una forma general "intervenciones" (OLÉRON y LEGROS, trabajos en realización).

---

* Puede verse a este respecto la obra de GARVEY, C.: *El juego infantil* en Serie Bruner "El desarrollo en el niño", vol. 7, capítulo V, "Juego con el lenguaje", y VI, "Juego con materiales sociales". Madrid, Morata, 1978. *(N. del T.)*

3. LOS TERMINOS DEICTICOS

En los parágrafos precedentes se han considerado las acciones ejercidas sobre el oyente. Este interviene también en las palabras del locutor de una manera más especulativa, pero que, sin embargo, impone la elección de ciertos términos y contribuye a definir su significación. Algunos lingüistas conceden un lugar a la noción de *deixis*, palabra griega que significa "designación". Esta noción (cf. Lyons, 1971) remite de una manera general a los aspectos "designativos" de la lengua, relativos al momento y lugar de la producción verbal. Los adverbios "aquí" o "allí" efectúan una designación típica. Para su empleo preciso incluyen el acompañamiento del gesto; sin embargo, por sí solos, llevan una indicación espacial: uno se refiere a un objeto cercano, y el otro, a un objeto más distante. En el plano temporal, "ahora" indica el momento en que el discurso se está emitiendo. "Entonces" se distingue de él en la medida en que se vincula con otro momento. Lyons incorpora los pronombres personales a esta categorización, puesto que "yo" designa al que habla y "tú" o "usted" al oyente, y "él", "ella", "ellos" (y "ellas") a personas que no son ni el uno y el otro.

Si se dejan de lado los aspectos temporales, que implican el mismo sistema de referencia para los interlocutores, los componentes deícticos de los enunciados que se refieren al espacio o la persona incluyen la necesidad de tener en cuenta el punto de vista del otro para comprender la significación de los enunciados y producirlos de tal modo que sean inteligibles.

Algunas observaciones —que han llegado a ser clásicas— sobre la adquisición de los pronombres personales por parte del niño, han indicado la dificultad que éste experimenta al comienzo para permutar el empleo de "yo" y "tú". Mientras que en su gran mayoría las palabras se vinculan con objetos o personas para las que cumplen el papel de documentos de identidad permanente (como el nombre propio) o de etiquetas cuya atribución no depende del locutor, "yo" designa al que habla, que se vuelve "tú" cuando escucha, e inversamente. Las formas verbales que designan a las personas cambian de manera correlativa. Los niños pequeños esquivan al comienzo la dificultad empleando el nombre propio o un equivalente para designarse a sí mismo. En el niño normal, la permutación de los pronombres y de las formas verbales se cumple con gran rapidez, pero en el caso de niños que tienen un acceso limitado al lenguaje y llegan a él a través de la enseñanza escolar, como los niños sordos, los maestros han señalado a menudo la dificultad para efectuar aquella permutación y los errores a los que da lugar.

Verbos como *aller* (ir), *venir* (venir), *apporter* (traer una cosa), *emporter* (llevarse una cosa), *amener* (traer a una persona), *emmener* (llevarse a una persona) incluyen en su significación un componente deíctico (razón por la cual los autores los llaman "verbos deícticos"). Las formas imperativas muestran bien las diferencias. "¡Ven!", implica que el oyente tiene que dirigirse hacia el emisor, "¡ve!", que se dirija en una dirección diferente. La misma condición para los demás. (Obsérvese que el uso de estos verbos implica condiciones para el empleo de los adverbios "aquí" y "allí".) Cuando se nombra lugares, el empleo de los verbos indica en qué sitio se encuentran o no se encuentran el locutor y el oyente o la persona o el objeto del que se habla. "Voy al garaje" indica que el locutor no se encuentra allí. "El viene al garaje", por el contrario, implica que sí se encuentra allí. Sin embargo, las localizaciones no están fijadas solamente sobre la base de criterios objetivos, y en ciertos casos el locutor se expresa como si se colocara desde el punto de vista del receptor. Por ejemplo, se puede decir *"Puis-je venir chez vous, avec vous?"*, tanto como *"aller chez vous"**.

CLARK y GARNICA (1974) han estudiado el uso de los verbos *come/go* y *bring/take* con una situación experimental ingeniosa en la cual unos personajes (juguetes que representan animales) se encuentran en sitios definidos. Se presentan al niño enunciados con los verbos citados y éste debe indicar al personaje que los ha producido o a quien están destinados. RICHARDS (1976) criticó esta investigación debido a que parece requerir capacidades de representación y tomas de perspectiva que determinan la corrección de la respuesta, más que una competencia estrictamente lingüística, lo cual explica el éxito tardío de los sujetos examinados. Con situaciones más simples, que comprenden una participación más directa de los sujetos, RICHARDS encontró para *come* y *go,* ya a los cuatro años,

---

* Estas oraciones no tienen traducción en castellano, pues no existe ambigüedad entre "ir" y "venir". *(N. del T.)*

éxitos que superaban el 70 por 100. Los éxitos con *bring* y *take* son posteriores.

MACRAE (1976) observó los diferentes empleos de *come* y *go* en niños cuyas edades oscilan entre 1;3 años y 2;9 años. Estas observaciones sugieren que los niños distinguen esos términos al comienzo sobre otras bases que el destino del movimiento, en particular poniéndolos en relación con la aparición o la desaparición.

CAPITULO III

EL DESARROLLO SEMANTICO: MODELOS Y FACTORES

Acerca de la significación pueden proponerse modelos muy diferentes según sea el lingüista, el filósofo o el psicólogo quienes la consideren, y según las concepciones que cada uno adopte en su disciplina. Este libro no se propone examinar esos modelos, ni siquiera de manera sumaria; debemos limitarnos a aquello que esclarezca la adquisición y desarrollo de la significación en el niño.

Desde esta perspectiva, el punto de anclaje necesario en todo modelo utilizable está constituido por el referente, ya que una palabra no tiene significación sino en la medida en que remite a algún objeto. No obstante, hay lingüistas que, preocupados por el análisis de las estructuras formales de la lengua, rechazan la apelación al referente y proponen teorías de la significación que no lo tienen en cuenta. Esta actitud está inspirada por el afán de producir análisis de la lengua que la traten como una realidad original, y de evitar la facilidad de remitirse, de una manera general, al referente, sin profundizar el detalle de las relaciones que se hallan en juego en un enunciado o en un discurso. Desde este punto de vista, no deja de ofrecer interés el que se hayan podido elaborar programas que permiten conversaciones entre un sujeto humano y un ordenador, el cual consigue mantener una conversación con su interlocutor que no difiere sensiblemente, a primera vista, de muchos intercambios que se producen entre sujetos humanos. Sin embargo, el ordenador no se guía por referentes que garantizarían la significación de sus palabras y darían base a su comprensión. Esta se halla determinada únicamente a partir de las palabras que le son dirigidas.

En realidad, si bien no hay referencia a objetos concretos y particulares (que la máquina no está en condiciones de aprehender), el programa estableció ciertas relaciones entre los conceptos que corresponden a las palabras, lo cual asegura una coherencia a los enunciados intercambiados. Los objetos intelectuales puestos en relación constituyen el equivalente de un referente, el cual no tiene necesidad de concretarse en un objeto particular perceptivamente aprehensible.

Como ya hemos recordado, la naturaleza del objeto es heterogénea. Según se tome como prototipo el objeto de la experiencia concreta o aquel que concierne al discurso abstracto, nos veremos inducidos a desarrollar teorías completamente distintas acerca de la significación.

1. EMPIRISMO E INTELECTUALISMO

Las teorías —o modelos— de la adquisición de las significaciones son estrechamente paralelas a las teorías —o modelos— de la adquisición o formación de los conocimientos. Lo mismo que para éstas, se pueden distinguir los modelos empiristas y los modelos racionalistas (o intelectualistas).

En cuanto al empirismo, los datos primeros son los suministrados por los sentidos. Tienen que ver, pues, con los objetos concretos, los hechos, los acontecimientos, las personas, las acciones que se ofrecen a la observación directa (incluidas las acciones del sujeto y sus impresiones, sentimientos y emociones). Desde este punto de vista, la significación se define, al comienzo, por el hecho de poner en relación la palabra con su referente percibido.

El modelo racionalista o intelectualista afirma la originalidad de algo que, según las épocas y los contextos, se denominó razón, entendimiento, inteligencia, intelecto, espíritu, pensamiento, cognición, actividad cognoscitiva; también afirma la originalidad de los "objetos" sobre los cuales se ejerce esa actividad o que son productos de ella.

El racionalismo o intelectualismo moderno es muy diferente del de PLATON, antes aludido, pero también remite a los conceptos, sus características y las organizaciones en las cuales se integran.

El modelo intelectualista de la significación busca la clave de ésta, tomando en consideración (lo cual deriva de lo que se acaba de decir) los conceptos y los sistemas que ellos constituyen. Una de las orientaciones que manifiesta la búsqueda de tales modelos es el análisis: en lugar de aceptar un dato que existiría como un objeto ya dado y constituiría el referente, éste es descompuesto en elementos, notas o rasgos cuyas combinaciones serán invocadas para dar cuenta de la constitución de las significaciones (cf. el modelo de los rasgos semánticos *infra).* Pero pronto se revela que las combinaciones afrontadas no pueden ser simplemente aditivas, y que sólo cobran sentido en función de reglas de organización más o menos complejas cuya evidenciación y justificación requieren una reflexión elaborada que, por desdicha, no excluye tanteos y conjeturas.

No hablaremos aquí del conductismo, cuyas grandes líneas se recuerdan en OLÉRON (1976). El conductismo como sistema, a pesar de las agresivas posiciones de WATSON (1924), SKINNER (1957) y las ingeniosas tentativas elaboradas en torno al esquema de la mediación (OSGOOD, 1953), se reduce a posiciones de principio que resultaron poco fecundas para la investigación. Por el contrario, es interesante destacar que el análisis del desarrollo de las significaciones conduce a la admisión de elementos empíricos, es decir, características y modalidades de la experiencia que interfieren con las previsiones de modelos puramente intelectualistas. Hallaremos su demostración en la discusión del modelo de los rasgos semánticos.

2. EL MODELO DE LOS RASGOS SEMANTICOS

Considerado de una manera general, el modelo de los rasgos semánticos postula que la significación de las palabras puede ser descrita invocando elementos, "rasgos semánticos", "constituyentes semánticos", "semas". Estos rasgos son aislables y cada uno constituye una unidad de significación. La significación de una palabra está determinada por el conjunto de los rasgos que incumben a ésta. Los mismos rasgos semánticos intervienen en palabras diferentes; lo que define la significación de una palabra dada es la combinación de rasgos que le son propios. Las palabras que poseen rasgos semánticos en común tienen una suerte de parentesco: pertenecen al mismo "campo semántico".

Desde el punto de vista del desarrollo, el modelo se aplica en la siguiente forma (cf. E. CLARK, 1973*a*): el niño aprende los rasgos semánticos independientemente los unos de los otros y de una manera progresiva. Al comienzo sólo capta un rasgo o un pequeño número de rasgos que constituyen la significación de una palabra dada. Si esa palabra tiene una significación diferente para él que para el adulto es porque el niño sólo capta una parte de los rasgos; ello sin perjuicio de que emplee la "misma" palabra que aquel (fonéticamente) y reaccione ante ella cuando la oye.

A. El modelo y sus justificaciones

La justificación del modelo semántico se encuentra en su capacidad para sistematizar hechos distintos observados en el estudio del desarrollo. E. CLARK (1973a) mencionó una serie, y nosotros retomaremos algunos completando las indicaciones ofrecidas en ese estudio con otras publicadas ulteriormente.

1. LA INTERPRETACION DE LAS SOBREEXTENSIONES

E. CLARK interpreta del modo siguiente los hechos de sobreextensión —de los que, como ya dijimos, efectuó una compilación detallada— y su corrección progresiva. La sobreextensión resultaría del hecho de que el niño no toma en consideración más que un rasgo semántico constitutivo de la significación de la palabra, o un pequeño número de rasgos. De este modo, extiende el empleo de la palabra a todos los objetos que presentan esos rasgos, objetos evidentemente más numerosos que aquellos a los cuales se aplica la totalidad de los rasgos correspondientes a la significación completa del vocablo. Por ejemplo, la palabra que designa al gato (o a un gato) se aplica a todo animal de cuatro patas debido a que sólo se retiene el rasgo "tener cuatro patas" y se desdeñan los rasgos específicos del gato.

La corrección de las sobreextensiones resulta de la agregación de rasgos nuevos. Gracias a esta agregación, en lo sucesivo la palabra designará sólo los objetos que manifiestan el nuevo conjunto de rasgos. "Gato" se limitará a los cuadrúpedos que presentan los rasgos específicos del gato. Otros cuadrúpedos, que presentan otro conjunto de rasgos, como los perros, recibirán una denominación diferente.

En OLÉRON (1976, 107-110) se reproduce el análisis efectuado por MENYUK (1971) acerca de la evolución de la denominación de animales según una observación de LEWIS (1963), y el esquema que lo traduce.

2. LOS TERMINOS "RELACIONALES"

E. CLARK ha recapitulado cierta cantidad de datos relativos a términos que ella denomina "relacionales", y que se organizan en sistemas, de los cuales los más simples son las parejas, tales como los términos relativos a la cantidad (más-menos), a las dimensiones (grande-pequeño y otros del mismo tipo), a la oposición temporal (antes-después), a una oposición más general referida a la similitud y la desemejanza no diferenciada (igual-diferente). Lo esencial es que aquí el niño, al comienzo, manifiesta confusiones entre los términos del sistema y sólo las va eliminando progresivamente a medida que, dentro del marco del modelo, adquiere los rasgos semánticos pertinentes.

Se trata, como hace notar E. CLARK, de datos recogidos gracias a métodos experimentales y, en consecuencia, sobre niños muchos mayores que aquéllos en los cuales se observaron las sobreextensiones y sus primeras correcciones. No obstante, observaciones efectuadas en niños pequeños revelan algunos hechos análogos. Así LEOPOLD (1939) apuntaba que su hijo, de 1;4 años, empleaba *"up"* en el sentido de "subir" (al diván) o de "levantarse", pero también en el sentido de "bajar". Más discutible, pero quizá del mismo orden también, es la observación efectuada sobre el niño que utilizaba *"dada"* interpretado como *"thank you"* tanto en el momento en que daba algo como cuando lo recibía. (Lo que hace dudosa la observación es que puede haber asimilado sobre una base fonética de dos expresiones de significación diferente, una que corresponde efectivamente a *"thank you"*, pero la otra constituida por una expresión que los niños suelen asociar al gesto de tender —como de señalar— del tipo "da".)

a) "Más" y "menos".—Demos algunos detalles acerca del empleo de "más" y "menos": su estudio proporciona un modelo de los consagrados a otros términos sobre los cuales podremos pasar con mayor rapidez.

DONALDSON[*] y BALFOUR (1968) realizaron experimentos sobre la comprensión de estos términos en niños de tres años. El material estaba formado por un par de árboles de cartón de los que se podía colgar una cantidad variable de "manzanas". Los niños eran perfectamente capaces de indicar si los dos árboles tenían la misma cantidad de manzanas o cantidades diferentes (en respuesta a la pregunta: "¿Tiene un árbol más/menos manzanas que el otro?"). Cuando debían indicar el árbol que tenía más manzanas, respondían casi sin error. Por el contrario, cuando debían señalar el que contenía menos, la proporción de errores llegaba al 72 por 100. La misma confusión se manifestaba en las respuestas a otras preguntas de los experimentadores.

Para los autores estos resultados indican que "menos" se comprende como algo vinculado a la cantidad, pero permanece ampliamente indiferenciado de "más". Según CLARK, dichos resultados se pueden interpretar diciendo que la significación de "más" fue extendida para abarcar igualmente la palabra "menos", lo cual induce la interpretación de "menos" más bien como sinónimo que como antónimo de "más". En términos de rasgos, "más" y "menos" suponen ambos una referencia al rasgo "cantidad", o sea, según una notación usual que encontraremos más adelante: + Cantidad. El rasgo siguiente se refiere a la polaridad u orientación según la cual se considera la cantidad. A "más" corresponde la polaridad positiva (+ Polaridad). El niño sabe que "menos" remite a + Cantidad; e incluye también en su significación + Polaridad. Sólo más tarde le atribuirá el rasgo — Polaridad y lo utilizará entonces correctamente.

Investigaciones de PALERMO (1973, 1974) confirmaron la confusión establecida por los niños pequeños entre "menos" y "más". PALERMO (1974) utilizó cuatro materiales diferentes, no sólo las manzanas de DONALDSON y BALFOUR, sino también vasos llenos de agua, pesas, hileras de fichas. Los niños (de tres y cuatro años) tienden a distribuirse en dos grupos, aquellos que superan, prácticamente sin error, todas las tareas (se trata siempre de indicar la cantidad menor) y aquellos

---

[*] Véase DONALDSON, M.: *La mente de los niños*. Madrid. Morata, 1979. *(N. del T.)*

que fracasan. El número de los primeros aumenta con la edad, pero a los cuatro años aún no todos triunfan. Detalle divertido: al final de la experiencia el investigador presenta al sujeto dos tazas que contienen dos o cuatro caramelos, y le pide que le dé la que contiene *menos* caramelos y se guarde la otra para él, como recompensa. A pesar de la motivación concreta del juego, la mayor parte de los niños que no han adquirido el dominio de "menos" tiende al experimentador la taza que contiene *más* caramelos...

b) Los antónimos dimensionales.—El estudio de los pares de adjetivos que permiten expresar las características dimensionales (como el tamaño, la longitud, etc.), permite a E. CLARK, tal como ella lo afrontó, considerar sistemas de rasgos más complejos que en el caso del par "más"-"menos". Este estudio autoriza a plantear el problema de su adquisición en términos de "campo semántico" y determinar si el niño aprehende el campo semántico al que pertenecen rasgos individuales antes de aprehender las significaciones específicas de cada uno de los términos considerados. Dicho de otro modo, si en el caso presente capta el hecho de que las palabras designan características relativas al tamaño antes de conocer su empleo preciso en función de los aspectos que expresan.

Inspirándose en BIERWISCH (cf. también H. CLARK, 1973), E. CLARK presentó un análisis de los rasgos semánticos contenidos en las palabras dimensionales, análisis que resumimos como sigue [1]:

— *big-small* se aplican a objetos que incluyen un número de dimensión cualquiera (de 1 a 3);
— *tall-short* y *high-low* se limitan al caso de una dimensión y específicamente a una dimensión vertical:
— *long-short* son específicos de una dimensión pero no vertical;
— *wide-narrow, thick-thin, deep-shallow* poseen las mismas características pero por otro lado se les considera "secundarios". Esto significa que en una descripción donde las dimensiones van siendo presentadas sucesivamente, no es por éstas por las que se comienza.

Si esquematizamos estos análisis obtendremos el cuadro siguiente, en el que los rasgos son presentados, compendiados, enfrente de cada palabra o grupo de palabras:

big-small	n	dimensiones
tall-short	1	diensión
high-low	+	vertical
long-short	1	dimensión
	—	vertical
wide-narrow	1	dimensión
thick-thin	—	vertical
deep-shallow	+	secundaria

En el marco del modelo semántico, la hipótesis asociada a este análisis es la de que los términos de la parte superior del cuadro —menos complejos, es decir, que comprenden menos rasgos— se adquieren antes que aquellos que contienen más.

---

[1] Es necesario conservar las palabras inglesas porque no tienen equivalente exacto en francés.
* Respetamos en la versión española el criterio del original francés. *(N. del T.)*

Se realizó una experiencia con niños de 4;0 años a 5;5 años, a los que se pidió que propusieran el contrario de uno de los miembros del par que se les presentaba. Se verificó el orden esperado: el número más alto de respuestas correctas fue para los pares *big-small* (un rasgo) en relación con *tall-short, high-low, long-short* (dos rasgos), *long-short* (dos rasgos) en relación con los tres últimos (tres rasgos).

Los errores cometidos por los niños, es decir, la sustitución del término correcto por otro, coinciden con el sentido de hipótesis: siempre siguen la dirección del término menos complejo (las sustituciones más frecuentes consistían en responder por *big* o *small*).

c) Otros términos.—El par "igual-diferente" fue estudiado por DONALDSON y WALES (1970) en niños de alrededor de 3;6 años. Los niños tenían que elegir dos objetos iguales o diferentes en conjuntos constituidos ya sea por formas geométricas ya sea por objetos concretos diversos. Los sujetos respondían prácticamente de la misma manera a los dos tipos de preguntas, eligiendo pares que presentaran una similitud. Estos resultados parecen tener para E. CLARK (1973 a) la misma significación que los obtenidos con "más-menos": los niños interpretan "diferente" como si significara "igual".

El par "antes-después" *(before-after)* fue estudiado por E. CLARK (1971, 1972; cf. 1973 a). Las situaciones utilizadas por E. CLARK (1971) son relativamente complejas, ya que los términos *before-after* están integrados en enunciados compuestos por una oración principal y una subordinada (por tanto, con el sentido "antes que/de" y "después que/de". La experiencia apuntó a la comprensión y producción comprobadas en niños de 3;0 a 5;0 años, con ayuda de un material que permite expresar dos acciones sucesivas. Si se hace abstracción de los problemas de comprensión ligados a la función relativa de la principal y la subordinada, "antes" se comprende más precozmente que "después".

El análisis de los rasgos semánticos permite establecer una analogía con "más-menos". Los niños consideran a los dos términos como si poseyeran la misma cantidad de rasgos. Ambos son relativos al tiempo y a la ausencia de simultaneidad, y mientras que uno se refiere al suceso anterior (+ Prioridad), el otro se refiere al suceso posterior (— Prioridad); de ahí el esquema:

$$\text{antes} \begin{cases} + \text{ Tiempo} \\ - \text{ Simultaneidad} \\ + \text{ Prioridad} \end{cases} \quad \text{después} \begin{cases} + \text{ Tiempo} \\ - \text{ Simultaneidad} \\ - \text{ Prioridad} \end{cases}$$

El término que presenta el elemento positivo se adquiere antes que el otro, y "antes" es el primero que se interpreta correctamente. Por el contrario, al comienzo de su empleo, "después" se interpreta como si significara "antes".

El estudio de E. CLARK (1972) también apuntó términos calificados de "espacio-temporales". Se trata de las palabras siguientes, que presentamos aquí con las hipótesis sobre el orden de adquisición:

$$\left.\begin{array}{l}in/out\\on/off\end{array}\right\} \quad \text{antes} \begin{cases} above/below \\ over/under \end{cases}$$

$$up/down \quad \text{antes} \begin{cases} above/below \\ over/under \end{cases}$$

$$in\,front/in\,back \quad \text{antes} \quad ahead/behind$$

$$in\,front/in\,back \quad \text{antes} \begin{cases} first/last \\ early\text{-}late \\ before\text{-}after \end{cases}$$

La experiencia, llevada a cabo con el mismo método y los mismos sujetos que la anteriormente descrita, confirmó el orden previsto.

En su estudio de 1973 a, E. CLARK demostró que igualmente era posible analizar en términos de rasgos semánticos la evolución de las palabras "hermano/hermana" tal como PIAGET (1924) lo había hecho. Lo mismo respecto a la evolución de la comprensión de "demandar" y "decir", de los que C. CHOMSKY (1969) había demostrado que al principio eran confundidos por los niños.

En cuanto a las relaciones "hermano/hermana", PIAGET había observado varias etapas en las definiciones y respuestas de los niños. La más primitiva consiste en asimilar "hermano" a "chico", y "hermana" a "chica". Traducidas en rasgos semánticos, estas respuestas equivalen a plantear que "hermano", por ejemplo, comprendería los

$$\text{rasgos} \begin{cases} + \text{ Masculino} \\ - \text{ Adulto} \end{cases}$$ (en efecto, algunos niños excluyen expresamente que un adulto pueda ser hermano).

En la etapa siguiente esta última restricción desaparece y los niños introducen en su definición el hecho de que haya varios niños en la familia. Tendríamos entonces la composición:

$$\begin{cases} + \text{ Masculino} \\ \pm \text{ Adulto} \\ + \text{ Varios niños} \end{cases}$$

Esto todavía no implica la reciprocidad, porque hay niños que no atribuyen el *status* de hermano, por ejemplo, al mayor, sino sólo al menor. La última etapa se alcanza cuando se expresa la reciprocidad, es decir, la siguiente composición definitiva:

$$\begin{cases} + \text{ Masculino} \\ \pm \text{ Adulto} \\ + \text{ Varios niños} \\ + \text{ Reciprocidad} \end{cases}$$

HAVILAND y CLARK (1974) efectuaron un estudio sistemático de adquisición de los términos de parentesco, definiendo cada uno por un sistema de rasgos de complejidad creciente. Hallaron que esa complejidad permitía predecir de una manera satisfactoria el orden de adquisición observado en niños de edades entre 3;5 años y 8;10 años.

Existen otras ilustraciones de la aplicación del modelo semántico, además de las mencionadas en el artículo inicial de E. CLARK (1973 *a*). Por ejemplo, se propuso una extensión para los verbos "deícticos" (CLARK y GARNICA, 1974), los verbos de posesión (GENTNER, 1975). Por falta de espacio no podemos hablar aquí de ella. E. CLARK presentó un cuadro de conjunto de su teoría en un artículo traducido al francés (1976).

B. La evaluación del modelo

El modelo de los rasgos semánticos presenta un carácter indiscutiblemente seductor. Propone una guía para el análisis del desarrollo semántico que parece proveer la base de una descripción ordenada. La consideración de aspectos formales, tales como el número de rasgos, proporciona una apertura hacia una sistematización de los progresos del niño, como se cumplió respecto de la interpretación de las sobreextensiones. El modelo no sólo tiene en cuenta el carácter sistemático del lenguaje, expresado especialmente por las interrelaciones entre los rasgos, sino que lo coloca en su centro. Ese modelo saca provecho de las aportaciones de la lingüística y permite, en apariencia, establecer una cooperación positiva con esta disciplina: el psicólogo podría obtener frutos de los análisis que ésta desarrolla. Por otra parte, en el interior mismo de la psicología, el modelo se utiliza para interpretar hechos que corresponden a otros campos. En particular fue usado ampliamente para dar cuenta de las actividades de memorización (cf., por ejemplo, *Bull. Psychol.,* número especial 1976, "La mémoire sémantique").

Sin embargo, ese acuerdo no supone una prueba absoluta de solidez y no evita el examen crítico.

Un examen crítico completo del modelo implicaría situarse en varios planos. En el plano más general, habría que preguntarse sobre los fundamentos y justificaciones que permiten recurrir a los rasgos semánticos y les ofrecen, en cierto modo, una garantía. En un plano más específico o más técnico, la discusión se centraría en las justificaciones que pueden darse a la invocación de tal o cual rasgo (o combinación) para dar cuenta de tal o cual significación. En cuanto al plano del desarrollo, en el niño se trataría de determinar de qué manera las proposiciones formuladas dentro del marco del modelo ayudan a interpretarlo y encuentran un soporte en las observaciones. Nótese que la consideración del desarrollo es sólo un aspecto del estudio del sujeto, y que otro aspecto incumbe al funcionamiento de las actividades verbales; para éste se utiliza igualmente el modelo de los rasgos semánticos (por ejemplo, en lo relativo a la facilidad o rapidez de comprensión de las palabras o enunciados). Es evidente que aquí conviene colocarse en el punto de vista del desarrollo; sin embargo, este ángulo no puede quedar disociado completamente de los demás, y por eso, en la medida en que contribuyan a traer alguna luz y esencialmente en esa medida, será pertinente hacer referencia a ellos.

1. LAS BASES TEORICAS. EXAMEN CRITICO

En el plano general, la garantía más sólida de los rasgos semánticos se encontraría en su correspondencia con una realidad identificable en otras partes. Admitir una realidad literal equivaldría a adherirse a una concepción de tipo platónico; los rasgos semánticos existirían en el marco de un sistema al que sería posible tener acceso. De una manera implícita, semejante concepción no está excluida entre aquellos que invocan el modelo. Las clasificaciones (de tipo botánico o zoológico) sugieren, en efecto, un orden objetivo al que el sistema de rasgos podría corresponder (se trata de las características que se encuentran en la especie, el género, el orden, etc.). Según Lyons (1968), el origen de las referencias a los rasgos semánticos se hallaría en la definición clásica aristotélica y apelaría al género y a las diferencias específicas. Pues bien: una definición semejante se apoya en clasificaciones de esta índole.

Mounin (1968) relacionó el análisis en rasgos semánticos con Leibniz, quien, en su proyecto de *Característica universal,* proponía la reducción de todos los conceptos a sus elementos simples (o *requisits).* Como estos *requisits* son la base de la definición, Mounin ve en la tesis de Leibniz una perfección de este tipo de definición. También se pueden tomar como referencia los sistemas genealógicos. La descripción de los sistemas de parentesco por los etnólogos incluyó un análisis en términos de rasgos y contribuyó a difundir su uso (Lyons, 1968). El análisis de palabras relativas, por ejemplo, al espacio implica una referencia a propiedades objetivas, las del mundo físico. En el estudio de E. Clark (1973 *a)* se hace un amplio uso de ellas.

Es posible reemplazar una concepción "platónica" por otra de tipo kantiano, pero esto no modifica la posición de base, ya que el sistema se impone al espíritu de una manera no menos coactiva. Bierwisch (1970), por ejemplo, considera los rasgos semánticos como las condiciones según las cuales los seres humanos tratan su entorno y los vincula a los mecanismos por medio de los cuales se perciben y conceptualizan los fenómenos (dentro de la tradición kantiana, los considera innatos).

El primer problema suscitado por esta actitud es el no poder abarcar más que sistemas "regionales" (se acaban de citar ejemplos relativos a las clasificaciones, las genealogías, el espacio). No hay un sistema que concierna al conjunto de lo que es cognoscible, a pesar de las esperanzas que pudo formular un filósofo como LEIBNIZ. Y si nos atenemos a la forma que, en cuanto a las características definidas por los lógicos respecto a los conceptos, se aplica universalmente, se trata de propiedades tan generales que su uso resulta escaso cuando se abordan los contenidos que interesan necesariamente a las significaciones.

El segundo problema es que la realidad que correspondería a tales sistemas (incluso los sistemas "regionales") no es directamente accesible. Lo que está disponible son las construcciones propuestas sobre la base de las informaciones (naturales o científicas) accesibles en un momento dado, ampliamente provisorias y sujetas a revisión, como lo muestran la historia y el estado actual de las ciencias (en particular las "ciencias humanas").

Los modelos son construcciones semejantes, y su interés (y valor) —se comprueba con todo modelo científico, ya sea de orden matemático, físico, químico, etc.— estriba en que los elementos y las estructuras que invocan son más precisos y unívocos que los elementos y estructuras que ellos permiten interpretar. Entre los modelos existen diferencias que dependen de su grado de refinamiento y complejidad. En este sentido, el modelo de los rasgos semánticos es mucho más elaborado que los modelos empiristas que antes presentamos...

Sin embargo, las fuentes en las que se apoya presentan una notable heterogeneidad, lo cual no favorece el rigor y la univocidad, y los análisis efectuados para justificar tal o cual parte del mismo no escapan a la impugnación.

Los rasgos semánticos aparecen propuestos y justificados a partir de tres fuentes que interfieren con gran fuerza entre sí: 1. Los saberes adquiridos o inferidos respecto del universo de lo cognoscible. 2. El análisis de la lengua a través del cual se expresan muchos de esos saberes, sobre todo no científicos. 3. El comportamiento del sujeto, que permite establecer disociaciones, órdenes (como sucede, precisamente, en el desarrollo o incluso en las modalidades de la comprensión).

Es posible ilustrar esas diversas fuentes sin recurrir al terreno del desarrollo. Se puede indicar así el carácter "lógico" de análisis propuestos para determinadas significaciones, y éste es el caso de "más-menos" y de los antónimos espaciales (cf. *supra*). En efecto, lógicamente la superioridad o la inferioridad que expresan "más" y "menos" se refieren a la cantidad e implican por tanto esta noción. Los antónimos relativos a las dimensiones espaciales implican una referencia al espacio y es posible considerarlos a partir de las dimensiones que se distinguen en éste. Lo mismo en cuanto a los términos relativos al tiempo, que se diferencia del espacio, y en los cuales pueden distinguirse la simultaneidad y la no simultaneidad y, en la no simultaneidad, el antes y el después.

No obstante, parece más económico enfocar el examen en la perspectiva del desarrollo. Es la ocasión de sacar a la luz los mecanismos que intervienen de una manera general en la justificación del modelo y aquellos que conciernen a las especificaciones en cuanto al desarrollo, que se refieren al orden establecido entre los rasgos y sus combinaciones.

a) *Los diferentes aspectos de la complejidad.*—En cuanto a las combinaciones, nos acabamos de referir al sitio dejado a la complejidad. La idea de un orden de dificultad ligado a la complejidad creciente, definida por el simple aumento del número de rasgos, es *a priori válida*, y encuentra su justificación en muchas observaciones relativas a las tareas que se cumplen en diferentes dominios, fuera del comportamiento verbal, pero también en el interior de éste, en el plano fonético y sintáctico tanto como en el plano semántico aquí considerado.

Pero el procedimiento para establecer que una palabra es compleja, es decir, para determinar que su significación contiene más rasgos, no está libre de discusión. Por ejemplo, E. CLARK (1972), apoyándose en diversos lingüistas, justifica así el hecho de que "encima/debajo", *above/below, over/under* son más complejos que "dentro" y "sobre": en los últimos la posición es considerada simplemente en relación con un punto de referencia ("dentro" en relación con un espacio cerrado, y "sobre" con una línea o una superficie); para los primeros hay que tomar en consideración no sólo el punto de referencia, sino también el espacio entre ese punto y los objetos considerados. De "ante" *(devant)* y "delante de" *(en avant de) (in front y ahead)* el segundo es más complejo porque implica que el objeto, que es el punto de referencia, está en movimiento, lo que no sucede con el primero *.

---

* En castellano el rasgo relativo al movimiento no entra en la composición semántica del término, como sí ocurre en francés e inglés. *(N. del T.)*

Como factor de complejidad se menciona la derivación. Para E. CLARK (1972) las palabras "delante/detrás" *(devant/derriere)** *(in front/in back)* son más simples que los términos temporales "primero/último", "temprano/tarde" o precoz/tardío", "antes/después" *(first-last, early/late, before/after)* que derivarían de aquéllas. [E. CLARK (1973 a) defendió la teoría según la cual las palabras que expresan las relaciones temporales derivan de las que expresan relaciones espaciales, puesto que la expresión del tiempo poseería un carácter metafórico respecto de la expresión del espacio.]

Hemos mencionado el rasgo *Secundariedad* utilizado por E. CLARK (1972), siguiendo a BIERWISCH, para analizar los antónimos dimensionales. Se apela al rasgo para caracterizar los adjetivos que no se utilizan para designar la dimensión más acusada del objeto. Por ejemplo, primero mencionamos la altura o longitud de un objeto y después su anchura o espesor. Los adjetivos que expresan anchura, espesor o profundidad se caracterizan por el rasgo + Secundariedad. El problema planteado por la existencia de un orden de esta clase (que es real) concierne a su origen. La referencia alegada es un carácter perceptivo (el hecho de ser acusado), y quizá también sea de orden práctico (la manipulación de un tablón o de un mueble implica haber considerado primero las dimensiones que más la dificultan). Pero también pueden verse en esto hábitos de comunicación que codifican el orden en el cual, por ejemplo, se dan a conocer las cotas de un objeto: finalmente, la mención de tales dimensiones es un acto de comunicación dentro de un contexto social. En este caso, el fundamento de los rasgos no está en el objeto sino en el sujeto, y así reaparece, con otra forma, la implicación de éste en la sistematización propuesta.

También se puede sostener que, de una manera general en la vida cotidiana, hay interacción entre las propiedades de los objetos y las reacciones del sujeto y la comunicación que éste establece con un locutor. El orden en que se considera las dimensiones está influido por uno y otro, en un contexto de hábitos sociales. La dimensión más destacada de un tablón o de un listón es su longitud; pero el comprador que se dirige

---

* "Ante", "delante" y "delante de" son traducciones posibles de *devant*. Su uso depende del contexto; de allí las diferentes versiones que estamos utilizando. *(N. del T.)*

a un vendedor especializado menciona primero el espesor. Si se habla de un escritorio, su dimensión mayor es el ancho [no se habla de su largo, etc. Sobre este punto cabe remitirse a los análisis de H. CLARK (1973) respecto a lo que él llama "la estructura del espacio egocéntrico"].

La introducción de una restricción aparece como una fuente de complejidad. En la presentación de los antónimos dimensionales, se considera a *big/small* menos complejo que *long/short*, porque el segundo par comprendería la especificación de una referencia a la dimensión más extendida (y sólo a ésta), lo que no sucede con el primero (cf. EILERS y col., 1974). En el plano de un análisis puramente lógico podría sostenerse lo contrario: la referencia a una sola dimensión ¿no será más simple que la referencia a varias? Si se aceptan las proposiciones de los lingüistas, esto se basaría solamente en una experiencia intuitiva: parece más simple denominar una característica a partir de una impresión general (de voluminosidad) que tomar en consideración una dimensión particular que puede implicar, al menos virtualmente, una medida. Pero se trata de una simplicidad de orden psicológico que incluye factores perceptivos o que resultan de la ley del menor esfuerzo (por parte del análisis o de la denominación). Permiten una mayor facilidad para encontrar un orden de adquisición o de uso, pero esa coincidencia será tanto menos demostrativa cuanto que desde el principio está orientada.

b) *Rasgos positivos y rasgos negativos.*—El examen de las parejas de antónimos conduce a atribuir a uno de los elementos del par un carácter positivo y al otro un carácter negativo. La tesis es que el rasgo positivo es prioritario (y por tanto se adquiere antes). Se justifica esta prioridad con un argumento de índole general: el elemento positivo corresponde a lo que se presenta en primer lugar, y el elemento negativo está constituido por su negación. La negación presupone de algún modo la afirmación, y constituye un elemento suplementario que se agrega a ella y con esto introduce una complejidad mayor que la implicada sólo por el rasgo positivo. En el caso de los términos relativos al espacio, H. CLARK (1973) caracteriza el elemento positivo por el hecho de que remite a una dirección o a una relación considerada normal. Así *"into"* ("dentro" en sentido activo) se considera como positivo, porque implica un movimiento dirigido hacia el objeto designado. Por el contrario, "fuera" niega esta dirección. De igual modo "encima" *(above)* es positivo y "debajo" *(below)* es negativo: en el caso de la verticalidad, la especificación de la dirección se efectúa a partir de la base (justificación: se estima la altura a partir de ésta y no yendo hacia ella; así, se habla de "altura desde el suelo" y no de "altura hacia el suelo").

Se presenta una argumentación análoga, pero extraída de la asimetría propia de ciertos seres u objetos, para repartir los rasgos positivos y negativos en el caso de pares relativos al adelante-atrás ("delante/detrás", "delante (de)/detrás (de)" *devant/derriere, en avant* [de]/*en arriere* [de]). "Siempre es la parte anterior la que se define de una manera positiva. Entre los animales, la parte delantera es la que contiene el aparato perceptivo, mientras que la parte trasera no lo posee. La delantera es la dirección hacia la cual el animal se desplaza, y la parte trasera es la dirección a partir de la cual se mueve..." (H. CLARK 1973, 43). El uso generalizado de los términos en expresiones como "estar antes", "delante de", o "detrás", "detrás de" cuando se trata de usar escalas, en cualquier materia que fuese, ("competencia, tamaño, peso, inteligencia"), confirma esta repartición: estar delante tiene siempre un valor positivo; estar de detrás un valor negativo.

H. CLARK (1973) se remite a un análisis del espacio percibido para deslindar las direcciones positivas y negativas. Lo que se encuentra delante de un plano vertical es perceptible, y no lo que está detrás; así, la dirección hacia adelante puede considerarse positiva, y hacia atrás como negativa. "Delante" es positivo y "detrás" negativo por esa misma razón (E. CLARK, 1971). Lo que está encima del suelo también es perceptible, lo que está debajo no; por tanto, la dirección hacia arriba es "naturalmente positiva" y hacia abajo "naturalmente negativa" (H. CLARK, 1973, 33).

Los caracteres positivo y negativo resultan atribuidos a los términos temporales en virtud del principio de derivación antes mencionado. "Antes" *(before)* es positivo porque desde el punto de vista de la significación está estrechamente ligado a "delante" *(in front of),* y detrás *(behind)* —con respecto al locutor— es negativo.

Todos estos argumentos son ingeniosos, pero no poseen un rigor y un valor demostrativo que justifique la adopción del sistema que defienden. Así, para limitarnos a este ejemplo, el orden de complejidad establecido entre las palabras positivas y negativas parece ampliamente arbitrario. El proceso en dos tiempos, por el cual se plantea primeramente lo que en una segunda etapa se niega, puede encontrar justificaciones en el nivel de las conductas prácticas y del discurso retórico. Pero, ¿es válida su aplicación cuando se trata de la significación de palabras consideradas aisladamente, sobre todo cuando los valores positivo y negativo se amplían por referencia a la polaridad de los objetos o del campo perceptivo?

c) *Términos marcados y no marcados.*—Si se quiere enfocar el problema desde un nivel de evaluación más general, deberá recordarse que para que una contrucción sea aceptada como modelo debe satisfacer una cualidad que consiste en la correspondencia entre la interpretación que dicho modelo propone y el conjunto del campo susceptible de ser tratado por esa interpretación. Si se aplica a una parte del campo, pero no a otras homólogas, esta discordancia constituye una objeción. Hallamos una discordancia en la aplicación de la oposición términos marcados/ términos no marcados, porque las previsiones extraídas del modelo parecen justificarse en ciertos casos, pero no en otros.

La oposición marcado/no marcado es aceptada por los lingüistas, quienes la utilizan para describir y distinguir ciertos antónimos dimensionales. Se puede tomar como ejemplo la oposición entre los adjetivos "largo" y "corto" *(long y court).* Los dos términos no son equivalentes. Puede considerarse que el primero es "neutro": su empleo remite a la dimensión considerada sin implicar evaluación del objeto designado. Así, indicar que determinado navío es *"long de tant de metres"*("tantos metros de largo") no implica que se le considere como de una longitud excepcional, porque en la misma forma se dirá que una cadena molecular es *"longue de quelques microns"* ("tantas micras de largo"). Por el contrario, no se puede utilizar "corto" de esta manera [ni siquiera la cadena molecular es *"courte de quelques microns"* ("tantas micras de corto")], y atribuirlo a un objeto es conferir a éste una característica que no es neutra. Por eso se dice que el adjetivo "corto" es "marcado". Esta relación vuelve a presentarse en los comparativos: "más largo" no implica "marca" y puede ser aplicado tanto a objetos de tamaño pequeño como de gran tamaño, mientras que "más corto" sólo lo es a objetos de tamaño pequeño *. En relación con esta propiedad es donde interviene el término no marcado en la designación de la cualidad o dimensión [por medio del sustantivo correspondiente, tal como "longitud", y hasta el mismo adjetivo, lo cual es posible en algunos casos: "un metro de largo", mientras que no se habla de un metro (o de un micrón) de "brevedad" o de "corto"]**.

Sin embargo, el término no marcado también puede tomar una significación absoluta; es el caso de "largo" en relación con "corto" cuando se opone el uno al otro e interviene propiamente como antónimo: "el día es largo en verano y corto en invierno". Su empleo está ligado a una comparación implícita que remite a una norma, igualmente implícita, en función de la cual los términos denominados se encuentran situados uno encima y el otro debajo.

Para emplear la terminología de H. CLARK (1970) "largo" posee una doble significación: "nominal" (cuando remite a la dimensión), y "contrastiva" (cuando expresa una longitud mayor que la mediana). Por el contrario, "corto" no tiene más que la significación "contrastiva". En términos de rasgos semánticos puede decirse (cf. H. CLARK, 1970) que el término no marcado incluye más rasgos que el término marcado (uno relativo a la dimensión y otro relativo al contraste). Desde este punto de vista, por tanto, el término no marcado sería más complejo... (Hallamos aquí otro aspecto de la complejidad que se agrega a los que antes consideramos.)

H. CLARK propuso su análisis para preparar la interpretación de la confusión mencionada por DONALDSON y BALFOUR (1968) entre "más" y "menos" (cf. *supra).* "Más" y "menos" son los comparativos de "mucho" y "poco". "Mucho" es no marcado y "poco" es marcado. (En realidad se trata de las palabras inglesas *"much"/"many"* opuestas a *"little/few"; "how much money do you have?",* que expresa la remisión a la cantidad; el uso nominal no se puede traducir literalmente en francés.)*** En función del análisis procedentemente expuesto, H. CLARK define la siguiente secuencia de desarrollo: 1. "más" y "menos" se utilizan ambos

---

* También en castellano "corto" es marcado y "largo" no marcado, como puede inferirse del sentido general del texto. *(N. del T.)*
** De acuerdo con el *Dictionnaire Petit Robert, "long"* precedido por las preposiciones *au, de* y *en* no es adjetivo, sino sustantivo, *(N. del T.)*
*** Y tampoco en español. *(N. del T.)*

en el sentido nominal (para indicar la presencia de una cantidad, cualquiera que sea); 2. el niño los emplea para designar la parte positiva de la escala (la cantidad más fuerte); 3. el niño distingue los dos términos y los utiliza de una manera comparativa, oponiéndolos.

Esta interpretación es ingeniosa, y da cuenta de las observaciones efectuadas con "más" y "menos". La etapa 1 está justificada sobre la base de argumentos indirectos. Por ejemplo, el niño interpretaría "¿quieres más?", como "¿quieres?", que evocaría la distribución de algo, de una cierta cantidad (de comida...). Un enunciado como "yo tengo más, tú tienes menos" puede conducir al niño a interpretar "menos" de la misma manera ["yo tengo (de esto), tú también tienes"]. La interpretación de ciertas expresiones observadas en los niños proporciona argumentos más directos. Una de las pruebas de DONALDSON (DONALDSON y WALES, 1970) propone al niño, con un "árbol" del cual cuelgan algunas "manzanas": "Arréglatelas para que haya menos manzanas en el árbol." Un niño respondió a esta consigna diciendo: "Pero hay menos en este árbol", lo que H. CLARK considera como equivalente a "Pero hay (manzanas) en este árbol".

En cuanto a las etapas 2 y 3, corresponden a los comportamientos antes descritos.

Efectuado el análisis a partir de los antónimos dimensionales, como "largo/corto", cabe esperar que en el uso de estos términos aparezcan las mismas etapas. Ahora bien: los antecedentes mencionados no siguen esta dirección. DONALDSON y WALES (1970) comunicaron los resultados de una parte de sus investigaciones, donde se pide al sujeto que señale el más grande, el más pequeño... de un conjunto de estímulos, o bien el que es más grande o más pequeño que uno de ellos tomado como patrón. (Se emplearon como estímulos diferentes pares que expresan las dimensiones, longitud, espesor, altura, grosor...). Los resultados indican un número menos elevado de errores para los términos "positivos" que para los términos "negativos". Pero la diferencia no es significativa, sino para la forma superlativa. Además, los errores mencionados por los autores pueden calificarse de errores relativos: con el superlativo, el sujeto en lugar de designar el estímulo más extremado, el más pequeño, por ejemplo, elige uno simplemente más pequeño que el más grande (y a menudo el que le es inmediatamente inferior). No se menciona confusión entre los antónimos. (Los errores observados pueden ser relacionados con el uso de formas superlativas y comparativas que, en inglés, incluyen la incorporación de un sufijo a la forma positiva.)

Esto lleva a pensar que los datos observados respecto de "más/menos" requieren otras interpretaciones que las propuestas, y que las ingeniosamente desarrolladas en términos de distinción "marcado/no marcado", distinción entre los usos nominal/contrastivo, jerarquía establecida entre éstos, etc., sólo poseen una validez problemática.

2. EL CONTROL DE LOS HECHOS

Las críticas que acabamos de formular contra el modelo de los rasgos semánticos no están desprovistas de alcance: ante una construcción teórica, cabe esperar que ésta apoye sus conceptos sobre bases que le aseguren una justificación, incluso antes de la confrontación con los datos experimentales. Pero, admitidos un mínimo de rigor y coherencia, importa sobre todo el acuerdo con los datos. El interés del modelo radica precisamente en prestarse a ese control y en sugerir experiencias que lo permitan. Hemos visto que E. Clark, al presentarlo, había reagrupado cierto número de datos anteriormente recogidos, añadiéndoles ciertos resultados que seguían la misma dirección.

Los trabajos efectuados después de la presentación del modelo y que tienden a confirmarlo, invalidarlo o precisarlo, son relativamente numerosos. Nos referiremos en particular a aquellos que no sólo tienen en cuenta los rasgos semánticos, sino que además proponen elementos de interpretación susceptibles de agregarse a ellos o de sustituirlos y que, de todos modos, conducen a representarse mejor el desarrollo semántico. Examinaremos especialmente este aspecto en la sección *d*.

Como hemos visto, las hipótesis implicadas por el modelo de los rasgos semánticos son esencialmente, por una parte, la afirmación de un orden que permite clasificar las palabras y expresiones (orden ampliamente basado en el grado de complejidad), y, por otra parte, la afirmación de un paralelismo entre ese orden y el de adquisición. [H. Clark (1973) admitió explícitamente que ese paralelismo constituía también una hipótesis.]

La primera parte se apoya en análisis del tipo de los antes expuestos. Queda abierta una verificación empírica: considerar el comportamiento de sujetos (adultos) que tienen que verse frente a esas palabras o enunciados. Su reacción ha de ser más difícil cuando los términos son más complejos (la reacción consiste, por ejemplo, en responder de una manera apropiada a enunciados que incluyen términos de variada complejidad)[2].

---

[2] En efecto, se realizaron varias investigaciones de este tipo y algunas aportaron resultados concordantes con la hipótesis; así, las palabras positivas son origen de respuestas más rápidas y contienen menos errores que los términos negativos. (En H. Clark, 1973, se citan algunas referencias; cf. también Verstiggel, 1976). Debe tenerse en cuenta que dichas experiencias emplean enunciados que poseen una estructura gramatical, y apelando a juicios de verdad o falsedad, lo que supera

Sin embargo, esos comportamientos pertenecen al orden de la actuación según la terminología de CHOMSKY. Por tanto, sólo proporcionan informaciones indirectas, aun cuando, alejados de la perspectiva lingüística —lo que conduce a descartar una de sus originalidades—, los rasgos semánticos recibieran una interpretación puramente psicológica.

a) El esquema general propuesto por E. CLARK (1973*a*) es el de una adición progresiva de rasgos a aquel o aquéllos que se admiten al comienzo. Esto implica que al principio las palabras son utilizadas con una significación extensa que en seguida queda restringida. E. CLARK alegó como argumento (cf. *supra)* las observaciones concernientes a las sobreextensiones iniciales de ciertas palabras. Sin embargo, la discusión posterior evidenció que era imposible admitir una ley general de esta clase. Si las palabras se emplean al comienzo con una extensión correcta o una extensión restringida, hay que admitir que los rasgos, en función de los cuales se puede describir su significación, son múltiples ya en ese momento. O bien su conjunto permanece estable en el transcurso del desarrollo, o bien el número de rasgos disminuye (en caso de generalización ulterior).

b) El análisis de los antónimos dimensionales conduce a E. CLARK a plantear un orden entre los rasgos relativos a la dimensión y aquellos que especifican la polaridad; los primeros se adquirirían antes que los otros, lo cual explicaría las confusiones en el uso de los términos de polaridad negativa o marcados. Esta organización es puesta en tela de juicio por BREWER y STONE (1975) y BARTLETT (1976). BREWER y STONE ofrecieron a sus sujetos la posibilidad de responder al adjetivo propuesto por el experimentador, no eligiendo simplemente entre el término correcto y el término opuesto en la dimensión considerada, sino entre cuatro items, los dos de esa dimensión y dos de otra. (Por ejemplo, para comprobar "alto" o "bajo" los sujetos podían responder eligiendo uno de estos cuatro estímulos: alto, bajo, grueso, delgado.) Los resultados muestran que los errores más numerosos consisten en la elección del término de la *misma polaridad* en la *otra dimensión*, y que los errores sobre los términos de polaridad opuesta se reparten de manera igualitaria entre la dimensión considerada y la otra.

c) La prioridad concedida a los términos de polaridad positiva o a los adjetivos no marcados no apareció regularmente en todas las investigaciones. Hemos visto que las diferencias observadas por DONALDSON y WALES (1970), aunque seguían la dirección de la teoría, no eran estadísticamente significativas.

EILERS y col. (1974), experimentando en niños de 2;6 y 3;6 años (prueba de comprensión medida por la elección del miembro pertinente del par) con las palabras *"big/little", "long/short", "wide/narrow"*, observaron una preferencia contraria a la esperada: los niños eligen de una manera significativamente más frecuente los objetos que corresponden a los adjetivos marcados; en otras palabras, tienden a dar el sentido del adjetivo marcado al adjetivo no marcado. No obstante, la misma experiencia realizada con otro grupo (de 2;3 a 3;7 años) muestra la misma tendencia, pero con menos claridad (no significativa estadísticamente).

Una parte de los resultados obtenidos por BARTLETT (1976) pone en evidencia que

---

las exclusivas características semánticas de las palabras elegidas; sin embargo, esto sólo constituiría una objeción si los caracteres semánticos pudieran considerarse en forma completamente independiente de su inclusión en enunciados. De cualquier modo, en el adulto esta posición es difícil de defender.

el mayor éxito respecto de los términos positivos no es constante y que en ciertos casos se invierte (por ejemplo, en niños de 2;1 a 3 años para *"big"* y *"litlle"*). En la propia E. CLARK (1972), una prueba de producción de antónimos no dio mejores resultados respecto a los términos positivos que con respecto a los negativos.

KUCZAJ y MARATSOS (1975) no encontraron anterioridad en la adquisición de *"front"* con relación a *"back"* (en niños de 2;6 a 4;1 años), a pesar del análisis de H. CLARK (1973), que presupone una prioridad en favor del primer término.

d) La confusión entre el término de polaridad negativa y el correspondiente positivo, que había aparecido en la experiencia de DONALDSON y BALFOUR (1968) a propósito de "más" y de "menos", no se presentó en una mayoría de investigaciones referidas a otros términos. Hemos mencionado lo que observaron DONALDSON y WALES (1970) (ninguna confusión entre los antónimos "grande/ pequeño", "largo/corto", "grueso/delgado", "alto/bajo"). AMIDON y CAREY (1972) estudiaron los términos "antes que" y "después que", sin comprobar tampoco (en niños de 5;4 a 6;3 años) la confusión esperada. HARNER (1975) consagró su indagación a las palabras "ayer" y "mañana" que, desde el punto de vista semántico, poseen componentes análogos a los de esos términos. Si bien "ayer" es mejor comprendida que "mañana" por los niños de tres años (a los cuatro años su comprensión es similar), no se observó la confusión y "mañana" no fue sistemáticamente empleada para designar "ayer".

Queda el caso de "más/menos" y de "igual/diferente".

En cuanto a la primera pareja, KAVANAUGH (1976) tuvo la idea de comparar dos tipos de pruebas para comprobar la comprensión de los sujetos: la prueba de elección utilizada por los autores anteriores y una prueba de construcción donde los sujetos tienen que realizar un conjunto que incluya más o menos elementos que un modelo. Este autor comprobó que, en la segunda prueba, los niños de tres y cuatro años cometían claramente más errores con "menos" que con "más", pero que estos errores se repartían igualmente entre la construcción de un conjunto más importante que el modelo y de un conjunto que incluía *otros tantos elementos.* Esto parece excluir la existencia de una sinonimia verdadera entre "más" y "menos" a estas edades, ya que tal sinonimia debería manifestarse en esa prueba con la construcción sistemática de un conjunto más grande en respuesta a la palabra "menos".

KAVANAUGH incrimina el sesgo metodológico de las pruebas de comprensión empleadas por los autores precedentes (y cuyos resultados volvió a encontrar en otra parte de su experiencia) por el hecho de que, en los dispositivos adoptados, los sujetos no pueden elegir sino entre dos conjuntos, uno más y el otro menos grande; de este modo, los errores sobre "menos" no pueden traducirse más que por la elección del primer conjunto.

Para ser exactos, debemos observar que el sesgo metodológico debería traducirse por elecciones igualmente repartidas entre los dos conjuntos, mientras que el que obtiene privilegio es el conjunto más importante.

Si se admite que los niños no tratan "menos" como sinónimo de "más" sino como una palabra cuya significación se les escapa, cabría esperar que las elecciones, en la prueba de comprensión, apuntaran tanto al conjunto más importante como al más débil. De hecho el que resulta preferido es el conjunto más importante, y esto requiere una explicación que podemos encontrar en las clases de respuesta que mencionaremos en seguida.

El caso de "igual/diferente" podría necesitar un análisis detallado. "Igual" (o "semejante", aunque éste no se emplee con los niños) es ambiguo. Designa referentes que poseen una cierta semejanza pero que no son idénticos. Por tanto, en cierta medida, esos referentes son diferentes (o "no iguales"). De allí la confusión del niño que, además, se atiene a una impresión global de similitud-desemejanza de los objetos, en tanto que no es capaz de analizar y considerar aparte sus "dimensiones" (forma, color, tamaño...). OLERON (1962) observó expresiones de niños de cuatro a siete años que revelan tal ambigüedad y confusión. Dichas expresiones incluyen a la vez la enunciación de diferencias entre los referentes y la afirmación de que son "iguales". Encontramos la ilustración más nítida en esta declaración de un niño de 4;8 años: "Son iguales, pero la pequeña (uno de los elementos del par comparado) no es igual".

WEBB y col. (1974) estudiaron el desarrollo de la comprensión de "diferente" y verificaron las confusiones mencionadas por DONALDSON y WALES (1970), en los niños más pequeños (de menos de 3;3 años) que eligen, como respuesta a "diferente", un objeto idéntico al modelo. También constataron que los sujetos que superan este estadio buscan objetos que, no siendo idénticos al modelo, difieren de él lo menos posible, antes de ser capaces de elegir objetos sin ninguna similitud, como puede hacerlo el adulto. Estos datos sugieren que "diferente" implica en un período intermedio un componente de similitud. Nos parece que incluso en el adulto esta asociación subsiste, y que la idea de diferencia implica que los objetos diferentes poseen, por otra parte, algún elemento común (que, por tanto, los hacen semejantes al mismo tiempo que diferentes), porque la diferencia supone una comparación, y toda comparación implica que los objetos tengan lo necesario para poder efectuarla. Esto sigue una dirección coincidente con el modelo de los rasgos semánticos, puesto que la "similitud" sería el rasgo a la vez más general y el presupuesto "lógico". Pero el análisis difícilmente podría dejar de lado las condiciones en las que se encuentra el sujeto que tiene que manipular objetos concretos (caso de los sujetos de WEBB y col.), de los cuales no todas las características son, perceptivamente y desde el punto de vista de la manipulación, equivalentes. La identidad de carácter físico, y ocasionalmente funcional, es prioritaria; la búsqueda del objeto diferente por el niño que ha superado el estadio de la confusión inicial, apunta a un objeto del mismo tipo (por ejemplo, un peine en la experiencia de los autores), pero que difiere simplemente en el color. La evolución no es independiente de la manera en que los objetos del entorno son aprehendidos y tratados (volveremos sobre este punto), y la categoría abstracta similitud/diferencia no es lo único que está en tela de juicio. WEBB y col. insisten efectivamente en la dependencia de la significación de los términos en relación con los referentes concretos y particulares por ellos designados.

3. FACTORES EMPIRICOS Y ESTRATEGIAS

No todos los antecedentes como los que acabamos de comentar superficialmente son incompatibles con el modelo de los rasgos semánticos tomado como tal. Algunos sólo implican modificaciones de la formulación inicial. Esta fue sugerida por ciertas observaciones, pero, como toda formulación susceptible de verificación, no es intangible. De este modo, es posible invertir las relaciones de prioridad entre la dimensión de los antónimos y su polaridad, lo mismo que las relaciones entre las palabras positivas y negativas marcadas y no marcadas. Sin embargo, se nos presenta un cuestionamiento fundamental en la medida en que las respuestas de los sujetos pueden ser atribuidas a otros determinantes y no a los que dan participación al modelo. Este —aspecto intelectualista que ya se señaló— trata al sujeto como una especie de espíritu puro que responde a las características de un objeto al menos purificado, definido por las propiedades "lógicas" y sus relaciones. Estas relaciones están organizadas en filiaciones y derivaciones de las que hemos visto algunos aspectos y justificaciones. Relaciones, filiaciones y derivaciones no están separadas de las referencias a un universo y a los sujetos que lo perciben (hemos visto de qué modo H. CLARK justificaba las prioridades de "delante", "encima", "detrás" o "debajo", por ejemplo, sobre la base de argumentos que tomaban en cuenta la estructura de los objetos o de los organismos y la percepción que de ellos tiene el sujeto). No obstante, se elude tomar en cuenta las modalidades concretas de los contactos del sujeto con las palabras y la manera en que éstas se articulan con su experiencia percibida (y también vivida y actuada).

Ahora bien, cierta cantidad de experiencias han dado resultados que sugieren apelar a dichos factores.

A. La frecuencia de uso

En los estudios psicolingüísticos se invocó a menudo la frecuencia de uso, sobre todo en el período que siguió inmediatamente a la aparición de la teoría de la información. En efecto, ésta concedía un lugar fundamental a la frecuencia de aparición de los elementos de los "mensajes", base de su probabilidad de aparición (y, por tanto, de la cantidad de información que se les podía atribuir). Numerosas experiencias han demostrado el papel cumplido por la frecuencia de las palabras en la facilidad de percepción, memorización y evocación.

La frecuencia forma parte de las características del entorno o del estímulo. Encuentra así su lugar en el marco de un modelo conductista. (Se la mencionó bastante antes de los estudios consagrados al lenguaje y, además, como factor de la asociación entre estímulo y respuesta, fue invocada como explicación del aprendizaje y, en los estudios consagrados al lenguaje, de las asociaciones verbales). Por el contrario, no se inserta en un modelo racionalista, sobre todo de tipo lingüístico, que sólo considera las relaciones entre las palabras y, en todo caso, entre las palabras y los referentes, pero no al sujeto en sus relaciones concretas con su ambiente material y lingüístico.

Es difícil obtener evaluaciones enteramente válidas de la frecuencia de las palabras, sobre todo cuando se trata de la frecuencia de las palabras presentadas al niño, al menos al niño pequeño. Sin embargo, se dispone de evaluación de frecuencias de uso que al menos pueden servir como aproximaciones. En ciertos casos es posible poner en relación el orden de adquisición de esa frecuencia y es probable que un estudio sistemático ratificaría la posibilidad de invocarlo muy a menudo.

E. CLARK (1972), al discutir sobre los resultados obtenidos en el orden de adquisición de los antónimos espaciales y espacio-temporales, reconoce que dicho orden tiene significativa correlación con la frecuencia de las parejas estudiadas. Por ejemplo, en la lengua, *"big/small"* es más de cinco veces más frecuente que *"tall/short"* y de 4 a 10 veces más frecuente que *"wide/narrow"*, *"thick/thin"* y *"deep/shallow"*. Pero la autora objeta la tesis que atribuiría un papel determinante a la frecuencia: ésta no podría dar cuenta de las sustituciones operadas por los niños entre las parejas, como tampoco de la existencia misma de esas sustituciones, si las palabras sustituidas no poseyeran rasgos semánticos comunes con aquellas a las que sustituyen.

Esta objeción no es convincente. Parece descansar en la idea de que la frecuencia debe ser considerada de una manera, digamos, puramente estadística, dejando de lado toda significación. Pero se trata de una posición gratuita. Cuando se invoca la frecuencia para interpretar comportamientos relativos a palabras significativas, no se puede excluir la significación. Sin embargo, ésta puede ser encarada de una manera diferente a la de análisis en rasgos. Las palabras que el sujeto pronuncia se hallan en relación con las situaciones estímulos (en la vida real y en las situaciones experimentales, incluidas las empleadas por E. CLARK). Frente a ciertos tipos de estímulos, por ejemplo las características espaciales de los objetos, las que se evocan son las palabras relativas a estas características, y no otras. Tales palabras reciben una especie de parentesco por obra misma de esa asociación, y es posible definir su pertenencia a un mismo campo semántico sobre la base de sus relaciones con los referentes. Así, ya sea que el sujeto tenga que denominar los estímulos o que responder a palabras que sirven para esa denominación, las palabras que emita no pueden sino pertenecer al mismo campo semántico.

La hipótesis de la frecuencia permite prever que, entre las palabras, las más frecuentes se aprenden más temprano, están más disponibles y son más fácilmente movilizables que las otras. El propio adulto, en su expresión oral, no siempre pone en juego las palabras más exactamente pertinentes; se contenta con formulaciones más globales y deja a la literatura el cuidado de distinguir matices de significación. Esto puede incitar al niño, antes de que se vea sometido a los entrenamientos escolares, a reaccionar verbalmente de una manera aproximativa.

Con respecto a las parejas de antónimos, la experiencia corriente sugiere que los términos positivos se utilizan con más frecuencia que los otros. Las preguntas relativas a la cantidad tienen más bien la forma "¿quieres más?, que la de "¿quieres menos?", sobre todo cuando uno se dirige a niños, y en particular en materia de comida (donde el suplemento asociado a la palabra cobra, por lo demás, un valor gratificante).

De igual modo, las preguntas y evaluaciones se hacen más en términos no marcados que en términos marcados ("¿es bastante grande, largo, ancho?"); los primeros son más frecuentes porque, por un lado, remiten al polo positivo, y, por el otro, se refieren a la dimensión común.

Es evidente la importancia de estos análisis, que podríamos desarrollar y formular en detalle. En última instancia, la correlación entre la frecuencia de los términos y su complejidad (o su carácter positivo o no marcado) permite comprender por qué razón esas características están enlazadas a la facilidad o dificultad de la adquisición y, por consiguiente, a su carácter más precoz o más tardío. Su eficacia estribaría en que determinan la frecuencia de uso, es decir, las ocasiones que tendrá el niño de encontrarlas en la lengua del adulto y de practicarlas. Esa frecuencia sería la condición determinante, y las otras características sólo intervendrían a través de ella (cf. BATLETT, 1976, en cuanto a la complejidad).

El papel desempeñado por la frecuencia se puede extender también a los aspectos cognoscitivos. Lo que es más difícil cognoscitivamente (caso de lo complejo, de lo negativo con respecto a lo positivo, como sugieren cantidad de antecedentes en ámbitos muy variados) es de uso menos frecuente en las formulaciones verbales corrientes. Esto parece hallarse bien establecido por la observación común, y las estadísticas, si en estos puntos se las pudiera realizar, muy probablemente lo confirmarían. Se puede comprender que ello sea así en nombre del principio de economía y del menor esfuerzo, de la eficacia, de la comunicación, que tiene más éxito cuando el mensaje es más fácil de captar, de la mayor rapidez de elaboración del mensaje cuando éste es simple, etc.

Especulativamente y en abstracto, todos los aspectos y caracteres de la lengua pueden ser tomados en cuenta y vinculados, sobre la base de las observaciones, con los caracteres de la adquisición. Pero, en el plano del contacto del niño con la realidad lingüística, la frecuencia sigue siendo un elemento clave, puesto que las adquisiciones, lo repetimos, no pueden ser consideradas como independientes de las condiciones en las que se ejercen, es decir, de las ocasiones de encuentro con los objetos o estructuras que se han de adquirir.

B. El conocimiento de los referentes

En un plano ideal, los rasgos semánticos constituyen un sistema puramente lingüístico que determina las significaciones sólo por las relaciones establecidas entre las palabras (como en un diccionario del que se excluyeran todas las ilustraciones). Esta es una imagen irreal por completo. Toda teoría intelectualista recurre necesariamente a la experiencia de la realidad, alcanzada al menos por la percepción; sólo que esa teoría se niega, sencillamente, a reducirlo todo a la percepción. Puesto que no se puede negar que el niño adquiere el lenguaje, al menos al principio, poniendo las palabras en relación con referentes que forman parte de su experiencia, la significación que atribuye a las palabras debe estar influida por la manera en que aprehende los referentes. Se trata de una aprehensión de carácter perceptivo, pero que desborda a la percepción puramente contemplativa en la medida en que implica la manera de reaccionar ante los objetos, de tratarlos, de utilizarlos. Se puede hablar de "conocimientos" de los referentes, pero cuando se habla de niños pequeños, hay que entender este término de una manera amplia, tal como acabamos de definirla.

Los partidarios del modelo de los rasgos semánticos terminaron otorgando un lugar explícito a dicho conocimiento. A decir verdad, éste se hallaba implicado ya en los análisis que llevaban a definir o justificar tal o cual rasgo. En lo que precede hemos podido verlo. Cuando no se hace directa mención de la percepción del sujeto, las características a que se alude suelen hacerla intervenir de una manera indirecta.

La teoría de la sobreextensión, desarrollada por E. CLARK (1973 a) se sirve de las características percibidas de los objetos. Por ejemplo, la generalización de la palabra "perro" a otros animales se basa en la aprehensión de las cuatro patas, que constituyen el elemento común a esos animales. (E. CLARK clasificó además las sobreextensiones observadas en la literatura sobre la base de similitudes perceptivas.)

El hecho de recurrir a la percepción aparece en una de las interpretaciones propuestas para dar cuenta de la prioridad de los términos positivos en la adquisición de los pares de antónimos. H. CLARK (1970) alude al hecho de que, considerando una característica susceptible de variar en más o en menos, los objetos que la representan mejor son aquellos que poseen esa característica en el grado más alto (en cuanto al tamaño, los que son más grandes, en cuanto a la cantidad, los más numerosos, etc.). Así, cuando el niño empieza a conferir una significación a las palabras que se refieren a esa característica, toman prioritariamente como referentes esos objetos.

Para H. CLARK, este análisis sirve para explicar la confusión entre "más" y "menos" en los niños pequeños (habiéndose percatado de que estas palabras denotan la cantidad, aplican ambas a la cantidad más intensa). Pero también puede ser utilizado de manera más general, para explicar que las palabras positivas se adquieren más precozmente que las demás. Los objetos que presentan la mayor intensidad poseen una especie de privilegio (son más "sobresalientes" desde el punto de vista perceptivo, más interesantes desde el punto de vista de la acción, etcétera). Por estas razones, la significación de las palabras que a ellos se refieren se desprende con mayor facilidad.

El análisis conduce a introducir en el circuito de las respuestas del niño elementos que tienen en cuenta las relaciones que éste mantiene con su medio. Ello implica necesariamente que se conceda un espacio a los modos de reacción que manifiesta respecto a ese medio y a los objetos que lo constituyen.

A diferencia de una concepción que da un carácter contemplativo a las relaciones con el entorno, la consideración de estas reacciones introduce un elemento importante para la interpretación del desarrollo de las conductas verbales. El niño comienza por actuar antes de hablar, y la manera en que actúa, cuando se le habla o cuando habla, no refleja solamente sus reacciones ante las palabras, revelación de lo que es para él su significación, sino también los modos de respuesta que se han constituido respecto a los objetos.

Estimaciones de esta clase llevaron a E. CLARK (1973 b) a modificar su teoría inicial y a sustituir una "hipótesis puramente semántica" por una "hipótesis parcialmente semántica". Esa sustitución fue presentada con motivo de una investigación sobre la comprensión manifestada por niños de 1;6 a 4;11 años frente a las preposiciones "en", "sobre" y "bajo" ("in", "on", "under"). El dispositivo experimental pide a los niños que coloquen un juguete pequeño que representa un animal, poniéndolo, según la consigna, en, sobre o bajo un "punto de referencia" constituido por un objeto que representa una caja tumbada y abierta, un túnel, un camión, una cama, un puente y una mesa. Cada "punto de referencia" se presta a dos respuestas (por ejemplo, el juguete puede ser colocado *sobre o en* la caja o el túnel, *en* o *bajo* el camión o la cama, *sobre* o *bajo* el puente o la mesa (fig. 6).

El examen de las respuestas muestra que (antes de los 3;6 años)

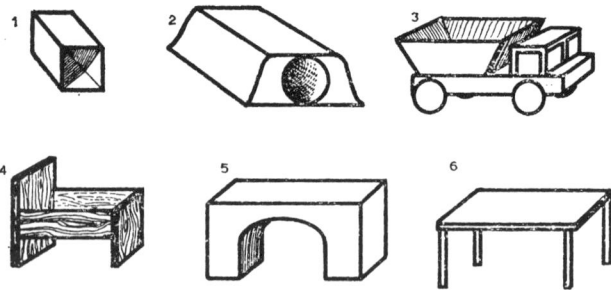

FIG. 6.—Material utilizado en la experiencia de E. CLARK (1873 b) sobre las estrategias no lingüísticas en la compresión de las palabras. Los objetos presentados a los sujetos constituyen "puntos de referencia" con relación a los cuales deben colocar un juguete según la preposición mencionada por el experimentador. Los elementos 1 y 2 (caja abierta y túnel) se prestan a la respuesta "sobre" o "en" 3 y 4 (camión y cama) a "en" y "bajo"; 5 y 6 (puente y tabla) a "sobre" y "bajo".

las mismas están influidas por la naturaleza de los "puntos de referencia". Así cuando el "punto" se presenta como un continente, el niño tiende a responder como si las preposiciones significaran "en" y, si incluye una superficie superior plana, como si significaran "sobre". Las respuestas a "en" son mejores con el camión y la cama que con la caja o el túnel, y las respuestas a "sobre" son mejores con el puente y la mesa que con la caja y el túnel.

Dos experiencias confirmaron estos resultados. Una de ellas apelaba a la imitación del experimentador, y, por tanto, excluía el lenguaje, y la otra lo implicaba, pero requiriendo una elección entre dos "puntos de referencia".

Estos antecedentes sugieren que ante ciertos objetos los niños se ven incitados a tratarlos, por ejemplo, como recipientes, porque sus formas y el uso que acostumbran hacer de ellos les llevan a colocar objetos dentro. Al recibir la orden de colocar algo tomando a esos objetos como puntos de referencia, en la medida en que no comprenden todavía con claridad las preposiciones, van a reaccionar según los esquemas de respuesta disponibles y, frente a un recipiente, pondrán el objeto en él cualquiera que sea la preposición empleada por el experimentador. (Si éste emplea "en", la respuesta correcta no atestigua una comprensión lingüística.)

WILCOX y PALERMO (1974), con un material inspirado en el mismo principio y utilizando las mismas preposiciones, obtuvieron resultados semejantes. En su comentario utilizan la palabra contexto para designar las características de los objetos y de la situación que contribuyen a determinar las respuestas de los sujetos. A las propiedades de los objetos, que invitan a una colocación que dé primacía a tal o cual preposición, agregan la facilidad de la ejecución motriz, que también tiene preferencia por ciertas respuestas (colocar un objeto sobre otro es más fácil que ponerlo debajo o en él cuando la abertura no está dirigida hacia arriba).

La interpretación propuesta para la experiencia sobre las preposiciones "en", "sobre" y "bajo" vale, evidentemente, de una manera más general, como E. CLARK indica conduciendo a reinterpretar algunos de los conceptos invocados por el modelo inicial. Las nociones de simplicidad/complejidad, por ejemplo, ya no están definidas simplemente en el interior de un sistema de rasgos, y apelan a respuestas no verbales espontáneas de los niños. Un término será más simple no únicamente por su composición semántica, sino porque coincide con la tendencia a tratar el objeto mencionado de la forma que sugieren su naturaleza y los hábitos de respuesta correspondiente. Tal es el caso para las cantidades y las intensidades más fuertes de una característica. Los términos que corresponden a éstas, se trate de "más" y "menos" o de adjetivos dimensionales, son más fáciles de adquirir, en la medida en que coinciden con las preferencias de los niños. Si sus respuestas a los términos positivos son más precoces, es porque prefieren las cantidades más grandes y, en consecuencia, tienden a elegir a éstas con preferencia a cantidades más pequeñas. La preferencia por las cantidades más grandes se ve confirmada en las experiencias de aprendizaje discriminativo no verbal; el aprendizaje es más fácil cuando el estímulo recompensado es el más importante cuantitativamente [cf. ESTES (1976), quien indica el parentesco de esta situación con el aprendizaje de los términos correspondientes].

En este contexto, el modelo de los rasgos semánticos pierde algo de su valor explicativo: ya no explica más que una parte de las observaciones. Volviendo al caso de "más/menos", el modelo inicial, como se ha visto, equivale a plantear que el origen de las confusiones observadas en un momento del desarrollo reside en que el niño capta en "menos" los rasgos + Cantidad y + Polaridad, lo que conduce a aplicarlo a referentes incorrectos. La hipótesis "parcialmente semántica" supone que el niño capta solamente el rasgo + Cantidad. Esto no le permite elegir entre los referentes, pero él produciría su respuesta en función de los referentes y de la manera habitual de reaccionar ante ellos. El conocimiento de la significación de las dos palabras sería incompleto, y la determinación de la respuesta se debería a la intervención de factores no lingüísticos.

Es importante tomar en consideración los modos de tratamiento de los objetos por el niño para alcanzar un conocimiento exacto del desarrollo semántico, al nivel mismo del establecimiento de los hechos. Estos modos de tratamiento constituyen "sesgos de respuesta", es decir, que favorecen ciertos tipos de respuestas. La interpretación de que los resultados expresan una mejor comprensión de ciertos términos es ilusoria, en la medida en que el sujeto da la respuesta esperada sobre bases no lingüísticas. Se le atribuyen capacidades que en realidad no posee. Desde este punto de vista, las interpretaciones propuestas en el marco del modelo inicial se muestran cuando menos frágiles, pues vinculan a significaciones lingüísticas respuestas que son más o menos independientes de ellas. El paso a la "hipótesis parcialmente semántica" no es un añadido, sino un auténtico cuestionamiento.

C. La asociación palabras-experiencias

El análisis intelectualista que desarrolla el modelo de los rasgos semánticos respecto a las propiedades de los objetos sólo retiene de éstos sus aspectos generales, elaborados a través de una reflexión que los racionaliza. Estos aspectos no son ajenos a la experiencia de los sujetos, pero dicha experiencia supone contactos mucho menos racionales que pueden referirse a aspectos accidentales, secundarios, y hasta discordantes con lo esencial. Una concepción innatista confiere al niño los marcos intelectuales que le permiten aprehender su experiencia y organizarla; pero tal concepción sólo es verosímil si admite que es necesaria la experiencia para otorgar a estos marcos, definidos teóricamente, la actualidad y realidad de hechos psicológicos. La experiencia no se lee de una manera unívoca a través de los marcos preexistentes: contribuye a elaborar la forma según la cual las propiedades de los objetos se interpretan y organizan, forma que determina las acciones pero también su relación con las palabras.

Si consideramos la situación concreta en que se encuentra el niño, quien por una parte percibe ciertos objetos, situaciones, sucesos, y, por la otra, percibe palabras pronunciadas por el adulto, está claro que la significación de estas palabras es tributaria de su asociación con esos objetos: esas palabras designan para él esos objetos o algunas de sus propiedades. Cuando él mismo utilice estas palabras (o su aproximación), será para, a su vez, nombrarlos. En el marco del modelo de los rasgos semánticos, los errores se interpretan como una aprehensión incompleta de los rasgos que definen la significación de la palabra. Otra interpretación consiste en invocar la pertinencia de la asociación entre la palabra y el referente: las situaciones percibidas por el niño son complejas; así, puede reaccionar ante aspectos de esas situaciones que la palabra empleada por el adulto no designa; pero para él esa palabra va a aplicarse al aspecto que él retendrá como referente, y que determinará la significación que él ha de prestar (momentáneamente) a dicha palabra.

Ya hemos visto que las sobreextensiones no se podían interpretar únicamente dentro del marco de los rasgos semánticos, sino que en ellas era preciso reconocer un amplio espacio a las asociaciones por contigüidad. El modelo de los rasgos semánticos no puede dar cuenta de éstas; sólo retiene las sobreextensiones "racionales", aquellas que coinciden con la composición de las significaciones para el adulto y pecan sólo por omisión. No admitir más que esas sobreextensiones es ponerse del lado de la organización de los conceptos definidos de una manera intemporal, sin considerar la construcción progresiva y sometida a tanteos que de ella efectúa el niño (y, en el otro extremo, la ciencia).

HUTTENLOCHER (1974) mencionó confusiones manifestadas por algunos niños cuando se les pide que nombren las partes del cuerpo. Cuando no existe aún un conocimiento completo de las palabras, estos niños designan una parte diferente de la nombrada por el adulto (por ejemplo, una parte mejor conocida, como la nariz, que, después de "cabello", era rápidamente aprendida por los sujetos observados). HUTTENLOCHER tiene razón al observar que aquí la confusión difícilmente se puede atribuir a la aprehensión, entre los referentes, de una similitud basada en la presencia de caracteres perceptivos o prácticos comunes (es poco probable que el niño no distinga las diferentes partes de su cuerpo, cuyas desemejanzas son muy evidentes). También es muy poco probable que el niño interprete los nombres pronunciados ante él como nombres que designan el concepto genérico "parte del cuerpo" (le harán falta algunos años para formar este concepto).

La teoría de los errores en el uso de las palabras, defendida por HUTTENLOCHER, lleva a poner en relación las palabras con los esquemas correspondientes a los objetos y las confusiones en esa relación cuando los vínculos no se encuentran firmemente establecidos (lo que caracteriza al período de adquisición). Es posible hallar una fuente de estas confusiones en las proximidades espaciales y temporales relativas a los objetos y a las acciones que a ellos se refieren. Así, las partes del cuerpo suelen ser nombradas en sucesión durante el aseo, mientras el niño se viste, o en juegos en los cuales es invitado a mostrarlos según se le van nombrando.

Lo mismo sucede en cuanto a los alimentos y a los objetos relativos a su preparación o consumo.

La asociación no lo explica todo; sin embargo, se comprende que el establecimiento de una reacción o de una denominación que cubre referentes diferenciados en la lengua adulta pueda deberse a las asociaciones contingentes establecidas, en ocasión de sus presentaciones, entre la palabra y los diversos aspectos de la situación ligados al referente.

Toda experiencia, con los objetos concretos y con las palabras, implica una parte de contingencia que las concepciones racionalistas descartan.

Las contingencias intervienen incluso cuando el examen de una evolución muestra en ella una regularidad. Esa regularidad puede ser obra de influencias que, manifestadas dentro de un marco dado, no lo serían en otro.

La evolución de la significación atribuida a la palabra *"big"* proporciona un ejemplo relativamente bien estudiado. Se ha visto que el modelo de los rasgos semánticos le concedía una prioridad de adquisición, en relación con términos juzgados más "complejos", lo cual concuerda con los hechos observados (cuando se compara esta palabra o la pareja de antónimos de la que forma parte con otros términos u otros antónimos dimensionales). Pero algunas investigaciones mostraron que la significación atribuida a esta palabra variaba con la edad.

Por ejemplo, Lumsde y Poteat (1968) observaron que niños de 5 y 6 años tenderían de una manera significativa a interpretar *"bigger"* como referido a la altura y no a la superficie ocupada, como lo hacen sujetos adultos de acuerdo con la significación admitida para la palabra. Pero Maratsos (1973) comprobó que los niños de 3 años reaccionaban como los adultos, y que la interpretación en favor de la altura (*"bigg"* interpretado como *"tall"*) se manifestaba a los 4 y 5 años.

El paralelismo con las observaciones de Brever y col. (1968), mencionado por Maratsos, acerca de la comprensión de "más" sugieren que aquí se trata de una regularidad. Los niños de 2-3 años, teniendo que comparar dos hileras de objetos, eligen las que contienen más items (como el adulto), mientras que los de 4-5 años, según las observaciones de Piaget, eligen la más larga.

Pero aunque haya regularidad su interpretación no es evidente, pues, como indica Maratsos, son posibles varias hipótesis. En efecto, puede tratarse de una evolución cognoscitiva que retiene conceptos y palabras relativos a la cantidad de los aspectos unidimensionales, o bien, que da privilegio a la altura por el hecho de que ésta se determina a partir de una base fija, lo que no sucede con la longitud, por ejemplo.

Sin embargo, no se puede olvidar que se trata de una reacción frente a la palabra. En una experiencia complementaria de MARATSOS, los niños se muestran perfectamente capaces de distinguir los estímulos con toda corrección, cuando en lugar de hablarles de grosor, se les pide que lo hagan en función del peso (supuesto, es decir, interpretado a partir del volumen ocupado). Podemos pensar entonces, con MARATSOS, que el uso de la palabra *"big"* por el adulto orienta al niño hacia la talla debido a que, por ejemplo, ésta sirve de punto de referencia para evaluar el crecimiento del niño, fenómeno importante desde el punto de vista social. En esta perspectiva harían falta informaciones complementarias para imaginar los factores que darían cuenta, en forma plausible, de la evolución ulterior hacia la significación considerada normal.

Las diferencias que manifiestan los individuos en sus adquisiciones contribuyen a evidenciar el papel de la contingencia. No estamos hablando de la riqueza del vocabulario o de su contenido, sino sólo de la significación atribuida a ciertas palabras o expresiones. La mayoría de las experiencias, o incluso de las observaciones, no ponen de manifiesto la diversidad de tales significaciones. En relación con las normas, la diversidad aparece como una desviación, un error, que es dejado de lado y cuyos orígenes no se buscan (salvo si aparecen sistemáticamente a una determinada edad, lo cual permite reencontrar aquí una generalidad, pero anula con ello mismo las diferencias individuales).

En todo lo que precede hemos admitido que la tendencia a preferir los estímulos que presentan la cantidad o intensidad más fuerte era general y marcaba el comportamiento de todos los sujetos, así como, correlativamente, su preferencia por las palabras correspondientes.

La experiencia de EILERS y col. (1974) presenta el interés de confirmar la relación entre la prioridad en la adquisición de ciertos términos y las preferencias extralingüísticas. Una de sus experiencias, dirigida a las palabras *"big/little", "long/short"* y *"wide/narrow,* incluía dos partes contrapesadas en su sucesión:

una, donde los niños manifestaban su comprensión eligiendo uno de los objetos designados por uno de los adjetivos, y otra, donde, simplemente, elegían uno de ellos según la demanda, neutra, del experimentador ("dame uno"). Las preferencias mostraron estar en concordancia con la prioridad revelada en la comprensión: los niños cometen menos errores cuando dan respuesta a la palabra que corresponde al estímulo que prefieren.

Pero lo que nos parece importante de esta experiencia es que una parte de los sujetos, la mayoría, como ya hemos mencionado, responde señalando una preferencia —y una mejor comprensión— respecto al polo negativo de la dimensión, mientras que los otros reaccionan en el sentido inverso. El reparto de los sujetos no indica una evolución que pudiera estar ligada a la edad. Esto conduce a los autores a pensar que en un momento dado el niño podría realizar una elección no justificada que después seguirá respetando. Este tipo de respuesta al azar es concebible, pero cabe imaginar que las condiciones en las que las palabras fueron empleadas por el entorno podrían orientar la elección del niño.

Una investigación de KUCZAJ (1975) aporta una información que podemos considerar característica. KUCZAJ estudió la adquisición de las palabras "siempre", "nunca", "a menudo", "raramente" y "a veces" (*"always"*, *"never"*, *"usually"*, *"seldom"*, *"sometimes"*). Surge de su estudio (efectuado con niños de 3;4 a 5;1 años) la gran diversidad de los *"patterns"* (modelos) de significación atribuidos a estos términos por los sujetos, y la dificultad de incorporar esta diversidad en un modelo coherente de desarrollo (aunque no esté ausente cierta regularidad). Esto lleva al autor a señalar la importancia del contexto, en el cual el niño ha oído las palabras, para determinar la significación que les atribuye. Hay un ejemplo que ilustra esta interpretación en forma elocuente. La observación en su medio familiar de un niño de 3;6 años que había respondido, en la experiencia, tratando a "siempre" como un término negativo (es decir, puesto en correspondencia con la no ejecución de una acción) permitió detectar las siguientes palabras que le dirigía su madre: "Siempre lo ensucias todo cuando juegas con lo que comes." Estas palabras eran pronunciadas con un tono calificado de imperativo, lo cual hace probable que el niño las interpretara como una prohibición: "No ensucies, etc." De donde podía resultar, si el niño había escuchado anteriormente la misma frase o frases análogas, la significación negativa atribuida a la palabra "siempre".

COHEN ha dado a conocer algunas observaciones, de las que se podrían sacar más ejemplos, sobre las interpretaciones imaginadas por los niños ante expresiones demasiado elaboradas del adulto:
"Un padre espiritualista y algo romántico había enseñado a su hijo la plegaria de LAMARTINE *(Harmonies poétiques,* VII), *"O pére qu'adore mon pére";* pero al hacerlo había añadido una unidad a la población del panteón, pues el niño entendía: *"O pére Cador, mon père";* el niño se percató de su error mucho más tarde, sin duda al leer, a su vez, a LAMARTINE. Veamos otro ejemplo de persistencia hasta la edad adulta: una muchacha se precipita con admiración sobre un bebé, exclamando: *"Est-il* canjelu *ce petit!"* ("Es [*canjelu*] el pequeño!") A esto sigue un interrogatorio: ella quería decir "regordete, robusto", y la palabra la había tomado de LA FONTAINE, *La laitiére et le pot au lait: "il était, quand* je l'eus, de *grosseur raisonnable"* (Era, cuando lo tuve, de considerable gordura) (1933, 392).

Estas observaciones revelan el papel que, a partir de determinado nivel de desarrollo, juega el contexto verbal. El niño infiere una significación para un parte del enunciado a partir del resto que él es capaz de interpretar.

Dentro del marco de la experiencia citada, KUCZAJ (1975) comunica interpretaciones que se apoyan igualmente en el contexto verbal. El carácter artificial de la experiencia las orienta hacia la fabulación, pero, sin embargo, descubren el mismo mecanismo. Así, ante la frase: "El león abraza raramente al rinoceronte" un niño interpreta "raramente" *(seldom)* como "abraza amistosamente". Otro, ante la frase: "El hombre lleva raramente su impermeable", reproduce así la frase, en una prueba de imitación: "Un hombre llevaba su impermeable al interior de una casa. Su nombre era raramente *(seldom).*

Una puntualización restrictiva: si bien la orientación hacia las circunstancias de la adquisición no crea problemas cuando se trata de palabras aisladas, no sucede lo mismo cuando se consideran palabras que forman un sistema (por ejemplo, las palabras que designan los diversos aspectos de las dimensiones espaciales). Aunque en las elecciones se observe una regularidad (determinado sujeto que reacciona mejor ante todas las palabras que designan una dimensión positiva más bien que negativa, marcadas más que no marcadas), la diversidad de los encuentros con tales palabras no puede suministrar una explicación satisfactoria. La existencia de estas coherencias, en el momento en que las elecciones no están estabilizadas, no se ha determinado, sin embargo, como hemos visto, en las investigaciones publicadas.

D. Las estrategias

Los filósofos racionalistas han evolucionado en su manera de representarse la razón o el entendimiento. Negativamente, siempre se trata de un principio que se diferencia y opone a los elementos procedentes de la experiencia. Pero la manera de concebir este principio ha cambiado: la concepción primitiva que lo definía en términos de objetos (no perceptibles) como las Ideas de Platón, fue sustituida por una concepción más abierta y dinámica que aparece representada en una forma sistemática en KANT: el entendimiento crea el conocimiento al proporcionar los marcos que permiten a éste constituirse. El sistema kantiano era todavía estático, en la medida en que definía una lista finita de "categorías" del pensamiento. Las filosofías poskantianas fueron más allá e invocaron una razón evolutiva que se constituye en su mismo sentido. El análisis de la evolución del pensamiento científico en BRUNSCHVICG, por ejemplo, y el del desarrollo del niño en PIAGET* representan prolongaciones de esa tendencia.

En el lenguaje psicológico, la referencia al aspecto dinámico de la constitución de los conocimientos se manifiesta en el empleo del vocablo "estrategia". Si este término se hubiera mantenido conforme con su etimología y con las prácticas que le dieron su nombre, debería aplicarse a la elaboración de proyectos —relativamente complejos— organizada conscientemente con vistas a alcanzar un objetivo (lo que hace el general o estratega que prepara un plan de batalla). Pero se amplió para aplicarse a situaciones infinitamente más restringidas, las que los psicólogos emplean en sus laboratorios o las que se viven en circunstancias relativamente simples de la vida corriente.

La teoría —racionalista— de CHOMSKY condujo a éste a tratar la adquisición del lenguaje como el resultado de una actividad

---

* Puede verse a este respecto la obra de PIAGET, J.: *La representación del mundo en el niño* (4.ª ed.). Madrid, Morata, 1978. *(N. del T.)*

intelectual asimilable a la resolución de un problema. Este autor dio una descripción de esa adquisición sobre el modelo de un proceso en el cual el sujeto forma hipótesis y las verifica al contacto de la observación. Así, el niño aprendería la "gramática" de su lengua, es decir, en la concepción de CHOMSKY, tanto la significación de las palabras como las reglas de la sintaxis. Esta teoría permite integrar la noción de estrategia (aunque, en apariencia, CHOMSKY no haya adoptado este término).

Los autores citados en las secciones precedentes empleaban la palabra "estrategia" para exponer su interpretación de los hechos observados. Así, E. CLARK (1973) invoca "estrategias no lingüísticas" para expresar el hecho de que el niño pequeño se guiaría por indicaciones o sugerencias de la percepción, con vistas a especificar la significación, incompletamente captada, de las palabras que se les proponen.

Las estrategias pueden ser presentadas con la forma de *reglas* explícitas que describen el comportamiento de los sujetos. Por ejemplo, en lo que atañe a las respuestas a las preposiciones "en", "sobre" y "bajo" E. CLARK (1973 *b)* propone describir los comportamientos de los sujetos más pequeños, que todavía no poseen ninguna comprensión diferenciada de las tres proposiciones, con ayuda de dos reglas:

Regla 1: Si el punto de referencia es un continente, colocar el objeto en el interior.

Regla 2: Si el punto de referencia puede servir como soporte, colocar el objeto encima.

Estas reglas dan cuenta de las reacciones de estos sujetos ante las diversas preposiciones interpretándolas a partir de su identificación (no lingüística) de los objetos. Sería muy fácil imaginar reglas que sustituyesen parcialmente a reglas de esta clase, para dejar lugar a las discriminaciones entre las preposiciones presentadas por el experimentador. Y es posible imaginar cuadros complejos, de tipo organigrama, ampliamente difundido en ciertos terrenos de la psicología cognitiva, que describieran los pasos dados por el sujeto o su opción por un determinado sistema de reglas.

Podemos ilustrar el hecho de recurrir a las estrategias y las reglas que las describen refiriéndonos a los trabajos de DONALDSON[*].

---

[*] Puede verse a este respecto DONALDSON, M. *(op. cit.),* capítulo VI, "Lo que se dice y lo que se quiere decir". *(N. del T.)*

que muestran la variación de las interpretaciones dadas por los niños a ciertas palabras, en función del contexto perceptivo y de los tipos de situaciones. Las palabras consideradas son "todos" (*all*) y "más" *(more)*. La situación utilizada por DONALDSON y LLOYD (1974) consiste en dispositivos que permiten establecer correspondencias entre ciertos elementos. Cuando se trata de garajes, dispuestos en fila como una serie de *"boxes"* y de coches, una proposición como: "Todos los autos están en los garajes" sólo es aceptada por los niños examinados si todos los garajes están ocupados; también se la acepta si, estando todos los garajes ocupados, quedan coches fuera. Por el contrario, en otros casos, hay enunciados que sólo se aceptan si existe una correspondencia término con término entre los referentes del enunciado (por ejemplo: "Todas las tapas están sobre las ollas", "Todas las muñecas están en las camas").

DONALDSON y MCGARRIGLE (1974) confirmaron el comportamiento observado con los garajes: más de un tercio de los niño (de 3 a 5;2 años) se niegan a considerar que todos los autos están en los garajes cuando queda un lugar vacío en éstos. Con "más", si bien admiten que hay más coches en una fila de seis que en una fila de cuatro, por el contrario, cuando cinco coches se encuentran en una serie de seis *"boxes"* donde el último permanece vacío, otro tercio se niega a aceptar que haya aquí más coches que en una serie de cuatro totalmente ocupados. Se juzga que el garaje más pequeño, que contiene el menor número de coches, contiene "más", ya que los niños toman en cuenta el carácter "estar lleno"; atribuyen el sentido de la palabra a esos aspectos. De manera opuesta, cuando la situación no incluye este último punto de referencia (se han retirado los garajes y los coches se encuentran alineados unos al lado de los otros), lo que se toma en consideración es la longitud de las filas.

Para dar cuenta de estos comportamientos, DONALDSON y MCGARRIGLE propusieron considerar que los niños siguen tres clases de reglas:

1. *Reglas léxicas,* que en un determinado momento del desarrollo se encuentran incompletamente especificadas. Así, "más" indica una diferencia entre los referentes, pero esa diferencia no está mucho más especificada, salvo que se refiera a la cantidad (y no, por ejemplo, al color); la regla no precisa

si se debe considerar la longitud o la densidad de una fila, el número de items o la densidad de un continente.
2. *Reglas sintácticas* igualmente poco precisas. Por ejemplo: "Todos los X están en Y" puede interpretarse como equivalente a "Todos los Y tienen X en ellos", es decir, que el referente al que se aplica la calificación no está especificado.
3. *Reglas locales.* Se trata de aquellas que determinan las características del referente y se las elige como criterio para precisar lo que las reglas lingüísticas dejan indeterminado. Son reglas jerarquizadas. Por ejemplo —la experiencia citada lo demuestra—, la densidad domina sobre la longitud de una fila, así como en las experiencias de tipo piagetiano, en que los niños deben juzgar filas cuyos elementos están más o menos espaciados, la longitud domina sobre la densidad.

Sin entrar en una discusión general sobre este punto, conviene al menos señalar que hablar de "estrategias", cuando se trata del niño pequeño al comienzo de su adquisición de la lengua, es hacer un uso ampliamente metafórico de la palabra. La posición de CHOMSKY, quien asimila el aprendizaje de la lengua por el niño a la actividad del lingüista que desarrolla una teoría de esa lengua, sólo tiene sentido en la medida en que el autor se adhiere a una concepción de la explicación, que descansa en la elaboración de modelos abstractos de la realidad (cf. OLERON, 1976). Estos modelos no tienen que dar cuenta de lo que efectivamente sucede en un sujeto concreto (salvo introducción de hipótesis complementarias que conducen automáticamente a salir de la abstracción o a cambiar de sistema de referencia).

El empleo de la palabra "estrategia" con un sentido estricto se aplica al lingüista que se dedica a descubrir la clave de una lengua desconocida, como hizo CHAMPOLLION en su célebre interpretación de los jeroglíficos. De igual modo, se aplica al descifrador de mensajes secretos cuyo código indaga. O incluso al adulto que reconstruye un texto del que se ha suprimido una parte (filólogo, policía o sujeto de una experiencia o de un test psicológico). En el caso del niño que ha desarrollado un conocimiento ya amplio de la lengua y que utiliza dicho conocimiento para interpretar elementos desconocidos o inciertos, está en juego una actividad intelectual real y aquí el comportamiento es del tipo "resolución de problema". No obstante, la mayoría de las interpretaciones extraídas del contexto (cf. *supra*) no proceden de una reflexión sistemática. Puede decirse que hay una hipótesis, pero ésta no es tratada como tal con efectos suspensivo hasta su verificación, sino que es aceptada como solución. Aunque se admita que Piaget situó muy tarde, fijándola al comienzo de la adolescencia, la aparición del razonamiento hipotético-deductivo, es real, sin embargo, que este razonamiento no se le puede atribuir al niño muy precozmente, y, por supuesto, no en sus primeros contactos con el lenguaje. En el niño no hay ni conciencia de un fin por alcanzar, ni hipótesis (lingüísticas o no lingüísticas) explícitamente formuladas, ni iniciativa en la elaboración y puesta a prueba de interpretaciones (acerca del lenguaje o de otros campos).

La fuerza del concepto de estrategia consiste en retener lo esencial de la concepción intelectualista, descartando la rigidez y los problemas que genera la aceptación de estructuras acabadas (como la de los rasgos semánticos). Permite indicar que el sujeto es activo en sus relaciones con su entorno, y no pasivo, dócil tributario de una experiencia a la que se vería sometido, según la imagen que propone el empirismo filosófico.

Pero, admitido esto de una manera general, y evitando los errores y excesos antes observados, el contenido positivo del concepto descansa en regularidades del comportamiento. El sujeto manifiesta su actividad imponiendo regularidades a la diversidad y a la novedad de los hechos; a partir de regularidades observadas puede el psicólogo inducir la existencia de las estrategias. En última instancia, la palabra, interpretada de una manera puramente positiva, no hace más que expresar la existencia de las regularidades. Este es el uso que hacen de ella, sin duda, muchos autores que no aceptan sus implicaciones intelectualistas (por no haber reflexionado sobre ellas a menudo) y la utilizan de una manera mecánica.

Las regularidades, ya no atribuidas a esquemas preconcebidos de los que el sujeto dispondría desde su nacimiento, no son independientes de las experiencias y contactos mantenidos con los objetos (y las personas). Estas experiencias y estos contactos son superados en la medida en que se convierten en modelos que sirven para considerar las experiencias ulteriores, con las cuales tienen una relación de similitud o de contigüidad. Pero no habría modelo sin esa experiencia. La manera de tratar los objetos, de aprovechar sus características, refleja *hábitos* adquiridos con motivo de su percepción y manipulación.

En la adquisición del lenguaje, el niño es tributario de los primeros contactos que su círculo le permite con las palabras y las expresiones asociadas a determinado contexto. Se sirve de las indicaciones que ellas conllevan para interpretar sus experiencias ulteriores. Dicha interpretación es a veces correcta; otras es pobre y se corregirá bajo el efecto de las experiencias ulteriores. Puede ser válida en cierto margen de aplicación cuyos límites aparecen más o menos tardíamente. Los hechos varias veces citados aquí son compatibles con esta interpretación. Es, sin duda, la más razonable y la más comprensiva, pues evita los excesos de tesis que, cuando se las lleva a un extremo, son necesariamente irrealistas.

4. LA PERTINENCIA DE LOS MODELOS "RIGIDOS"

La aspiración racionalista se caracteriza por utilizar conceptos cuya naturaleza está definida con la mayor precisión, y sistemas en los cuales las relaciones entre los conceptos también están así definidas. Se trata de una exigencia típica y fecunda, puesto que desemboca en la constitución de los conocimientos científicos. Todo esfuerzo en el establecimiento de un sistema de esta clase sigue una dirección que justifica la validez de esos conocimientos. Cuando se trata del hombre, no hay mucho más, y sólo deberían admitirse como pertenecientes a las ciencias humanas trabajos que satisficieran estas exigencias (lo que no sucede, al menos si nos remitimos a las secciones de los periódicos que llevan ese título...).

Admitido esto, no es menos cierto que en materia de lenguaje, al menos en lo que atañe a la semántica, y para una parte importante de las conductas psicológicas, el rigor, siempre deseable como ideal, amenaza con inducir una visión inexacta de la realidad. La expresión verbal, la comprensión de las palabras y del discurso, las conductas respecto de los objetos y las personas, son en amplísima medida aproximadas. El conocimiento ejercitado a través de ellas es un "conocimiento aproximado", como reza la expresión de BACHELARD. Si por naturaleza las cosas suponen aproximación, imprecisión, vaguedad, retener solamente lo que puede entrar en marcos rigurosamente definidos equivale a dar de ellas una representación inexacta.

El tema es demasiado general como para tratarlo aquí de una manera apropiada. En materia de significación, nos contentaremos con destacar que el modelo intelectualista, ilustrado por la teoría de los rasgos semánticos, implica que los elementos de significación, componentes o rasgos semánticos, están estrictamente definidos y se presentan con una existencia asimilable a la del átomo de los físicos, o aun mejor definida, ya que en cierto grado es planteada más o menos *a priori*.

Ahora bien, es dudoso que la propia noción de unidad o de átomo de significación sea un sentido. Generalmente se admite —y esto es válido incluso para la física— que lo fundamental son las relaciones dentro del sistema: los elementos se definen ampliamente por las relaciones en las que entran. De hecho, las definiciones implican un sistema, ya sea de tipo organizado jerárquicamente (definición aristotélica), ya sea de tipo generativo (en matemáticas).

La teoría de los rasgos semánticos lleva a propiedades aditivas. La significación de una palabra nacería de la adición de rasgos hasta su composición final. Esta presentación es interesante desde el punto de vista del desarrollo, y ya hemos visto el uso que de ella hicieron los CLARK y sus alumnos. Pero el esquema aditivo, si bien permite clarificar el enfoque de los problemas, no puede ser transpuesto al plano de la realidad. Sin que esto implique acudir a los argumentos gestaltistas contra las concepciones atomizantes de las psicologías del siglo XIX, la referencia a sistemas u organizaciones es mucho más apropiada. La adición de un rasgo constituye una reorganización de los sistemas lingüísticos, cognoscitivos y activos anteriormente establecidos.

En una breve crítica de los rasgos semánticos, LENNEBERG (1975) insiste en la fluidez de las relaciones entre las palabras y los referentes y en la necesidad del contexto para dar precisión a las significaciones. Este autor subraya el carácter continuo más que discontinuo de las variaciones. Esto se revela en sistemas de referencias tan simples como aquel que hace corresponder los colores a las palabras que los designan, relación que no queda fijada de manera definitiva. Tal continuidad, para él, es la base de los empleos metafóricos y figurados del lenguaje, a los que considera, con razón, fundamentales.

Incluso los términos que expresan cantidades sólo cobran significación por referencia a un contexto y en función de un acuerdo al menos implícito entre los interlocutores, como manifiestan HERSH y CARAMAZZA (1976). ¿A qué corresponden, con exactitud, una casa *realmente grande,* una niña *más bien pequeña,* un hombre *no muy viejo,* esos *pocos caramelos* que la madre permite a su hijo tomar de una bolsa? Los antiguos griegos ya mencionaron el problema en las célebres paradojas del montón y del calvo (si se la arrancan a un hombre los cabellos uno por uno, ¿a partir de qué momento se le podrá llamar calvo?).

Los autores defienden en este artículo, de acuerdo con las concepciones desarrolladas por ciertos lingüistas como LABOV y LAKOFF, la tesis según la cual las significaciones son, por naturaleza, *vagas,* y que la teoría de la significación debe tener en cuenta este carácter. Si nuevamente vinculamos las palabras a los referentes, lo característico es que —reaparece la continuidad mencionada por LENNEBERG— los límites de empleo de un término están relativamente indeterminados. Para ciertos referentes, el término se aplica de una manera indiscutible, pero a medida que se aleja uno de ellos la pertinencia de la aplicación se hace más insegura.

ROSCH (por ejemplo, 1976) defendió una teoría del "prototipo", según la cual las categorías en las cuales se reparten los objetos se caracterizan por la referencia a un prototipo, es decir, a un representante típico de la categoría. Los objetos que se apartan de él ya no son tan netos representantes de éstas, y reencontramos la fluidez de límites antes mencionada. Desde el punto de vista semántico, la significación de las palabras debería relacionarse con el ejemplar prototipo de la categoría, el núcleo de ésta, con una referencia menos firme y menos clara a los elementos marginales.

La teoría del prototipo es aplicable, como señala ROSCH, al caso de los colores; por ejemplo: ciertos tonos del rojo son más típicos del color rojo y de la significación de la palabra "rojo" que los tonos que se acercan, por ejemplo, al anaranjado o al púrpura. Pero fuera de estos casos la noción de prototipo es menos clara, y cabe preguntarse si lo es todavía cuando se considera la significación de palabras abstractas. ¿Qué prototipo corresponde a "libertad", "justicia" o "arbitrariedad"? Incluso cuando se trata de conceptos que representan clases generales de objetos no concretos, la delimitación de un prototipo es muy dificultosa. En una investigación (OLÉRON y col., 1966) en la que debíamos hallar representantes figurados de la palabra "vehículo", nos resultó muy complicado saber qué modo de transporte incluir en nuestro material experimental: ¿un teleférico es un vehículo? ¿Y un paracaídas, una carretilla, un par de esquíes? Si esta complicación confirma la indeterminación de fronteras en el caso de una palabra como ésa —y de muchas otras— también se extiende a la delimitación de un prototipo del vehículo del que no conseguimos hacernos una idea. Cabe dudar de la idea de un vehículo que debería ser considerado en sí, con independencia de los contextos que definen usos particulares (desplazamiento por el agua, el aire, etc.).

La lógica y las matemáticas no se adaptan bien a la indeterminación y vaguedad de las palabras (sobre todo cuando se trata de términos de cantidad). Por esa razón se desarrolló una extensión de la teoría de conjuntos que incluye los "conjuntos imprecisos" *(fuzzy sets)*. Estos se caracterizan por el hecho de que la pertenencia de un objeto particular al conjunto no se define por todo o nada. Un procedimiento de cuantificación puede evaluar su grado de pertenencia al conjunto, lo que permite reintroducir el cálculo y los tratamientos cuantitativos.

La referencia a los conjuntos imprecisos presenta el interés de consolidar las nociones desarrolladas respecto de la imprecisión en las significaciones lingüísticas (y en la organización de los conceptos). Al modularlo, permitiría también reencontrar el modelo de los rasgos semánticos. Se podría considerar la posibilidad de agregar a los rasgos semánticos propiamente dichos indicios atribuidos a tales rasgos, o a algunos de ellos, que indicaran, por ejemplo, en qué medida son necesarios para definir el concepto, o qué peso tienen en la constitución de la significación. Algunos serían necesarios y otros no.

Esta construcción es relativamente especulativa, aunque se pueda estimar que se constituye a través de la misma práctica del lenguaje y que forma parte de los saberes implícitos que ella pone en práctica. Sin embargo, cabe preguntarse si no cede a la nostalgia del rigor y si no hará falta resignarse a aceptar, como afirman HERSCH y CARAMAZZA (1976), que la propia estructura semántica de una palabra es vaga y está mal definida.

En cuanto a este problema de la indeterminación de fronteras entre las categorías, y de las cuestiones semánticas consiguientes, ANDERSEN (1975) efectuó una investigación en la cual se presentan a niños de tres a doce años diferentes muestras de tazas y vasos. Los niños deben nombrar los objetos, clasificarlos, designar el representante típico de cada categoría y definir las palabras correspondientes.

Entre los resultados obtenidos, se puede mencionar la sobreextensión inicial de la palabra, comprobada en las observaciones espontáneas (cf. el capítulo precedente), que se presenta sobre todo respecto al vocablo "taza", que posee un empleo más amplio entre los sujetos más jóvenes y una disminución de la sobreextensión a medida que el vocabulario se enriquece, lo que también sigue la dirección de las observaciones y el comentario hecho a su respecto. El autor señala igualmente una evolución en la manera de considerar los rasgos que determinan las categorías (y la denominación): los aspectos perceptivos están más representados al comienzo y ceden a aspectos funcionales (el uso que se hace de los recipientes, su relación con tal o cual tipo de bebida, por ejemplo distinción entre vaso de vino o de aperitivo, etc.), lo que está vinculado a determinaciones culturales.

También se observó que, con el progreso de la edad, los sujetos tienden a dar descripciones que se presentan con una forma más compleja, recurriendo a enunciados más detallados, y donde el nombre del objeto va acompañado de un mayor número de términos que lo califica. Esto puede ser apuntado porque dicha tendencia representa un enriquecimiento en la precisión de la exposición que se sitúa a nivel de las combinaciones entre palabras, y no sólo de la elección de las más pertinentes. Se trata de un procedimiento típicamente adulto, porque la expresión de las significaciones pasa casi siempre por combinaciones semejantes, que sustituyen la ausencia de vocablos pertinentes.

Sin terminar con el conjunto de los problemas suscitados en este capítulo, es preciso señalar que las investigaciones inspiradas por el modelo de los rasgos semánticos, y este mismo modelo, padecen una limitación: sólo se consideran las palabras aisladas o, a lo sumo, las que forman sistemas o subsistemas dentro de un campo limitado (términos de cantidad, antónimos dimensionales, etc.) y a las que, además, se considera en las relaciones directas que suponen con las propiedades de objetos concretos. Es ésta una etapa necesaria para un estudio genético, pero no se pueden generalizar los datos y las interpretaciones recogidas o desarrolladas sólo en este contexto.

Hay que volver a recordar que el lenguaje, como la organización conceptual, es un sistema donde los elementos se encuentran en interrelación de una manera sumamente compleja y matizada. Por ejemplo, las palabras abstractas se pueden representar sólo en función de un sistema de esa índole. Esas palabras nunca son más que puntos de articulación para un conjunto de relaciones, de las cuales el discurso activa, según los casos, unas u otras.

El empleo de la noción de sistema no debe reevocar por ello una organización rígida y rigurosamente definida, como la de las Ideas platónicas o la representación idealizada de las matemáticas y la lógica. En esta organización, hasta la vaguedad y la indeterminación son caracteres esenciales, variables según los dominios, pero tanto más nítidos cuanto que tocan a los sectores importantes de las relaciones y experiencias humanas e interpersonales, marcadas por la ambivalencia y la coexistencia de contradicciones. Las relaciones en juego no son definibles íntegramente en sí. Es el juego del discurso el que contribuye a modelar las significaciones a través de sus aproximaciones, evocaciones y referencias a los múltiples aspectos del contexto.

Ya en un nivel elemental, cuando se trata de describir matices que atañen a las propiedades de los objetos percibidos, la denominación recurre a expresiones complejas, como se apuntó respecto a la investigación de ANDERSEN y como igualmente habían demostrado, en cuanto a la denominación de los colores, trabajos como los de BROWN y LENNEBERG (1954). (Estos autores definieron, a partir de las respuestas de sujetos adultos, un índice de codificabilidad extraído de la longitud de los enunciados que sirven para nombrar los colores). Recuerdos más sutiles, de los que se excluyen elementos lógicos, intervienen en el nivel de los referentes menos directamente aprehensibles, en el nivel de enunciados sistemáticamente organizados y constituidos en argumentación o análisis conceptual. El niño desarrolla sus capacidades en este campo, pero dichas capacidades no han sido abordadas en cuanto a este punto de manera sistemática, aunque una parte de la enseñanza escolar contribuya a ejercitarlas.

CAPITULO IV

SINTAXIS, SEMANTICA Y COGNICION

Entendemos por sintaxis aquello que, dejando a un lado los aspectos fonéticos, puede ser considerado como la *forma* de los enunciados —en oposición al contenido— que depende de la significación. La sintaxis se caracteriza por algo que podemos presentar como la conformidad de los enunciados, sus elementos y combinaciones, con un determinado número de reglas expresadas por las gramáticas y los tratados de lingüística. Algunas de estas reglas se refieren a la composición de las palabras, su morfología, el empleo de las flexiones que intervienen en la conjugación o la expresión del género y el número; otras atañen a la organización de la frase, su forma correcta —que condiciona la transmisión de la información—, el orden de las palabras, el uso apropiado de las partes de la oración (sustantivo, verbo, adjetivo, etc.), de la cual su propio conocimiento puede ser ampliado, la atribución de las funciones gramaticales apropiadas (sujeto, predicado, complemento, etc.) —aunque la idea de función gramatical sea ya una abstracción y una racionalización del lingüista—, el uso de las palabras consideradas más específicamente gramaticales (como los artículos o las preposiciones) e incluso el conocimiento de estos términos. Algunas reglas incumben a estructuras más complejas, como las oraciones compuestas y los términos gramaticales que determinan las relaciones entre las proposiciones.

Aunque esta enumeración nada tenga de exhaustiva ni de verdaderamente sistemática, nos indica que el desarrollo sintáctico ofrece un vasto campo de estudio a los lingüistas y psicólogos. De hecho, son muchos los trabajos dedicados a este tema.

No es nuestro propósito incluir aquí una visión global o una síntesis del problema. En OLÉRON (1976) ya intentamos presentar sus aspectos principales, y sería inútil volver sobre ellos. Por otra parte, el lector interesado en un análisis detallado de este desarrollo podrá acudir provechosamente a FRANCOIS y col. (1977). Lo que nos hemos propuesto considerar se refiere a determinadas relaciones entre las formas del desarrollo sintáctico, semántico y cognoscitivo. Tales relaciones poseen importancia debido a los problemas que suscitan y a la manera en que éstos —y los intentos de solución— contribuyen a representar las adquisiciones, superando al mismo tiempo el examen de las formas simplificadas (no sintácticas) y la descripción de los intentos dirigidos a obtener formas sintácticamente estructuradas.

1. EL LUGAR DE LA SINTAXIS EN LAS PRODUCCIONES VERBALES

A. Sintaxis y semántica

La separación entre la significación, o vertiente semántica del lenguaje, y el aspecto sintáctico deriva de un afán analítico que, como ya hemos visto, constituye la base de todo proceso científico. Pero tal separación no es más que una abstracción: en el uso de la lengua ambos aspectos están estrechamente ligados, e incluso casi siempre son indisolubles (por lo que sería más lógico hablar sistemáticamente de "aspectos" antes que de componentes semántico y sintáctico, como suele hacerse).

En efecto, los elementos sintácticos de la lengua aportan informaciones útiles o indispensables para la comprensión de los enunciados (como en el caso de las preposiciones, tiempos y personas del verbo, variaciones de género y número en sustantivos y adjetivos, etc.). Si se suprimen las indicaciones correspondientes, el texto se vuelve ininteligible, ambiguo o sólo descifrable tras un desacostumbrado y costoso esfuerzo interpretativo.

Los términos gramaticales, como las preposiciones y conjunciones, conllevan una información semántica (relativa, por ejemplo, a la posición respectiva de objetos o sucesos: cuando decimos que un objeto está sobre otro, indicamos una relación entre ellos, y esto pertenece al ámbito significativo del enunciado). De igual forma, los tiempos verbales determinan el momento de un hecho, situándolo en el pasado o en el futuro, lo que se refiere al contenido del enunciado y, por tanto, a su significación. Una distinción sintáctica sutil, como la que opone el artículo determinado al indeterminado, señala una diferencia en el modo de referirse al objeto designado (el primero remite, por ejemplo, a un objeto único presente o a un objeto mencionado con anterioridad).

Por otra parte, existe una cierta permutabilidad entre lo sintáctico y lo semántico para la expresión del sentido. Así, podemos verlo en la negación: es posible expresar nociones equivalentes mediante un término gramatical (no) o bien a través de antónimos. Lo contrario de "X es feliz", "X es honesto" puede ser "X no es feliz", "X no es honesto", o bien "X es infeliz", "X es deshonesto". Lo mismo sucede en el caso de los comparativos, expresables por medios gramaticales *(más, menos)* y también empleando los términos "bueno-mejor", "malo-peor". Y en lo que se refiere a los superlativos, junto al uso de "muy", "mucho", figura una amplia gama de adjetivos ("grande-máximo", "pequeño-mínimo", "delgado-filiforme", etc.).

La separación entre lo semántico y lo sintáctico se basa en el hecho de que las informaciones proporcionadas por la sintaxis se refieren a categorías generales, comunes a datos muy distintos como el espacio, el tiempo, la intensidad, la cantidad, a relaciones que conciernen a estos rasgos o a otras de tipo lógico, causal o psicológico.

Esa separación también deriva del hecho de que, correlativamente, la transmisión de la información se efectúa con ayuda de medios que, siendo aplicables a muy distintos contenidos, dependen de un número limitado de procedimientos y en su mayor parte se refieren a la forma de los enunciados (variaciones indicativas de número, género, tiempo, orden de los términos, etc.).

Esta escasa cantidad de procedimientos y su independencia en relación con los contenidos es lo que ha llevado a elaborar su codificación y formulación teórica mucho antes que las correspondientes operaciones en la semántica, permitiendo definir su lugar dentro de la lingüística (el contenido depende de un conocimiento de los objetos del que se ocupan, por ejemplo, las ciencias y prácticas correspondientes). Pero es evidente que esta situación no puede implicar ningún tipo de prioridad ni, *a fortiori,* ninguna especie de anexión (como sugiere el uso de la palabra "gramática" para definir el estudio de la lengua en su totalidad, según presupone la teoría de CHOMSKY).

De todos modos, y desde el punto de vista de la realidad psicológica, lo prioritario es la comunicación, que incluye dos aspectos: un contacto entre dos o más personas y una transferencia de información. El primer factor es relativamente indiferente al contenido: lo importante es el establecimiento de una relación entre las personas; en muchos casos, la existencia de tal relación es esencial, mientras que el contenido de lo que se dice no posee mayor importancia. Así sucede en muchos intercambios producidos entre niños y adultos y entre adultos. Sin embargo, incluso en este marco, la comunicación posee un contenido y una significación (las palabras sin significado perturban la relación interpersonal). Y con mayor motivo si tomamos en cuenta la información transmitida, que sólo es posible a través de palabras que posean un sentido. La sintaxis está en una situación comparable: puede considerársela como un conjunto de procedimientos que facilitan la comunicación, disminuyendo la posibilidad de errores. De ella puede decirse lo que APOSTEL (1957) afirmaba con respecto a la lógica: es un sistema de precorrección de errores. Esto justifica su importancia, pero también muestra su subordinación a una finalidad prioritaria.

Si queremos —y eso sería lo deseable— superar esta clase de generalidades, es preciso considerar los tipos de objetos a los que se refieren la sintaxis y la semántica. Como afirman FRANCOIS y colaboradores (1977) con respecto a la sintaxis, los análisis suponen la existencia de unidades y de ciertas relaciones entre ellas.

En lo relativo a la sintaxis, las unidades están representadas por términos pertenecientes a las categorías tradicionales: sustantivos, verbo, adjetivo, etc., y sujeto, predicado, objeto, etcétera (hay otras categorías denominadas con arreglo a taxonomías más modernas o sofisticadas, pero en el fondo no son esencialmente distintas). En cuanto a las reglas, las principales son reglas de combinación (de unidades parciales en una unidad mayor como la oración) y las reglas de concordancia. Así, una oración supone la asociación de un sujeto y un predicado y la concordancia entre los términos que desempeñan dichas funciones: por ejemplo, en género y número entre sustantivo y artículo, sustantivo y adjetivo, etc.

En materia de significado, la situación es menos clara,

debido a la dificultad para definir las categorías pertinentes de unidades. Algunas categorías derivan de una taxonomía: las que clasifican los objetos del discurso en seres animados/inanimados, humanos/no humanos, etc., taxonomía que define las compatibilidades e incompatibilidades necesarias para la construcción de expresiones aceptables en cuanto a la significación. Otras introducen específicamente relaciones, como, por ejemplo, cuando aluden a agentes, acciones, objetos de la acción, cualidades (puesto que no hay agente sin acción ni cualidad sin objeto que la soporte). En cuanto a las relaciones, tenemos muestras de ellas en materia de espacio, tiempo, pertenencia, destino, etc.

Desde una perspectiva más sencilla, las relaciones entre sintaxis y semántica corresponden a los vínculos entre los dos tipos de categorías y relaciones. Queda clara la correspondencia entre agente y acción, por un lado, y entre sujeto y predicado, por el otro; al menos cuando consideramos seres y acciones concretos, a la que es posible limitarse cuando tenemos en cuenta las expresiones infantiles. En "Pedro corre", no es difícil comprobar que "Pedro" representa un sujeto y designe un agente, y "corre" un predicado y una acción. Pero si oímos al niño emitir este enunciado, ¿afirmaremos que está asociando un sujeto con un predicado, es decir, que está ejercitando capacidades sintácticas, o sólo que para él la cuestión es relacionar un actor con una acción?

No hay duda de que la respuesta es tanto más difícil cuanto más simples y concretos son los enunciados y cuanto más se ajustan las formas sintácticas a los contornos de los objetos, sucesos, acciones o cualidades. De ahí la complicación que representan las primeras frases del niño. Estas frases son, por una parte, asintácticas, pero la polémica que suscita su examen apunta al hecho de saber si lo son por completo o si, ya que la sintaxis no es un todo, sino un conjunto de reglas más o menos complejas y elaboradas, algunos elementos no estarán ya precozmente presentes.

B. Las relaciones con la cognición

Las relaciones entre sintaxis y semántica quedan determinadas en el interior de la lengua y tanto una como la otra dependen de la lingüística. Las vinculaciones entre sintaxis y semántica, por un lado, y actividades o realidades cognoscitivas, por otro, son más complejas desde el momento en que ponen en relación con el lenguaje o la lengua elementos que no son constituyentes intrínsecos suyos; porque las actividades cognoscitivas se ejercen tanto sobre objetos no lingüísticos como sobre entidades lingüísticas, y las relaciones entre lenguaje y pensamiento han sido objeto de numerosas discusiones para indicar su complejidad y la dificultad de concebirlas con claridad. Sin embargo, a propósito de las significaciones se ha constatado que no son concebibles fuera de una referencia a propiedades y relaciones de las que el sujeto toma conciencia y que el lenguaje permite expresar.

Menos directas son las relaciones entre la actividad cognoscitiva y la sintaxis. Los vínculos entre gramática y lógica han sido objeto de un buen número de disertaciones, a partir de las cuales sería difícil extraer indicaciones precisas. El punto esencial es que el lenguaje no es tan arbitrario como podría sugerirlo una generalización de las relaciones convencionales entre la estructura fonética de una palabra y el referente por ella designado. Una palabra, en efecto, no tiene similitud con aquello a lo que se refiere (excepción hecha de escasas onomatopeyas). Pero, al contrario, las propiedades y las relaciones generales que manifiestan los objetos del mundo físico, social y psicológico no dejan de estar en relación con los cuadros generales de la lengua que dependen de la sintaxis. No obstante, tales relaciones no existen en el nivel de los vínculos o propiedades que se manifiestan concretamente. La relación sujeto-verbo va más allá de la relación agente-acción, puesto que concierne a palabras abstractas de las que se excluye toda referencia directa a un agente y a una acción física (salvo, eventualmente, mediante una metáfora). Por el contrario, el uso de la noción de predicado, tanto en lógica clásica como en gramática, muestra la proximidad al menos de algunos de los cuadros elaborados en cada una de las disciplinas.

Es difícil salvar los escollos de un análisis dialéctico, en tanto que se tienda a una discusión sobre los objetos (aunque sean objetos del pensamiento). Es difícil, si no imposible, encontrar a través de él, o incluso prolongándolo el tema que interesa a la psicología. Al contrario, lo encontraremos siempre que se tome en cuenta la actividad. Sin inconveniente alguno, podemos abordar la sintaxis como una realidad desde el momento en que la consideremos no a partir del punto de vista del filósofo que especula sobre ella, sino desde la perspectiva de quien debe ponerla en práctica. Aparece aquí la noción de estrategia, cuya fecundidad muestran algunos estudios, cuando menos para una descripción de la conducta y su desarrollo.

La preocupación por crear una lingüística tratada como una disciplina autónoma había conducido legítimamente a los especialistas a descartar las referencias a detalles de actividades psicológicas del sujeto hablante, debido a su interés por los hechos lingüísticos considerados en sí mismos. Particularmente, en materia de sintaxis las tentativas de tratar de una manera formal las reglas de organización de la frase llevan —aún más que en el caso de la semántica— a hacer abstracción del tema. De igual modo, en matemáticas se abstraen sus observaciones para no retener más que las estructuras formalizadas del número y de la cantidad.

El éxito de los análisis desarrollados en el sentido de la gramática generativa ha potenciado esta tendencia, incluso tratándose del estudio del niño, cuyo lenguaje ha sido considerado con vistas a establecer gramáticas de ese tipo susceptibles de aplicación en él. El reflujo de esta tendencia es, en parte, lo que ha conducido a varios autores a insistir sobre la necesidad de tomar en cuenta el significado de los enunciados y las observaciones y capacidades cognoscitivas del niño para comprender la forma en que organiza sus frases, particularmente durante los comienzos de la adquisición.

Es preciso subrayar que, cuando nos situamos en la perspectiva del desarrollo, ciertas posiciones adquieren un claro sentido, mayor que cuando discutimos en un plano general y de una forma abstracta. Si justificamos las separaciones introducidas por las necesidades del análisis, tales separaciones, más en el caso del niño que en el del adulto, representan una abstracción. Las adquisiciones verbales del niño se realizan al mismo tiempo que éste se desarrolla de un modo general y también por abstracción se separa el desarrollo lingüístico de las otras formas de su evolución. Indudablemente, algunas de éstas se alejan bastante de las actividades verbales y es normal no tomarlas en cuenta. Sin embargo, no debemos olvidar que el dominio de la motricidad es una condición de la que depende la articulación de las palabras y, consecuentemente, la comunicación con el medio circundante y el acceso mismo a la lengua. Incluso una actividad como el andar, tan alejada materialmente de la palabra, ha sido considerada, en el momento de su adquisición y en función de ciertas observaciones, una interferencia con la actividad verbal, puesto que el niño se desinteresa de esta última en provecho de un nuevo modo de acción sobre su entorno (por otra parte, el andar ha sido igualmente considerado un momento importante para el desarrollo cognoscitivo, debido a las experiencias con las que permite enriquecerse al niño).

El desarrollo cognoscitivo parece ser *a priori* el más estrechamente unido al desarrollo verbal. Cuando se trata de contenidos, es difícil ver cómo el niño podría aprehender y, *a fortiori*, expresar los datos o las relaciones que no comprende, ya sea esa comprensión embrionaria y práctica o vivida. Cuando se trata de las mismas actividades verbales, éstas dependen de capacidades de aprehensión, organización y combinaciones que pueden ser consideradas de orden cognoscitivo, incluso si presentan una especialización con respecto al lenguaje y no tienen necesariamente su correspondencia en un plano no verbal.

El hecho de considerar la sintaxis aislada de la significación y de las capacidades y las actividades cognoscitivas del sujeto, plantea una serie de problemas, menos patentes en el caso del adulto. La lengua adulta es una entidad. Es una lengua (ya sea el francés, el japonés, etc.) cuyo estudio puede realizarse sin hacer referencia a quienes la utilizan, excepto en cuanto base general y no específica. No sucede lo mismo en el caso del niño, que no aparece como tal base, sino que lo hace formando parte integrante del estudio, ya que las expresiones que emplea, que en él aparecen y que son el objeto de análisis, no son las de la lengua considerada de una manera abstracta, sino las de su lenguaje (del lenguaje del niño de dos años, tres años, o, para ser más exactos y tomar en cuenta las importantes variaciones individuales, de X... a los dieciocho meses, de Y... a los veintitrés meses, etc.).

C. Acerca de las formas de considerar la sintaxis en el lenguaje infantil

Si queremos presentar de un modo esquemático la manera en que se ha abordado el lenguaje infantil, podremos distinguir tres etapas sucesivas.

En la primera, no existen en la mente de los autores otras sintaxis que las de la lengua adulta. Cuando inciden sobre el niño, se trata de captar cómo accede a aquel tipo de lengua y mediante qué progresión y a través de qué tanteos. En la mayor parte de las ocasiones, estos estudios son también descriptivos y, si alguna importancia tienen, gracias a los datos recogidos, no aluden a una sistematización, ni plantean de forma explícita el problema al que acabamos de referirnos. Con más exactitud, lo consideran implícitamente resuelto, en el sentido de una relación del desarrollo lingüístico del niño con su desarrollo psicológico, incluso sin referirse a elementos o aspectos precisos de éste, lo que se explica por la limitación de los conocimientos en esta época.

Sin pretender presentarlo como la única tentativa de sistematización, podemos situar en un lugar especial el estudio de GUILLAUME (1927*b*), aunque se refiera a indicaciones relativamente breves y a pesar de que sus interpretaciones reposan sobre bases impresionistas. Aparte de proponerse una visión de conjunto, susceptible de ser extendida más allá de las indicaciones propuestas por GUILLAUME, el estudio tiene el mérito de conferir un sentido psicológico a la noción de forma invocada al principio de este capítulo para introducir la sintaxis.

GUILLAUME propuso distinguir en las primeras producciones estructuradas (o en vía de estructuración) lo que él denomina *"tema material"* y *"tema formal"*. "El primero se compone de sugestiones verbales inmediatas que traducen el contenido actual del pensamiento; el segundo responde a un modelo familiar que es imitados" (211). GUILLAUME apoya este análisis en numerosos ejemplos, donde se puede asistir a correcciones sobre un "primer tiro" que intentan insertar la expresión dentro de la forma exigida por la sintaxis y a otras en las que, por el contrario, en primer lugar aparece la forma, que se completa en función del contenido que el niño quiere comunicar. "El tema material y el tema formal pueden hacer sentir su acción en uno u otro orden. El tema material puede actuar primero; se manifestará mediante sugestiones verbales que serán retocadas bajo la influencia de un modelo que incluso ellas mismas habrán podido contribuir a precisar. Pero también puede ser que el modelo preceda, si no a todo el contenido, al menos a la realización completa del tema material. La frase tiende a presentarse antes que aparezcan todas las palabras que deben constituirla. En el tipo de frase definido por el modelo, algunos elementos ya están dados, mientras que otros tienen marcadas su situación y función gramatical, aunque tal lugar permanezca vacío mientras el sujeto busca las palabras para llenarlo" (213-214).

"La silla... sentado", expresión del deseo de sentarse en una silla es un ejemplo de "brote espontáneo" representante del tema material, mientras que aquellas fórmulas en las que el niño busca, sin encontrarla inmediatamente, la palabra que las completa, representan el comienzo del dominio en el tema formal (muy simplificado, como en las denominaciones: *"Eso es un..."* o en las peticiones: *"Dame mi...").*

Este esquema general del doble tema permite a GUILLAUME dar cuenta de numerosos datos, desde, por ejemplo, la precocidad de la entonación en la expresión de la pregunta (la entonación precede a la forma) que se manifiesta mientras que los productos están en el rudimentario nivel de la palabra única, hasta los errores en determinadas formas, como la negación, en la que el término negativo se introduce sin modificar la estructura afirmativa *("No lo ocultas", "Le he hecho nada", "Ya no lo vi"* —a partir de "ya lo vi" y en lugar de "todavía no lo vi"—) y los errores por generalización en formas verbales ya conocidas *("cabo",* por "quepo"; *"rompido",* por "roto"; *"traí",* por "traje", etc.).

La segunda etapa se caracteriza, al contrario que la primera, por la búsqueda de gramáticas correspondientes a la lengua infantil. Esta se considera como una lengua original, y no hay motivos para asimilarla, excepto como forma imperfecta de la lengua adulta. Explícitamente, la posición del investigador que aspira a describir tales producciones puede asimilarse a la del lingüista que, habiendo llegado a una población cuya lengua desconoce, debe descubrir sus reglas, sin que sea cuestión de tratar esa lengua en función de la que él habla y practica y cuya gramática ha sido expresada.

Desde esta perspectiva se han multiplicado los acopios de *corpus* efectuados a partir de niños que comienzan a producir enunciados en los que se manifiestan los principios de una organización. Ante estos *corpus,* el problema que se plantea es el de determinar las reglas susceptibles de explicar tales observaciones; y que, por otra parte, posean un valor general, al menos para los individuos examinados o para individuos en el mismo nivel de desarrollo, con el fin de satisfacer la exigencia de productividad antes mencionada.

Esta etapa se adapta a los principios del método científico. Pero su realización encuentra notables obstáculos, de tal envergadura que aún no han sido superados. Las primeras investigaciones fueron emprendidas desde una perspectiva distribucional, es decir, buscando definir cómo pudieran repartirse las palabras en clases determinadas mediante criterios objetivos, como el lugar de la palabra en el enunciado, la frecuencia, los modos de asociación entre los miembros de cada clase, etc. El método ha conducido al modelo de BRAINE, que distingue las clases "pivote" y "abierta".

No obstante, los autores que han abordado el estudio de la sintaxis infantil partiendo del análisis de *corpus,* también se han situado en el marco de la teoría de CHOMSKY [incluso los que, como BROWN y FRASER (1963) han adoptado igualmente el método del análisis distribucional; sólo BRAINE se aparta de esta corriente]. La teoría de CHOMSKY preve, en efecto, un código que permite presentar y sistematizar las observaciones. Se trata de un razonamiento acerca de la lengua que utiliza determinados conceptos y que, con la ayuda de esos conceptos, propone una descripción abstracta de la lengua y de los procesos que son capaces de conducir a la creación de las oraciones (conceptos de estructura profunda y estructura superficial, transformaciones, organización jerárquica simbolizada por estructuras arbóreas que indican las dependencias entre las unidades, reglas de re-escritura que permiten expresar las transformaciones, etc.).

Este código no sólo permite ordenar la presentación de los datos, sino que la fuerza de la teoría y su impacto han permitido pensar que podría dar la solución adecuada a la descripción lingüística y a la explicación de los mecanismos subyacentes en el uso de la lengua. Así pues, esto justificaría su empleo en el estudio del lenguaje infantil, tanto como en lo referente al lenguaje adulto.

Pero el paso desde el adulto al niño encuentra obstáculos en la misma estructura de la teoría y en la metodología a la que está asociada. Esta concepción no desemboca en un modelo del desarrollo. No se trata de una laguna o una ausencia contingente: fundamentalmente, la teoría propuesta es una teoría de *la lengua* y, sobreentendámoslo, de la lengua *adulta* y, particularmente, de la lengua conocida por el lingüista que desarrolla sobre ella la teoría; en todo caso, de una lengua extranjera con la ayuda de un informador a quien dirigirse como sustituto. Una noción clave de la teoría chomskiana es la oposición entre *competencia* y *ejecución*. La teoría lingüística se refiere a la competencia y no a la actuación, que no proporciona un reflejo exacto de aquella. CHOMSKY (1964) recuerda esta distinción comentando el estudio de MILLER y ERVIN (1964), que fueron de los primeros en el intento de elaborar una gramática de los principios del lenguaje infantil partiendo de un *corpus,* y pone en tela de juicio el valor de la etapa inductiva que tal método implica. La competencia del adulto se alcanza directamente, y ese no es el caso de la del niño. Es más, en principio no es evidente en absoluto que exista una competencia específica en el niño (a quien habría que atribuir una lengua original), mientras que sería más admisible que las características específicas de las producciones infantiles derivan de la actuación y de las distintas dificultades que intervienen para determinar sus particularidades.

Las tentativas que emplean el ámbito de la teoría de CHOMSKY tienen el inconveniente de dotar al niño con más capacidades de las establecidas o de las que es razonable admitir que posee. Sus autores (por ejemplo, MAC NEILL, 1970) se libran de la objeción competencia-actuación confiriendo al niño capacidades innatas, en la dirección desarrollada por CHOMSKY. Pero lo innato aquí no es sino la expresión de una posición filosófica y epistemológica, que rehúsa el hecho de que las reglas de la lengua sean captadas por el niño sobre la base de una adquisición de tipo empirista. No sería capaz de implicar que el niño conoce, efectivamente, las reglas de la lengua hablada a su alrededor, sino otras reglas que permitan extraer o, más bien, especificar las anteriores a partir de la experiencia suministrada por las producciones del adulto. Incluso si se reducen al mínimo las reglas y los saberes correspondientes, se trata de algo más gratuito que atribuirlos al niño sin justificaciones auténticas.

El tercer período viene determinado por un retroceso en el interés concedido a las concepciones de CHOMSKY y, en lo concerniente a la adquisición del lenguaje, en la búsqueda de gramáticas que correspondan a todos los estadios de esa adquisición. En cierto sentido, se trata de una vuelta hacia las primeras posiciones, admitiendo que las primeras producciones del niño puedan ser consideradas no gramaticales. De acuerdo con la consideración de SCHAERLAEKENS (1973), los enunciados muy primitivos del niño, como, por ejemplo, las combinaciones de dos palabras, aseguran una comunicación eficaz en la medida en que frecuentemente delatan la comprensión del entorno. Tal eficacia se basa en el significado de los términos aclarados por el contexto; se trata de comunicaciones a las que podemos calificar de semánticas.

Insistiendo en la comunicación, su contenido y su contexto, se ha llegado a conceder una importancia diferente a la sintaxis, aceptando la idea de que un individuo puede expresarse sin que sus propósitos comporten necesariamente una sintaxis definida, expresable por medio del análisis. En un determinado sentido, la actitud adoptada en el segundo período es objetiva, ya que trata las producciones del niño como si constituyeran una lengua cuyas características hubiera que inducir a partir de la observación y no proyectadas, tomando como base el conocimiento de la lengua adulta. Pero se trata de una objetividad relativamente artificial, en la medida en que, precisamente, estas producciones se plantean, *a priori,* como definitorias de una lengua con las implicaciones que comporta esta presuposición. Una actitud plenamente objetiva consistiría más bien en tratar estas producciones como hechos naturales cuyas características no se definen previamente. Puede considerarse que postular que la lengua infantil comporta una gramática es también un hecho de proyección a partir de la lengua adulta.

Sin ánimo de ampliar y generalizar la discusión, puede señalarse una serie de problemas análogos que se presentan en otros casos de comunicación. Por ejemplo, los autores que han estudiado el lenguaje gestual de los sordos, intentando proponer su descripción lingüística, buscan en este sistema el equivalente de la fonética o la fonología en las lenguas orales, y lo hacen analizando los movimientos y posiciones de las manos en cuanto maneras formales (en función de las formas y posiciones espaciales). O también puede pretenderse —y eso es lo que hemos hecho (cf. OLÉRON, 1978)— que el gesto aporta una cierta simbolización de los objetos designados y que es esta simbolización, es decir, esa relación con el objeto, lo que hay que tomar en consideración, pues es lo que define la posición y el movimiento de las manos y del cuerpo.

Volviendo al ámbito de la gramática, tampoco es necesario que este tipo de lenguaje se caracterice por una gramática original. Es posible que no disponga más que de una gramática simplificada, en la medida en que el significado de los gestos basta para asegurar un mensaje en los casos prácticos —sin duda, los más frecuentes—, donde una gramática elaborada no es necesaria para asegurar el éxito de la comunicación. Salvadas las debidas distancias, las primeras comunicaciones del niño pueden ser consideradas como correspondientes a una situación de la misma clase.

D. Empirismo e intelectualismo

No vamos a insistir sobre las observaciones presentadas en el capítulo precedente acerca de los dos tipos de modelos susceptibles de ser invocados para dar cuenta de los datos observados. Las mencionadas orientaciones son válidas en sus líneas generales. Pero aquí apenas podemos proponer un modelo empírico. Sólo una continua corriente, largamente respaldada por la razón, no mantiene que la síntesis procede de un aprendizaje. En efecto no es posible ver cómo el niño aprende las reglas gramaticales del francés o el japonés, según el medio lingüístico y sin depender de la experiencia que le ofrece la presencia de modelos lingüísticos correspondientes. Pero esta constatación no conduce a una representación explícita. Una de las dificultades que se plantean en una concepción "clásica" empírica es que si, en cuanto al significado, puede hacerse mención de objetos presentes físicamente que actúan sobre el organismo, tales como una mesa o un perro, una regla sintáctica no contiene el mismo tipo o grado de realidad; no constituye el objeto de una experiencia de idéntica naturaleza. A pesar de que toda experiencia es generalizante y que los objetos, aparte de las personas individualizadas, son representantes de una clase, como lo demuestra el estudio de los significados, parece más difícil extraer las reglas sintácticas de la experiencia del discurso que el "prototipo" de un concepto a partir del examen de sus distintos representantes. No obstante, la transición es posible, en la medida en que se insiste menos sobre las propiedades figurativas y más sobre las propiedades funcionales y si, por otra parte, no se plantea una diferencia de naturaleza entre estímulos permanentes, bases de tales propiedades, en el caso del objeto físico, y estímulos transitorios y huidizos, como son las palabras. Tales presuposiciones no son más que la condición para elaborar un modelo y no su esbozo.

Los intentos de introducir la sintaxis en los esquemas conductistas (SKINNER, 1957; OSGOOD, 1963; STAATS, 1968) no han desembocado en ampliaciones que permitan, sugiriendo experiencias, aumentar los conocimientos. Estos propósitos son excesivamente generales como para permitir tales ampliaciones o para crear interpretaciones que incidan detalladamente sobre el desarrollo sintáctico.

Lo que caracteriza a las reglas sintácticas es —y sobre este punto ha insistido Chomsky— su productividad, el hecho de que una regla dada sea aplicable a un número indefinido de enunciados. Así, la adquisición que el niño realiza de una regla de este tipo no puede quedar atestiguada, a menos que los enunciados producidos no sean una copia de enunciados oídos anteriormente. En este sentido, toda producción que pueda ser relacionada con la imitación de un modelo adulto, incluso si comporta cierta complejidad, como, por ejemplo, la asociación de varias palabras, no puede ser considerada como expresión de una regla sintáctica adquirida. Los enunciados anormales que, siendo producidos por el niño, no están de acuerdo con las normas y los modelos de la lengua adulta, son a este respecto un índice de productividad al que se invoca frecuentemente. Muestran el paso a una regla, incluso en el caso de que ésta no esté aplicada pertinentemente en función de los términos específicos del enunciado.

Todo modelo propuesto para dar cuenta de la adquisición —o simplemente describirla— en términos de reglas sintácticas, debe mostrar que deja el sitio a esta productividad. Un modelo empírico, que mostrara que el niño no hace sino recolectar y sumar los enunciados que escucha, es inadecuado, puesto que elimina la productividad y reduce el papel del niño a no utilizar más que fórmulas ya oídas, lo que es contrario a la observación. Sin embargo, esto no significa que el niño, al principio, no emplee más que una determinada proporción de fórmulas hechas, que pueden servirle de guía inicial para ciertas producciones. Pero esta concepción no puede ser considerada como regla general de sus adquisiciones.

Dejando aparte el estudio de Guillaume (1927*b*) antes citado (el cual difícilmente puede ser considerado como modelo a causa de su mencionado carácter impresionista), que se sitúa en la vertiente empírica en tanto que la forma se recibe del exterior, el único enfoque empírico cuyo impacto ha sido amplio es el de Braine (1963), sobre cuya proposición de distinguir las clases de palabras "pivote" y "abierta" volveremos más adelante. Al presentar esta distinción, Braine se sitúa —como otros investigadores que, en su misma época, han actuado a su modo y hallado resultados comparables (Brown y Fraser, 1963; Miller y Ervin, 1964)— en la perspectiva distribucional, que es una forma de positivismo relacionable con el empirismo. Fundamentalmente, BRAINE considera que las palabras "pivote" no sólo son captadas en cuanto a su composición fonética y su significado, sino también en cuanto a su lugar en la combinación. El autor invoca un proceso de generalización de la posición, que lleva al niño a pronunciar la palabra considerada siempre en el lugar (ya sea al principio o al final) donde la ha percibido. Esta captación del lugar es la toma de un dato perceptivo, asimilable a un tipo de cualidad melódica (la palabra es captada en ese lugar, y sólo en ese lugar "suena bien").

En realidad, el beneplácito que ha recibido la teoría de BRAINE no implica una adhesión a la concepción empírica que la ha inspirado. Así, McNEILL (1970) integra el modelo en un sistema directamente inspirado en las concepciones innatas de CHOMSKY. Lo que ha sido aceptado por los autores a título de dato es la distribución propuesta por BRAINE, aunque discutida y rechazada en cuanto a su validez general. De todas formas, las distribuciones por él consideradas se refieren a los primeros enunciados (de dos términos) e, incluso si son válidas para este caso, no parece concebible su aplicación en enunciados más complejos y en las oraciones propiamente dichas.

El resto de los modelos empleados durante largo tiempo pertenecen al tipo intelectualista. Se trata de modelos sintácticos puros, los más típicos debido al refinamiento de sus conceptos. Así, se menciona frecuentemente el de CHOMSKY y sus aplicaciones al lenguaje infantil llevadas a cabo por algunos de sus discípulos. Y, si estas aplicaciones ocupan un considerable espacio en los estudios, tampoco debemos omitir las concepciones de SUPPES, quien desarrolla un modelo de gramática probabilística que intenta aplicar al análisis de los *corpus* infantiles y que él mismo emplea de un modo efectivo en un *corpus* extraído de un niño francés entre los 25 y los 28 meses (SUPPES, 1970, 1971; SUPPES y col. 1972, 1974). Uno de los objetivos propuestos consiste en enfocar la construcción de un modelo de *desarrollo*. No obstante, y a pesar de la importancia de los trabajos analíticos (que consiguieron, por ejemplo, expresar 317 reglas para la gramática de las producciones), se trata, según confiesa el propio autor, de un intento cuya culminación no es posible prever por falta de los medios de tratamiento no disponibles. En última instancia, consiste en describir producciones de una forma sistemática y formalizada y, en lo que respecta al modelo de desarrollo, en elegir entre un modelo de estadios y un modelo de incremento cuantitativo, lo que tendría interés si pudiera realizarse la elección, pero que, no obstante, permanece en el plano de las generalidades. Podemos deducir que la aportación más positiva a la interpretación del desarrollo sintáctico, el recurso hacia las estrategias del sujeto, sobre el que volveremos más adelante, no debe nada al desarrollo de los modelos formales, a pesar de poder articularse con ellos (NOIZET, 1976; NOIZET y BASTIEN, 1976). Este tiende a que los modelos se orienten hacia la lengua considerada como un objeto, incluso cuando es abordada desde un ángulo de generación y transformación, mientras que el desarrollo del niño nos lleva a considerar el funcionamiento de las actividades de un sujeto que no refleja de la estructura del objeto más que la gestión adoptada por el especialista —el lingüista— para llevar a cabo la descripción y el análisis.

2. PRIMERAS INSERCIONES DE LA SINTAXIS EN LAS PRODUCCIONES DEL NIÑO

Las primeras producciones verbales del niño poseen el interés de que presentan todas las formas que se hallan en el origen del desarrollo, pero constituyen un foco de dificultad cuando se trata (tras haberlas observado y descrito con exactitud, lo que ya no es tan fácil) de interpretarlas y relacionarlas con las formas ya concluidas a las que conducen. Particularmente, con respecto a estas formas se abren paso las divergencias mencionadas en la sección precedente y, por ejemplo, se plantea el problema de su obediencia a reglas sintácticas. Cuanto menos se acercan las producciones del niño a las del adulto, es menos fácil y menos justificable *a priori* aplicarles los métodos de análisis desarrollados con respecto a estas últimas.

Cuando el niño comienza a pronunciar palabras identificables se ha cumplido una etapa, puesto que ha salido del prelenguaje para acceder al lenguaje propiamente dicho. Este acceso se realiza sin transición brusca y, aquí como en cualquier otro caso, la palabra "estadio" refleja más exactamente una división cómoda o unas distinciones fundadas teóricamente que unos cortes radicales (pese a las posiciones de los lingüistas, de los que JAKOBSON ha sido el portavoz, que tienden a cerrar sobre sí mismo el ámbito del lenguaje, separándolo de lo que pueda parecer derivarse solamente de condiciones o preparaciones). Las actividades preverbales son ya, al menos por una parte, actividades de comunicación que ponen en juego procesos que se encuentran en el nivel verbal; en cierta medida, prefiguran, en su contenido y en sus formas, la actividad verbal.

Podemos mencionar, sin detenernos demasiado en ello, el caso de la *entonación*. GUILLAUME (1927), cuya posición antes mencionada puede calificarse de empirista en cuanto que, como hemos visto, el "tema formal" se presenta como objeto de una imitación cuyo modelo procede de la lengua del adulto, parece realizar una concesión al innatismo cuando menciona la precocidad de la entonación interrogativa. "El tono interrogativo se emplea tan pronto y tan fácilmente que podríamos preguntarnos si no forma parte ya —sin perjuicio del papel ulterior de la imitación— de la expresión espontánea de la duda y la inquietud" (1927 *b*, 212). GUILLAUME piensa en un innatismo de afectividad, como lo demuestra esta cita.

La referencia a la entonación posee un significado cuando se trata de la génesis de la sintaxis. La entonación es una característica de las producciones verbales; contribuye a su interpretación y aporta así un elemento de tipo semántico relativo a las disposiciones o intenciones del hablante (la entonación basta para poder captar la disposición anímica del hablante, incluso en casos límites como el de una lengua desconocida, las primeras "comprensiones" del niño o las "comprensiones" del animal). La línea tonal se articula con la organización sintáctica, ya que, por ejemplo, las formas interrogativas o imperativas se asocian con entonaciones distintas a las de la simple enunciación.

Esta entonación, a la que podríamos llamar "sintáctica", aparece como una variación en la altura de tal o cual parte del enunciado (ascenso tonal final para la interrogación). Pero tal variación no es más que un aspecto de las complejas modulaciones que puede tomar la expresión vocal bajo los efectos de motivaciones o de sentimientos más o menos intensos, según las situaciones y los emisores.

Las primeras producciones preverbales del niño son —dejando a un lado las manifestaciones lúdicas— esencialmente afectivas. Después, y durante mucho tiempo, el componente afectivo es predominante en determinadas situaciones (peticiones, rechazos, expresiones de dolor, cólera, frustración, etc.), si bien el enunciado verbal aparece fuertemente modulado o cede rápidamente su lugar a los gritos y lloros, siempre que está en juego una carga afectiva importante para la comunicación y cuando la simple enunciación de un deseo o la argumentación para obtener una satisfacción se revelan ineficaces. Podemos considerar que la entonación sintáctica es un residuo empobrecido y codificado de la expresión afectiva y que marca la dependencia de la sintaxis con respecto a los aspectos profundos de los cambios y de las acciones aportadas por el lenguaje.

A pesar de todo, esta conexión entre la entonación y los recursos afectivos que se manifiestan ya en un nivel preverbal, estableciendo de esta forma una especie de continuidad con él, ha sido contestada incluso por autores que no se proponen practicar un corte entre lo verbal y lo preverbal. Más adelante veremos, en este sentido, las posiciones adoptadas por BLOOM (1973).

Puede afirmarse que el paso desde el prelenguaje al lenguaje, testificado por la producción de las primeras palabras, se lleva a cabo a través de una vía de segundo orden. Las producciones infantiles no sólo son aproximaciones a veces gravemente deformadas (casi hasta el límite de lo inteligible), sino que, ante todo, se trata de producciones limitadas, en un principio, a una sola palabra, y durante algún tiempo a asociaciones o combinaciones de dos o tres palabras. Tales producciones son importantes desde el punto de vista de la génesis de la sintaxis, ya que, como hemos visto, plantean el problema de la existencia de una gramática propia de estos primeros enunciados. Su importancia se traduce materialmente en la existencia de obras consagradas al estadio de la palabra única (BLOOM, 1973) o a la fase de las combinaciones de dos palabras (SCHAERLAEKEN, 1973; BRAINE, 1976), sin mencionar el lugar que ocupan en otras obras dedicadas a las primeras producciones verbales.

A. Estadio de la palabra única

A priori, una producción reducida a una palabra no es sintáctica. Sin embargo, tales segmentos han sido denominados tradicionalmente "palabras oración" u "holo-oraciones" (cf., por ejemplo, BLOCH, 1924; GUILLAUME, 1927a; DECROLY, 1934). Esta asimilación de una palabra a la oración descansa sobre la impresión de que la palabra, para el niño, desempeña el mismo papel que una oración completa (simple, naturalmente) para el adulto y que puede ser considerada como vehículo de los mismos tipos de información. De hecho, el contexto permite interpretar esta producción simplificada traduciéndola implícitamente por una oración. Desde el punto de vista material, podemos considerar que la palabra producida efectivamente es una parte de la oración completa y que la ausencia del resto de las palabras es una manifestación extrema del "estilo telegráfico", característico del lenguaje infantil. Por tanto, la noción de palabra oración parece implicar la existencia —virtual al menos— de una organización sintáctica no manifestada completamente por impedimentos de orden extralingüístico.

La tesis que confiere un carácter primitivo a la sintaxis y asocia a toda producción lingüística características sintácticas aparece expuesta por McNeill (1970), quien, siguiendo a De Laguna, ve en estos enunciados una forma de predicación. No se trata de una predicación intralingüística (que supone, al menos, dos miembros), sino de una predicación relativa al mundo externo: el individuo, mediante su enunciado, dice algo de este mundo.

Bloom (1973) se opone tajantemente a la noción de "palabra-oración" y a la asimilación implicada por tal concepto. Pasa revista a los argumentos esgrimidos en favor de esta asimilación, proponiéndose refutarlos.

Así, rechaza la idea de que un niño que no produzca todavía sino palabras aisladas no sea capaz de articular enunciados más amplios. Algunas formas avanzadas de parloteo comportan sucesiones relativamente complejas de sonidos, que parecen constituir intentos de imitar enunciados complejos del adulto. Del mismo modo, Bloom cita algunas producciones en las que uno de los niños observados introduce una forma articulada estereotipada (anotada *widə*), que se combina con una palabra identificable (interviniendo regularmente tras ella). Esta sería la prueba de que el niño tiene la posibilidad de producir más de una unidad, aunque sólo una esté lingüísticamente —es decir, semántica y sintácticamente— definida.

La autora niega de igual modo que el niño esté limitado por la extensión de su vocabulario. Las palabras que producen son suficientemente numerosas y remiten a contenidos tales que, si combinara varias, formaría el bosquejo de las oraciones dotadas de significado. Igualmente, rechaza la tesis según la cual el niño es capaz de interpretar las estructuras sintácticas del adulto antes de poder producir por sí mismo sus primeras oraciones. Para BLOOM, la comprensión del niño en sus primeros estadios viene determinada por el contexto situacional y no exige el análisis de la estructura sintáctica.

Por último, BLOOM rechaza el argumento extraído de variaciones en la entonación de las "palabras oración", que permitirían encontrar en ellas, por ejemplo, las diferencias relativas a la afirmación o a la interrogación. Para BLOOM, tales variaciones no implican significados sintácticos; derivan de cambios observables en el nivel del parloteo y, a su juicio, parecen gratuitas. De acuerdo con sus observaciones, las variaciones tonales ("entonación sintáctica", según la denominación antes propuesta) son *posteriores* a la aparición de las estructuras sintácticas.

La posición de BLOOM, de este modo, se basa en la imposibilidad de hablar de sintaxis hasta que aparezca su manifestación indiscutible. Cuando el niño no puede pronunciar más que palabras aisladas, le falta la capacidad de codificar, bajo una forma lingüística apropiada, las relaciones cuyo conocimiento pueda poseer por otra parte.

B. Combinaciones de dos palabras

La obra de SCHAERLAEKENS (1973) presenta el análisis de los *corpus* obtenidos a partir de dos grupos de tres tríos que se expresan en flamenco. La de BRAINE (1976) es una recapitulación de observaciones (y clasificaciones) realizadas por varios autores —incluido él mismo— sobre once niños que emplean el ingles, samoano, finés hebreo o sueco.

Ambos estudios tienen en común su hincapié sobre el significado de las producciones, empleándolo para proceder a las clasificaciones de observaciones y presentando reservas en cuanto a su interpretación con la ayuda de categorías y modelos sintácticos. En tal rechazo, BRAINE llega más lejos que SCHAERLAEKENS, ya que si ambos, por ejemplo, descartan el modelo de la gramática generativa, SCHAERLAEKENS acepta la realidad de la categoría sujeto-verbo que no emplea BRAINE, quien, por otra parte, rechaza explícitamente la existencia de una categoría verbo-complemento.

Los dos autores critican el modelo de la gramática transformacional, siendo los argumentos más detallados los expuestos por BRAINE, que también recoge las críticas presentadas por otros autores como BOWERMAN. Su estudio puede servir de referencia para el lector que desee captar esta crítica en detalle. Tomemos únicamente una de sus ideas directrices, que sigue las posiciones que ya hemos encontrado en varios momentos de este capítulo: las categorías gramaticales invocadas por el modelo no son necesarias para dar cuenta de las producciones del niño. Si, por ejemplo, en producciones como *"hot X", "big X",* X es casi siempre un nombre, ello puede comprenderse por el hecho de que, en el mundo real, las entidades designadas por *hot* o *big* son casi siempre objetos concretos. Tales objetos aparecen bien designados en la lengua a través de nombres, pero no es necesario admitir consecuentemente que el niño, por emplear fórmulas de este tipo, disponga de la categoría de nombre.

Un elemento de discusión incidente sobre un aspecto específico, pero que se sitúa en la misma temática, afecta a la pertinencia de las operaciones de reducción o supresión invocadas para dar cuenta del carácter "telegráfico" de las producciones infantiles. Se trata de una idea expuesta por CHOMSKY y LEES en la discusión de los informes presentados en la Monografía publicada por BROWN y BELLUGI (1964): el niño dispondría de una gramática más completa que lo que sugiere el examen de sus producciones, pero intervendrían varias operaciones de supresión durante el tratamiento, en función de las capacidades psicológicas limitadas que impondrían una restricción a los enunciados. Las operaciones de supresión forman parte de los conceptos empleados en la gramática generativa aplicada a los adultos; por tanto, no se trata de una creación *ad hoc.* BLOOM (1970) y BOWERMAN (1973 *a*) han apelado a ellas en el sentido de lo sugerido por CHOMSKY y LEES (supresión de uno de los términos cuando hay tres en la estructura profunda, según BLOOM; supresión opcional del verbo, según BOWERMAN). BRAINE (1974) ha hecho objeto de un minucioso ataque a esta interpretación (y también a la idea de una dificultad impuesta a la longitud de los enunciados del niño). No vamos a entrar en la exposición de su análisis. Está claro que atribuir al niño capacidades gramaticales superiores a lo que revelan sus producciones es un postulado que sólo se justifica sobre la base de razones indirectas: búsqueda de una continuidad entre la actividad del adulto y la del niño, pertinencia del modelo y de los procedimientos que describe con respecto al adulto. No puede considerarse que, en este caso, tales razones sean suficientemente importantes como para aceptar el hecho de conceder al niño unas capacidades que desbordan los datos observados.

Las categorías propuestas para presentar y clasificar los enunciados de dos términos varían de acuerdo con los autores. A pesar de ello, se encuentran constantes y existe una tendencia a tener en cuenta, exclusiva o mayoritariamente, las relaciones de tipo semántico y cognoscitivo (aunque un autor como SCHAERLAEKENS haya preferido utilizar las categorías gramaticales: relaciones entre sustantivos, entre sustantivo y verbo, entre calificativo y sustantivo o verbo). Cuando el niño produce enunciados de ese tipo, establece una relación entre las palabras, y esas relaciones remiten a conexiones que presentan los referentes mencionados.

Entre tales conexiones figuran frecuentemente: actor-acción, posesión, localización, calificación... BRAINE (1976) deduce, a partir de los *corpus* seleccionados, diez categorías de modelos caracterizados del siguiente modo:

1. Llamar la atención sobre algo; identificar algo; definir la pertenencia a una clase;
2. Mencionar propiedades específicas de los objetos (el tamaño, por ejemplo);
3. Expresar la posesión;
4. Denotar la pluralidad o repetición;
5. Referirse a la recurrencia o variedad de los objetos;
6. Mencionar la desaparición;
7. Expresar la negación;
8. Expresar la relación agente/acción;
9. Mencionar la localización;
10. Exponer una petición.

FRANÇOIS y col. (1977) reúnen en nueve clases principales las categorías que LEOPOLD había señalado en su hija Hildegarde. Será útil remitirse a ellas.

Hay que hacer notar con FRANÇOIS que las producciones del niño hacen intervenir —y esto es una característica muy general, que debemos adelantar igualmente cuando se trata de estadios anteriores y posteriores a los dos términos— relaciones con el interlocutor y no sólo relaciones entre los objetos y entre los objetos y él mismo. Esto aparece claramente en determinadas producciones del tipo de las peticiones que carecen de sentido excepto con relación a un oyente, pero también en muchas otras que implican su presencia y una acción o reacción respecto a él (la negación como rechazo, la recurrencia "más" para pedir un suplemento o una repetición, la posesión como protesta ante una desposesión, etc.). La clasificación de FRANÇOIS y col. insiste aún más sobre este aspecto que sobre el de BRAINE. De todos modos, no es posible ninguna clasificación unívoca, ya que con frecuencia los enunciados poseen al mismo tiempo una referencia doble (triple si incluimos al mismo emisor) y las únicas clasificaciones válidas deberían ser de doble (o de triple) entrada.

Las categorizaciones propuestas no hacen intervenir el orden de las palabras en el enunciado. Este problema del orden es importante, puesto que, aun siendo independiente de la semántica, está muy ligado a la sintaxis, imperativa en la lengua adulta. BRAINE, dentro de su primer análisis en términos de clase eje/clase abierta, había intentado dar cuenta de la posición, debido a que los ejes se sitúan preferentemente unos al comienzo y los otros al final. BRAINE (1976) rechaza este modelo, ya que no atiende a las producciones observadas por otros autores.

Lo que propone BRAINE es una descripción mucho menos general y que tome en cuenta el significado de las producciones. Afirma, tras el análisis de los *corpus,* que el niño aprende a asociar, a una estructura semántica dada, una estructura posicional, es decir, que las palabras que expresan tal estructura tienen un lugar definido una con respecto a otra. Cada adquisición se realiza de una forma parcelaria, independientemente de la adquisición de otra estructura.

El autor distingue tres tipos de modelos. El primero es de tipo productivo; el niño expresa la misma combinación semántica, empleando el mismo orden de los términos, sin tratarse de una mera copia de los enunciados del adulto. Determinadas formas son del tipo eje/abierto, con una variación dependiente sólo de un término (el que pertenece a la clase abierta). Otras tienen componentes variables (en las combinaciones actor/acción o poseedor/posesión, por ejemplo).

El segundo tipo es asociativo y no productivo. El niño ha retenido solamente un término que se presenta en una posición particular dentro de la lengua adulta.

El último tipo expresa las vacilaciones del niño, oscilando entre uno y otro modelo, puesto que aún no ha adquirido la regla que define la posición de los términos en una situación semántica. Se trata de un estadio transitorio que abre paso al modelo productivo.

3. ESTRATEGIAS

La organización sintáctica proporciona índices que permiten descodificar el mensaje verbal. Las estrategias son los procedimientos empleados por el inviduo para detectar y aprovechar tales índices.

Como ya decíamos a propósito de la significación, el empleo de la palabra "estrategias" no representa la definición de un plan sistemático y razonado para esa detección y aprovechamiento. Se trata —y tanto más cuanto más pequeño es el niño— de regularidades en la forma de abordar los enunciados; pueden ser sugeridas por la experiencia y la práctica y su eficacia las refuerza.

Frecuentemente, se infiere la existencia de estrategias (ya lo hemos visto al ocuparnos del desarrollo semántico) a partir de extensiones indebidas que realiza el individuo cuando aplica las reglas adquiridas a un material que no le conviene, de donde se derivan errores de comprensión que la experimentación deja al descubierto.

En este caso, como en los demás aspectos, la separación entre lo semántico y lo sintáctico es relativamente arbitraria. Como acabamos de señalar, captar la significación del enunciado y aprovechar sus índices sintácticos no son más que medios para llegar a un resultado. Por otro lado, los estudios acerca del desarrollo sintáctico —así como los consagrados a investigar los enunciados del adulto— muestran que el significado, tal como se supone en función del contexto verbal y de las previsiones inducidas por la situación en la que aparecen los cambios (factor generalmente denominado "pragmático"), influye sobre la manera en que el individuo capta el enunciado. De esta forma, cuando hay discordancia entre la significación prevista y los índices sintácticos, la interpretación es inexacta si el sujeto —caso del niño pequeño— no reorganiza su aprehensión, abandonando la actitud que la había determinado. (Esta operación exige un tiempo suplementario que pueden poner en evidencia los métodos cronométricos.)

Hasta ahora sólo hemos mencionado el componente recepción, pero también podemos tener en cuenta el nivel de la producción. La forma en que el emisor construye sus enunciados depende de regularidades paralelas a las que manifiesta su interpretación. Si al referirnos a la producción hablamos menos de estrategias, es porque la noción de estrategias siempre evoca una idea de libertad en el individuo, y tal libertad se imagina con mayor facilidad ante la descodificación, ya que la emisión se revela como más automática. Aquí aparece, en función de lo afirmado acerca del carácter relativamente determinado de las reglas de descodificación, si no una ilusión, al menos una sugestión engendrada por el sentido usual de la palabra, frente a la que conviene no ceder ingenuamente.

Una gran cantidad de estudios consagrados al aprovechamiento de los índices sintácticos se han realizado mediante procedimientos experimentales que colocan al individuo en una situación inhabitual, tanto en lo que se refiere a los enunciados propuestos como por la situación que ha de dominar para proporcionar el tipo de respuesta esperada. Evidentemente, todo lo que de un modo general hemos dicho acerca de la metodología, es aplicable aquí. Las conductas manifestadas por los individuos en tales situaciones deben tener en cuenta estos aspectos desacostumbrados y complejos y no serán acertadas a no ser que se dominen los mencionados aspectos. De ahí el retraso en relación a los comportamientos espontáneos, ya sean de comprensión o incluso de producción.

El conjunto de adquisiciones sintácticas no puede ser tratado en términos de estrategia. De todos modos, y como no pretendemos presentar un panorama detallado de estas adquisiciones, vamos a limitarnos a algunos ejemplos cuyo valor es ilustrativo.

A. El orden de las palabras

El hecho de que todo enunciado o combinación de enunciados se desarrolle en el tiempo, impone un orden de sucesión a las palabras que los componen. Ese orden deriva prioritariamente de la sintaxis y, en segundo término, de modulaciones por parte del hablante (énfasis, efectos estilísticos, etc.), aunque tales modulaciones no serán posibles hasta que ese hablante domine todos los recursos de la lengua y las formas, sintácticamente aceptadas, que permiten introducir las variaciones. Sabemos que el orden es particularmente importante cuando la lengua no dispone, para expresar determinadas relaciones, de indicadores específicos (como los proporcionados por las declinaciones). Así, las relaciones sujeto-objeto, en una lengua como el francés, no se definen más que por el orden de los términos y, correlativamente, por la atribución de las funciones de agente y paciente a los referentes, de la cual depende la significación del enunciado*. En el caso de que las relaciones vengan precisamente, por ejemplo, a través de preposiciones, unas reglas de orden definen el lugar de éstas con respecto a la palabra regida (igual que en el caso del artículo) y otras marcan la situación relativa de los elementos puestos en relación.

En cuanto al orden de las palabras, es posible desarrollar distintas especulaciones, que no dejan de tener incidencia sobre las hipóteis realizables acerca de la manera en que se produce la adquisición en el niño. En la medida en que las reglas son arbitrarias, la única estrategia de la que dispone el niño consiste en asimilar las regularidades que observa; si las reglas poseen algún fundamento o presentan cualquier acuerdo con las características del mundo descrito por los enunciados, el correspondiente conocimiento proveerá una ayuda para acceder a ellas. Desgraciadamente, sobre este punto es difícil formular algo que no sean hipótesis, y casi imposible verificarlas. En el caso de enunciados que expresen la relación agente-acción-paciente, si el enunciado es de tipo descriptivo e incide sobre un acontecimiento poniendo en juego personajes y acciones concretos (de lo que más a menudo suele ocuparse el niño), induciremos que el hablante debe describir en primer lugar el agente (ya que éste se desplaza, hace cualquier cosa y, consecuentemente, posee una primacía perceptiva). A continuación no podemos excluir que pueda figurar el paciente y, por último, la acción, cuya presencia puede ser considerada menos impor-

---

* El orden de las palabras en español es mucho menos estricto que en francés, ya que el régimen preposicional marca con gran nitidez las distintas funciones sintácticas [función de sujeto: ausencia de preposición; objeto directo: preposición *a* si su referente es humano (único caso de posible confusión con el sujeto); objeto indirecto: preposiciones *a* o *para*, etc.]. *(N. del T.)*

tante que la de los personajes. Llegaríamos así a un orden diferente del teórico. Tal análisis viene respaldado por el hecho de que la comparación entre lenguas —buscando universales lingüísticos acerca de este punto— ha mostrado que un notable número de lenguas tienen por orden canónico la sucesión sujeto-complemento-verbo. Unicamente, esto no explica por qué en francés el orden lógico es distinto, lo que no incomoda al niño durante su aprendizaje. De cualquier forma, el orden que acabamos de describir es en gran parte especulativo, pues en determinadas ocasiones es la acción la que, por su intensidad e incluso por su rareza, aparece como elemento clave de la escena, mientras que en otros casos es el paciente, a causa de su presencia física o del interés por él suscitado. Las descripciones que los niños dan de las escenas muestran todas las variantes sobrepasando el marco de un enunciado constituido por una oración estructurada en sujeto-verbo-complemento; tal estructura se presenta como dependiente de apremios formales, mostrando la realidad *sui generis* de la sintaxis, que se impone a los contenidos más diversos.

Si, por otra parte, en ciertos casos el orden determina la significación, en otras situaciones tal orden parece puramente arbitrario, aunque pueda depender de simples reglas de uso: las permutaciones (como "de Pedro el sombrero" o bien "el sombrero de Pedro") no alteran el sentido.

Volviendo a los hechos, la observación de las producciones de los niños pequeños muestra, al principio, una indiferencia respecto al orden; el niño puede producir el mismo enunciado (es decir, un enunciado que probablemente tendrá idéntico significado) introduciendo, según el momento, distintas permutaciones (cf. OLÉRON, 1976). Las observaciones recapituladas por BRAINE (1976) muestran la precocidad relativa de la adquisición del orden en ciertas relaciones con los enunciados de dos palabras, Los estudios experimentales confirman esta evolución, pero con los desfases que implican estos métodos, según acabamos de advertir. SINCLAIR y BRONCKART (1972) presentaron a varios niños el "esqueleto" de los enunciados con tres términos, sin artículo y con el verbo en infinitivo, empleando las seis combinaciones posibles ("niña empujar chico", "niña chico empujar", etcétera). Constataron que, antes de 3; 6 años, los niños son indiferentes al orden, dando las mismas respuestas (se les había pedido que representaran con gestos la acción supuestamente descrita en el enunciado) para cualquiera de los enunciados. A partir de 3;6 años, y siguiendo un orden canónico (sujeto-verbo-objeto), los niños respetan este orden en su respuesta, considerando el primer término como agente y el último como paciente. Desde los seis años, y cualquiera que sea la forma del enunciado, siempre consideran el primer nombre como agente y el segundo como paciente.

B. Las oraciones pasivas

Se trata de elementos cuya consideración resulta interesante, ya que presentan un desacuerdo entre el sujeto "aparente" y el agente (así como entre complemento y paciente): el sujeto es el paciente y el complemento el agente. La reacción ante oraciones pasivas es, de este modo, una prueba en lo que respecta a la adquisición de la regla de orden válida para las oraciones activas, cuyo uso es más frecuente.

Existen varias formas de oraciones pasivas. Algunas se denominan "truncadas" o "incompletas"; en ellas aparecen solamente el sujeto y el verbo ("la casa fue alquilada"). La observación de las producciones espontáneas en los niños muestra que estas construcciones son adquiridas precozmente. De hecho es difícil distinguirlas de las oraciones atributivas. En el ejemplo propuesto, podemos considerar que "alquilada" es una cualidad atribuida al sujeto por medio del verbo ser, y que el enunciado no es percibido de una forma muy distinta al de una construcción plenamente atributiva, por ejemplo "la casa fue alegre"*. (Habría que tener en cuenta el carácter dinámico —implicado por la pasiva— o estático —en la atribución— de las situaciones descritas.)

Por otra parte, debemos tener en cuenta el carácter reversible o no reversible del enunciado. De hecho, la reversibilidad es una característica de orden semántico, dependiente de las propiedades de los objetos (y del conocimiento que de ellos tiene el individuo), ya sea de las propiedades generales, como el carácter animado o inanimado, por ejemplo, o bien de las propiedades específicas. El enunciado "la niña empuja al chico"

---

* El ejemplo propuesto en el original francés ("la tasse est cassée") no tiene correspondencia en español (donde habría que utilizar el verbo estar —"la taza está rota"—, resultando una oración inequívocamente atributiva. *(N. del T.)*

es reversible, pero no lo es "el chico lava el coche" (ejemplos tomados de SLOBIN, 1966, que ha sido de los primeros en introducir esta variable), ya que en el primer caso el complemento puede convertirse en sujeto (y recíprocamente) de una oración plausible: "el chico empuja a la niña", transformación imposible en el segundo caso. Esta diferencia corresponde a una desigualdad en la facilidad de interpretación correcta de las oraciones pasivas. Los enunciados no reversibles no consienten más que una interpretación, cualquiera que sea el orden de las palabras. La aplicación automática de la estrategia, válida para las oraciones activas, que atribuye el papel de agente al primer término, conduce a un enunciado imposible, lo que no sucede en los enunciados reversibles.

BEILIN (1975) ofrece una visión de conjunto acerca de la adquisición de la pasiva (recurriendo a datos y análisis de la lingüística). Los primeros trabajos de FRASER, BELLUCI y BROWN (1963) destacan la dificultad con la que tropiezan los niños entre 3;1 y 3;7 años al emplear oraciones pasivas (reversibles); las asimilan a las construcciones activas, aplicando la estrategia según la que el primer término es a la vez sujeto gramatical y agente. SLOBIN (1966) observa, en niños mayores de seis años y en los adultos, que la mayor dificultad para la descodificación de oraciones pasivas (evaluada mediante el tiempo de reacción) tiende a eliminarse con las oraciones reversibles.

Las experiencias aportadas por SINCLAIR y col. (por ejemplo, SINCLAIR y FERREIRO, 1970; cf. SINCLAIR y col., 1976) han encontrado en sus sujetos menores (4-5 años) la estrategia descrita por FRASER, BROWN y BELLUGI y también la dificultad —imposibilidad en determinados verbos— para producir oraciones pasivas tras una pregunta.

Los resultados de tan diversos estudios concuerdan e indican positivamente el desarrollo de una estrategia para el empleo de las oraciones, basada en el modelo de la oración activa que, al principio, se encuentra aplicada a las oraciones pasivas. Tal estrategia deja de utilizarse progresivamente y la interpretación de la oración pasiva se realiza sobre la base de los índices que permiten identificarla como tal y en función de las capacidades necesarias para aprovechar esos índices, construyendo una representación apropiada de la situación expuesta por el enunciado.

Fuera de las referencias al orden de los términos, el estudio de las oraciones pasivas hace comparecer la intervención de elementos semánticos y cognoscitivos en su interpretación. SINCLAIR y FERREIRO (1970) señalan diferencias netas en el resultado de sus sujetos de acuerdo con los verbos utilizados: "seguir", por ejemplo, es más difícil que "tirar" o "lavar". Los mencionados autores buscan una explicación a estas diferencias por parte de un determinado número de implicaciones de los verbos (concernientes a los efectos de la acción por ellos descrita, intervenciones causales, implicación del espacio, etc.) y rechazan el papel desempeñado por la familiaridad, lo que es consecuencia de los postulados intelectualistas, como hemos señalado en el capítulo precedente. No obstante, parece difícil no concluir que las formas de tipo pasivo o formalmente similar (atribución, cf. anteriormente) son más frecuentes en algunos verbos. Así, acciones como la de "ser tirado" (para un objeto o un líquido) o "ser lavado" (para personas, el niño en especial, u objetos) forman parte de los acontecimientos, incluso de los pequeños dramas de la vida cotidiana descritos verbalmente; no se puede decir exactamente lo mismo con respecto a "ser seguido".

La influencia de factores "empíricos" sobre la adquisición de la voz pasiva queda atestiguada por las experiencias que muestran una mejora de las realizaciones en niños sometidos a una presentación sistemática de modelos (WHITEHURST, IRONSMITH y GOLDFEIN, 1974; I. BROWN, 1976), Hablar de factores "empíricos" no debe conducir a la idea de que los progresos en la adquisición, cuando se llevan a cabo (de todas formas, eso no puede ser más que dentro de límites relativamente estrechos), es de una manera puramente mecánica. Unos ejemplos claros, acompañados de ilustraciones, pueden permitir al niño superar las ambigüedades de la experiencia no sistemática y alcanzar, en consecuencia, una estrategia más clara y coherente.

La diferencia entre oraciones reversibles y no reversibles remite, como se ha hecho notar, hacia conocimientos relativos al "estado del mundo", que conducen a descartar los enunciados referentes a situaciones improbables (aunque para el niño pequeño la separación entre lo real y lo irreal sea menos nítida que para el adulto). Esta interpretación del conocimiento del mundo va más allá de la comparación entre los dos tipos de enunciados. POWERS y GOWIE (1977), por ejemplo, muestran que las "esperas" de los individuos concernientes a los acontecimientos descritos intervienen en sus respuestas. "Un gato acecha a un pájaro", por ejemplo, es considerado más probable, incluso por niños pequeños, que "un pájaro acecha a un gato". Con respecto a las oraciones más verosímiles, los individuos responden más de una manera correcta a los enunciados y/o preguntas presentadas en forma pasiva que en lo referente a oraciones menos probables.

Tal constatación, a decir verdad, no tiene un significado específico con respecto al problema de la voz pasiva. Más bien se deriva de precauciones metodológicas que hay que observar para no introducir artefactos * en las situaciones experimentales. Su alcance, en cuanto al fondo, afecta a la misma aprehensión de los enunciados por los niños pequeños. Sería excesivo decir que éstos descuidan la información que tales oraciones parecen contener para encontrar la expresión de sus saberes. Con todo, eso es realmente lo que manifiesta su comportamiento, al menos parcialmente. BEVER (1970) ha considerado varias estrategias utilizables para la percepción del discurso. Entre ellas, como recuerdan POWERS y GOWIE, una hace mención a las dificultades semánticas y otra a la interpretación del orden sustantivo-verbo-sustantivo como expresión del orden agente-acción-objeto. El lugar en que el niño sitúa sus conocimientos relativos al mundo tiende a favorecer la primera estrategia en detrimento de la segunda. Esto confirma que no podemos tratar el problema únicamente en función del orden de los términos ni, más generalmente, de las informaciones de orden sintáctico. El niño, como el adulto, se interesa por el contenido del discurso y las reacciones observadas muestran la prioridad de lo semántico, que aparece con mayor claridad cuando se encuentra situada en conflicto con elementos sintácticos. Pero, en lo referente a la voz pasiva —así como en lo relativo a otras formas—, intervienen índices que permiten llegar, a la vez, más allá de las sugestiones de la significación y los saberes y más lejos de reglas siempre simples como son las de orden.

---

* "Se dice que hay artefacto en una investigación cuando se ha considerado como resuelto el problema planteado y se encuentran en su conclusión las premisas de su investigación." J. DUBOIS y col.: *Diccionario de Lingüística*. Madrid. Alianza, 1979. *(N. del T.)*

C. La interpretación de indicaciones no explícitas

Los estudios semánticos demuestran que no todo está explícito en la expresión verbal, ya sea por razones de economía o bien porque el fondo de las realidades comporta zonas oscuras que fuerzan a la cadena hablada a contentarse con alusiones. De ahí la importancia de las referencias implícitas al contexto, los sobrentendidos, las presuposiciones que antes hemos mencionado.

Existen aspectos comparables en la sintaxis. Algunas reglas —o hábitos— lingüísticas excluyen la mención explícita de la totalidad de los términos y, en consecuencia, de las relaciones subyacentes que los hacen intervenir.

Un ejemplo típico lo constituyen los pronombres. Su misión consiste en reemplazar, por medio de una producción cuya brevedad la hace económica, un nombre ya mencionado (o, en ocasiones, por un procedimiento de estilo, expresado seguidamente), lo que evita la repetición, como lo haría una lengua completamente explícita.

La supresión de lo explícito entraña en el hablante la obligatoriedad de descubrir los elementos o relaciones no repetidos, situándolos de forma que pueda descifrarse la significación del enunciado. Esta búsqueda procede de estrategias que es posible intentar reconstruir, como en otros casos, a partir de los tanteos y errores cometidos por los individuos.

Es preciso señalar que los enunciados en los que aparecen formas sintácticas no explícitas son generalmente complejos: se trata de oraciones que contienen varias proposiciones, afectando al conjunto de ellas las relaciones por considerar. Aparecen en raras ocasiones —al menos algunas de ellas— en la lengua hablada de forma espontánea. La edad relativamente tardía en la que los niños llegan a dominarlas refleja, al mismo tiempo, la necesidad de un desarrollo que permita dominar la organización de estructuras complejas y una familiaridad creciente ligada a la vida escolar. Efectivamente, es en la escuela donde el niño se familiariza con textos escritos, en los que aparece este tipo de formas; la enseñanza sistemática de la gramática, además, contribuye (en una medida que sería interesante evaluar) a proporcionarle los índices y reglas que se ponen a prueba en las experiencias de laboratorio.

1. LOS PRONOMBRES

La interpretación de los pronombres consiste en determinar de qué nombre ocupan el lugar o con qué referente, atestiguado por un término mencionado, se relacionan; esto permite hablar de "correferencia", es decir, de referencia común al pronombre y al nombre. En el siguiente ejemplo (KAIL y LÉVEILLÉ, 1977): "Elena besó a María cuando ella entró en la habitación", la referencia de "ella" es ambigua, ya que puede tratarse tanto de una de las personas nombradas como de la otra. Las reglas de concordancia afectan al género y al número, que deben coincidir en pronombre y correferente, contribuyendo en algunos casos a determinar a éste. (En contraste con la oración citada, "Pedro besó a María cuando..." no entraña ambigüedad, puesto que el pronombre, femenino, no puede referirse más que al personaje femenino mencionado). Mas para aprovechar estos índices hace falta, evidentemente, que el individuo haya aprendido a respetarlos y que otras sugestiones no conduzcan a hacerlos descuidar eventualmente.

Los pronombres personales pueden tener una correferencia exterior a la oración ("pronombres exofóricos") o designar un referente que haya sido mencionado con anterioridad (pero que esté sobreentendido). Así, buscar la referencia dentro de la oración es ya una posibilidad, que sucede en el caso de los "pronombres anafóricos" [lo que puede ser excluido, por ejemplo, en "El sabía que John iba a ganar la carrera" (C. CHOMSKY, 1969). C. CHOMSKY habla en este caso de referencia restringida y exigencia de no identidad]. En otras situaciones es posible la opción.

C. CHOMSKY ha llevado a cabo un estudio sobre niños entre 5 y 10 años en el que, tras un enunciado del tipo "Pluto cree que lo sabe todo", el sujeto debía contestar a una pregunta como "¿Quién lo sabe todo?". Su finalidad consistía especialmente en comprobar la capacidad de los individuos para discriminar los dos tipos de referencias, internas o externas. En esta clase de prueba no puede hablarse de errores más que en las oraciones que implican una referencia restringida (el error consiste en atribuir la referencia a un miembro de la oración). C. CHOMSKY constató que este tipo de errores desaparecía entre los 5 y los 6 años.

Fuera de estos casos, la atribución de la referencia es abierta y lo que puede notarse es la variación de respuestas de acuerdo con los tipos de enunciados. Por ejemplo, C. CHOMSKY nos muestra que los enunciados "no restrictivos" se interpretan más fácilmente con una referencia externa cuando el pronombre aparece en cabeza del enunciado, antes del término al que puede referirse. En el caso contrario (cuando el pronombre sigue al posible término de referencia), los niños adoptan sistemáticamente (desde los 5 años) la interpretación "interna", atribuyendo el pronombre a la persona mencionada al principio.

KAIL y LÉVEILLÉ (1977) mencionan —aparte de la "estrategia lexical", consistente en aprovechar las marcas como el género y el número— dos estrategias: 1) La estrategia de no cambio de papel, "que consiste en conservar dentro de la segunda proposición (en la que aparece el pronombre) las relaciones funcionales de la primera; así, el agente de la primera proposición es también considerado como agente de la segunda" (1977, 82); 2) la estrategia de proximidad o distancia mínima: se trata de tomar como referente el término más cercano al pronombre. Vemos que cada estrategia implica una interpretación distinta para el enunciado ambiguo antes tomado como ejemplo.

La investigación efectuada por estos autores sobre cinco grupos de niños entre 6;11 y 14;5 años no descubre un dominio precoz en cuanto a las referencias que C. CHOMSKY llama restringidas. Cuando las marcas de género son compatibles, en sólo en CMI (9;9 años), donde el 70 por 100 de los individuos invocan una referencia externa a la oración. Si las marcas son incompatibles, la proporción de éxito aumenta netamente y, por ejemplo, a los 6;11 años, el 65 por 100 de los individuos responden correctamente, frente a sólo un 35,5 por 100 en caso de compatibilidad. (Parece muy probable que la diferencia entre las edades a las que se consigue el éxito en ambos estudios es resultado de que las oraciones propuesta por C. CHOMSKY son mucho más sencillas, cortas y próximas a las que el niño puede oír en su vida cotidiana que las empleadas por KAIL y LÉVEILLÉ.)

La importancia de las marcas se revela igualmente en otros tipos de oraciones, pero en determinados casos, cuando estas oraciones entran en conflicto —por ejemplo— la estrategia del mantenimiento del papel, los individuos las sacrifican (en una proporción notable antes de los nueve años) en provecho de la mencionada estrategia.

Las estrategias definidas por KAIL y LÉVEILLÉ son de tipo formal, puesto que no hacen intervenir los aspectos semánticos. C. CHOMSKY había hecho mención del papel desempeñado por estos aspectos, que permiten tener en cuenta, particularmente, las diferencias presentes en enunciados que, no obstante, comportan las mismas estructuras. GARVEY y CARAMAZZA (1974) proponen tomar en consideración el significado de los verbos. Las dos oraciones siguientes ilustran bien la importancia de este aspecto.

"Juana asustó a María porque (ella)* conducía muy de prisa".

---

* Tengamos en cuenta que, al contrario que en francés ("Jeanne effraya Marie parce qu'elle conduisait trop vite") o en inglés, el español suprime sistemáti-

"Juana reprendió a María porque (ella) conducía muy de prisa".

Cada una de las oraciones implica una referencia distinta, determinada por los verbos de la proposición principal.

Lo mismo sucede en las oraciones:

"John telefoneó a Bill porque (él) quería noticias".
"John telefoneó a Bill porque (él) tenía noticias".

(CARMAZA y col., 1977). En este caso es el verbo de la proposición subordinada el que determina la elección del referente.

Estos autores insisten en la causalidad implicada por los verbos como factor de elección. CARAMAZZA y col. (1977) muestran que las interacciones entre las previsiones inducidas por el verbo principal y el verbo de la subordinada se traducen en diferencias entre los tiempos de respuesta de los individuos (adultos).

También mencionan otros aspectos debidos a la influencia del verbo. Así, cuando éste expresa, por ejemplo, un estado o una experiencia psicológica; la oración:

"Bill dijo a Harry que Jhon le fastidiaba".

implica la referencia del pronombre a Bill, del mismo modo que:

"Bill dijo a Harry que (él) quería a John".

Está claro que los factores que intervienen son múltiples, concerniendo tanto al complejo juego entre los significados (y no sólo a los de los verbos) como al "conocimiento del mundo" o a la apreciación del contexto del enunciado. Su desarrollo en el niño aún no ha sido objeto de estudios sistemáticos.

2. LA INTERPRETACION DE TERMINOS OMITIDOS

a) *El sujeto de las oraciones compuestas.* Algunas oraciones compuestas implican la omisión del sujeto de uno de los verbos. C. CHOMSKY (1969) estudia este tipo de oraciones, de las que un ejemplo puede ser:

"John dijo a Bill que se tenía que ir".

El sujeto de ir no está explícito, y el oyente debe determinar a quién se aplica (en este caso John o Bill).

En realidad, los enunciados de este tipo admiten una regla de interpretación que podemos denominar formal: el sujeto es el sustantivo más cercano (principio de distancia mínima, antes citado). Tal principio es válido para un buen número de verbos; sin embargo, "prometer" constituye una excepción:

"Jhon prometió a Bill ir".

Implica que el sujeto de ir es John (lo mismo sucede con "comprometerse", "jurar"...). Y para un verbo como "pedir" son posibles ambas interpretaciones, según el significado que se

---

camente la referencia pronominal en oraciones de este tipo. Por ello, en este ejemplo y en los siguientes, la incluimos entre paréntesis. *(N. del T.)*

le dé: equivalente a "ordenar" (primer caso) o a "solicitar permiso" (segundo caso).

Los resultados de su experiencia han demostrado a C. CHOMSKY que los niños, aun interpretando precozmente las frases con "decir", manifiestan un claro retraso en enunciados con "prometer" y todavía mayor en el caso de "pedir".

Este desfase tiene interés, debido a la diversidad de interpretaciones que sugiere. Podemos imaginar, en el sentido de una concepción innatista, que la regla de distancia mínima corresponde a uno de los "universales" que el niño es capaz de poner en práctica sin necesidad de aprendizaje. Pero es más positivo hacer notar que la regla en cuestión se aplica a una gran cantidad de verbos y que, desde este punto de vista, se presenta como general, mientras que el caso de "prometer" constituiría una excepción. Por tanto, es posible pensar que la experiencia de las formas encontradas con mayor frecuencia es lo que lleva al niño a extraer una regla de este tipo, regla que aplicará válidamente, menos cuando tropiece con una excepción. Añadiremos que los intercambios entre adulto y niño son con mayor frecuencia del tipo orden dada por el primero ("te digo que...") que implique compromiso con respecto al niño ("te prometo que...").

La referencia a las relaciones entre los hablantes nos lleva a tomar en consideración el significado. En última instancia, es este significado lo que determina quién es el sujeto de la proposición subordinada. Como señala C. CHOMSKY, los verbos del tipo "decir" entran en la categoría de los destinados a expresar una orden y, más generalmente, una presión o una petición ejercida sobre el oyente. Por sí solo, el verbo no define el contenido de la petición; únicamente señala su existencia. El contenido viene dado por la subordinada, que, de este modo, desarrolla lo que el oyente, objeto de la solicitud, está incitado a hacer. A él le concierne lo dicho y no al emisor, agente de la presión; por tanto, él se considerará naturalmente el *sujeto* del verbo que especifica la petición.

Por el contrario, los verbos que implican una promesa, un compromiso, conciernen al emisor, autor de la promesa. El es el directamente afectado. La especificación de la promesa, en consecuencia, se refiere a él y en este caso él se considerará de un modo natural el sujeto de la subordinada.

Esto nos permite enlazar con los elementos de análisis expuestos por GARVEY y CARAMAZZA (1974). Existen concomitancias muy claras entre la interpretación del sujeto elidido y la atribución de la referencia del pronombre. El uso de éste es un primer paso hacia la supresión del nombre. Y existen equivalencias entre el empleo del pronombre y la supresión completa. ["Jhon insistió ante Bill para que (él) saliera"; "Jhon prometió a Bill que (él) saldría pronto"* son dos ejemplos del uso pronominal con una petición y una promesa.] Aquí la significación completa —y no solamente la de los verbos— se encuentra afectada.

No obstante, los elementos gramaticales no son excluibles. Cumplen la función de índices para expresar determinadas variaciones que, de otra manera, derivarían de cambios léxicos. Podemos percibir el cambio que resulta de una modificación en el modo del verbo si comparamos;

"John le dijo a Bill que saliera".
"John le dijo a Bill que saldría".

Pero la elección de la forma gramatical es, para el emisor, un medio con el que expresar un significado diferente, lo que nos recuerda, si fuera necesario, la prioridad de éste.

b) *Las omisiones en oraciones coordinadas.* SINCLAIR y col. (1976) recogen un estudio de RAPPE DU CHER acerca de la comprensión por los niños de enunciados en los que se mencionan varios agentes, acciones o pacientes, pero en los que no aparecen repeticiones que implicarían un enunciado enteramente explícito. Por ejemplo, en:

"Juan mira mientras María lava al gato"

se omite el complemento del primer verbo, y el oyente debe comprender que el único paciente mencionado (el gato) es el objeto de las dos acciones expresadas por ambos verbos. En:

"Juan mira al perro y María al gato"

es el verbo lo omitido en la segunda parte de la frase, y el emisor debe suplir su ausencia comprendiendo que el primer verbo tiene que ser el que describa la acción sobre el gato.

---

* De nuevo (cf. nota en pág. 188 el pronombre se suprime en español, frente al francés *"Jhon insista aupres de Bill pour qu'il sorte"*... Comprobemos, además, que esa tendencia a la supresión completa de la que habla el autor ya se han cumplido en nuestra lengua. *(N. del T.)*

Los primeros estudios acerca de las producciones espontáneas de los niños habían indicado que la conjunción coordinada "y" no es empleada inmediatamente, sino que la primera tendencia consiste en no enlazar los términos de una serie de sucesos, mientras que el nexo "y", cuando aparece, es con una función más enumerativa que verdaderamente coordinante (cf. OLÉRON, 1976). De igual modo, no se excluyen las repeticiones, lo que apunta en el mismo sentido.

Los resultados de RAPPE DU CHER confirman tales observaciones: Los niños de tres y cuatro años no entienden una oración como: "Juan y María lavan al perro". En cuanto a los enunciados antes descritos, los niños no los dominan hasta los seis o siete años. La dificultad parece estribar en el hecho de que los individuos esperan enunciados completos del tipo sujeto-verbo-complemento, y quedan desconcertados cuando se encuentran ante una frase que no contiene estos términos. La investigación se ha efectuado sobre niños que se expresan en lenguas distintas y algunas dificultades encontradas por niños que empleaban el francés o el inglés fueron superadas antes por los que hablaban alemán o turco. En particular, el autor destaca el papel que cumplen las declinaciones en las lenguas que, como estas últimas, hacen uso de ellas. El empleo del acusativo, por ejemplo, proporciona un índice sobre el oficio de paciente cumplido por el referente y permite comprenderlo incluso en ausencia de un verbo contiguo.

4. ASPECTOS COGNOSCITIVOS

A. Cognición y lenguaje

La reacción contra la tendencia que concedía un lugar privilegiado a los aspectos sintácticos en el estudio del lenguaje infantil ha llevado a situar en un lugar preeminente las cuestiones cognoscitivas (al igual que las semánticas) reveladas por tal estudio. Esta orientación es la reivindicada por la Escuela de Ginebra, en función de las posiciones teóricas de PIAGET, y se manifiesta en distintos análisis generales, entre los que pueden mencionarse los de MAC NAMARA (1972) o NELSON (1974). Sin embargo, es preciso que, en principio, este reconocimiento se acompañe de datos sólidos y numerosos; algunos autores (por ejemplo, SINCLAIR, 1975) señalan la dificultad que supone relacionar las dos formas de desarrollo, cognoscitivo y lingüístico, debido a la insuficiencia de conocimientos acerca de cada una de estas formas.

Existen varios modos de abordar las relaciones entre lenguaje y cognición. Algunos de ellos no son pertinentes, desde una perspectiva general, en función del objeto de la presente obra.

Entre los primeros, debemos mencionar las discusiones generales sobre la relación entre "el lenguaje y el pensamiento" (empleando una formulación tradicional, cuyo contenido no varía forzosamente en las concepciones más modernas). Cuando el debate toma la forma de un razonamiento equilibrado —aunque sus argumentos sean sólidos— acerca de las dependencias recíprocas o la supremacía de uno de los términos, nos quedamos en un análisis filosófico que en poco contribuye a aclararnos la realidad de los problemas.

Entre los segundos figuran los análisis relativos a la influencia del lenguaje sobre el desarrollo cognoscitivo. Estos estudios abordan un tema importante, tanto desde un punto de vista teórico como en relación a eventuales aplicaciones pedagógicas. Los datos recogidos con este fin son abundantes y no hay que olvidarlos cuando se quieren tratar a fondo los distintos aspectos e implicaciones de la adquisición (y el ejercicio) del lenguaje. Pero si, como en este caso, queremos limitarnos a la adquisición del lenguaje, éste es un tema que ya hemos abordado en otro lugar (OLERON, 1972).

Por tanto, aquí se trata de considerar algunos aspectos destacados que hacen referencia al influjo inverso del desarrollo cognoscitivo sobre la adquisición del lenguaje. Estamos ante una relación de dependencia, ya que el problema estriba en considerar en qué medida esa adquisición o, para ser más exactos, tal o cual aspecto de la adquisición, es tributaria del desarrollo cognoscitivo. Esta concepción no excluye —y así se justifica el rechazo de la forma excesivamente simplista basada en una simetría de las relaciones, contenida en la perspectiva general mencionada en primer lugar— que el logro de un determinado nivel, la conquista al menos parcial de informaciones, saberes, actitudes, métodos, de una disciplina relacionada con la práctica del lenguaje, no tengan un papel o no sean aspectos del desarrollo cognoscitivo.

Acabamos de hablar de dependencia. Esto excluye lo que se considere simplemente correlaciones y, sobre todo, lo que utilice la presencia de correlaciones como marca de una dependencia. Desgraciadamente, y a pesar de que la distinción entre correlación y causalidad constituye el punto más elemental de la lógica de la argumentación y de la lógica de la ciencia, es lamentable constatar que algunos autores ignoran o menosprecian tal distinción y emplean constantes de desarrollo paralelas en el plano intelectual y en el plano lingüístico para llegar a un efecto del uno sobre el otro. También es penoso comprobar que la posición mantenida por PIAGET, dando la prioridad a la lógica, y por tanto a la inteligencia sobre el lenguaje, pese a la profundidad e ingenio de las razones que la justifican, provoca en demasiados lectores una adhesión fundada, no en el examen razonado de esos motivos, sino en la seducción de la autoridad y en la facilidad y las ventajas que aporta la reproducción de fórmulas enunciadas con claridad (cf. OLÉRON, 1977 b); por otra parte, tal posición conduce a los investigadores a imaginar que están aportando un apoyo a esa tesis, cuando en realidad no llegan a sobrepasar la constatación de un paralelismo entre dos aspectos del desarrollo.

Para seguir con PIAGET —a quien necesariamente hay que citar, ya que, por el peso y la altura de sus obras, domina el ámbito del desarrollo intelectual—, nadie negará el ingenio de las pruebas por él aportadas para evaluar el desenvolvimiento intelectual ni el valor de ellas para asegurar esta valoración*. Pero, consideradas como tales, se trata de indicadores de desarrollo, sin más. Ahora bien; todos los indicadores están en correlación cuando se aplican sobre grupos de niños de edad creciente. La correlación entre la consecución del nivel operatorio y tal nivel en el empleo de cualquier forma sintáctica o semántica (o toda combinación entre ellas) no tiene más sentido, si nos atenemos a esa correlación, que la existente entre las realizaciones lingüísticas y la talla, el peso o la tasa de osificación, correlaciones igualmente muy positivas en todo el período de crecimiento o, al menos, durante una gran parte de su desarrollo.

---

* Véase PIAGET, J.: *Psicología infantil* (9.ª Ed.), Madrid, Morata, 1980. *(N. del T.)*

No podemos pasar de la correlación o de la concomitancia a la dependencia, salvo si se establece una conexión inteligible entre los elementos en correlación, aunque sea a título de hipótesis (lo que justifica que el positivismo de COMTE haya rechazado la causalidad, pues, en buena lógica, no es posible querer a un mismo tiempo atenerse a lo observable y mantener el estudio de una dependencia causal). Desde este punto de vista, las investigaciones que se proponen establecer una relación entre actividades y capacidades que puedan inferirlas en la comprensión o la producción de las formas verbales y las actividades y capacidades cognoscitivas, que pueden ser deducidas de estos logros en determinadas tareas y problemas, son válidas si unas y otras son determinadas y analizadas con suficiente finura y verosimilitud. Así, en el sistema piagetiano, nociones invocadas para describir el progreso de la actividad intelectual, como la consideración coordinada de un conjunto de datos distintos, la posibilidad de considerarlos desde varios puntos de vista diferentes, así como de captar las equivalencias que dejan subsistir transformaciones de apariencia y de superficie o, en general, la capacidad de rebasar las sugestiones del dato inmediato para acceder a regularidades que no son directamente accesibles... pueden ser puestas *en contacto* con lo que exige el tratamiento eficaz de los datos lingüísticos. En tales casos se trata de adelantar hipótesis acerca de las realidades funcionales comunes, lo que es muy distinto a invocar la "operatividad" que, mencionada sin tales referencias, nos llevaría a algo parecido a la capacidad "dormitiva" de los médicos de MOLIÉRE.

La dificultad con la que tropieza la aplicación, incluso reflexiva, de las concepciones desarrolladas por PIAGET acerca de la inteligencia, consiste en que éstas se apoyan voluntariamente sobre actividades no verbales, actos ejecutados en los objetos materiales y de acuerdo con sus propiedades. Esta concepción resulta de la tesis de base sobre la naturaleza de la inteligencia que, para PIAGET, procede de la acción ejercida por el organismo en su entorno físico. De esta forma, las nociones y operaciones estudiadas por PIAGET conciernen a este tipo de actividad y a las propiedades de esta clase de entorno. Se trata de una larga tradición de la filosofía racionalista, según la cual los procesos cognoscitivos se caracterizan por su referencia al universo material y a los logros que las matemáticas concretas, la mecánica o la física han conseguido desarrollando la teoría y permitiendo un dominio más completo.

Esto deja de lado otro tipo de actividad y otro tipo de entorno: todo lo que concierne al hombre y a la sociedad. Las presiones de estos elementos no son menos apremiantes sobre el individuo que las del universo material, aunque no puedan ser descritas de la misma forma y con la ayuda de los mismos sistemas de conceptos y relaciones. Del mismo modo, las acciones ejercidas por el hombre sobre otro o sobre el grupo son de distinto orden que las que llevan a cabo los actos físicos: realmente, aquí no pueden encontrarse las raíces de ello en movimientos tales como la prensión o las exploraciones manuales del recién nacido.

Por otra parte, esta visión racionalista estricta no se ocupa —dentro del mismo universo físico y, con mayor razón, por supuesto, en el universo social— de todos los aspectos oscuros y amenazadores, las incertidumbres y ambigüedades de los índices que este mundo aporta, las reacciones afectivas ante estos aspectos, y eso sin hablar de las acciones de tipo mágico que, tratando de dominarlas, llegan a reintroducir una seguridad que no pueden lograr el conocimiento científico ni las técnicas positivas.

Los cuadros elaborados para dar cuenta del desarrollo cognoscitivo están marcados por esta restricción en la noción de inteligencia. Sólo aceptando hipótesis muy estrictas, estos cuadros, elaborados en el mencionado contexto, podrían ser considerados aptos para dar cuenta de las actividades psicológicas que intervienen en los contactos e interacciones entre los hombres. Sin llegar a recoger las tesis de BERGSON sobre la incapacidad de la inteligencia para captar la originalidad de la vida y del psiquismo en sus aspectos evolutivo y creador, es dudoso que la lógica y las matemáticas den cuenta adecuadamente de las ambivalencias y matices cualitativos, así como de los significados, motivaciones, intenciones y finalidades aprehendidos y puestos en acción en estos contactos e interacciones o los sentimientos, pasiones o desesperanzas que los acompañan o los determinan.

Las puntualizaciones que acabamos de señalar no nos apartan del problema cuya discusión hemos abordado, ya que las relaciones entre cognición y lenguaje no se definen independientemente de la concepción desarrollada por cada uno de los términos. Existe toda una vertiente del lenguaje que se refiere a la descripción del mundo físico y que, desde este punto de vista, no está desconectado de las descripciones que permiten las matemáticas o la lógica. Así, una parte del vocabulario infantil está formado por palabras que denotan los objetos y sus características; una zona de la actividad verbal del niño consiste en denominar tales objetos y describirlos. Pero se trata sólo de una parte del lenguaje, tanto en lo que se refiere al vocabulario (puesto que otras palabras están dedicadas a denotar los deseos, las necesidades, las personas —que no son simples objetos—, los sentimientos por ellas inspirados o expresados...), como desde la perspectiva de su uso y de los efectos que éste realiza o al menos pretende. Antes hemos dicho que, si con PIAGET podíamos encontrar el punto de partida de un pensamiento matemático o lógico en los movimientos y manifestaciones del recién nacido, no sucedía lo mismo en cuanto a las acciones de tipo social, ejercida sobre otro. Su origen se encuentra en los gritos, llantos, risas o gestos. Ahora bien; también aquí se halla el punto de partida del lenguaje, que siempre guarda relación con estas manifestaciones, ya sea intentando incorporarlas en sus contenidos y modulaciones, o bien manteniendo una asociación con ellas, lo que contribuye a la significación de los propósitos del sujeto.

Estas puntualizaciones llevan a subrayar el carácter irrisorio que presenta el empleo de los clichés estereotipados (que, por otra parte, favorece su facilidad en la reproducción). Decir, por ejemplo, que la adquisición del lenguaje es tributaria de la inteligencia senso-motriz, no aporta ninguna ayuda al nivel de la explicación, ni incluso al de la descripción. Simplemente, se trata de una deducción sobre la base de una correlación superficial: el estadio descrito bajo el nombre de inteligencia senso-motriz se sitúa en el período en el que se adquiere el lenguaje. La fórmula no arroja ninguna luz sobre las relaciones entre esa adquisición y el desarrollo cognoscitivo que tiene lugar durante el período correspondiente: como siempre, para esperar alguna novedad habrá que sobrepasar la fórmula para captar las realidades que recubre y verificar su pertinencia.

A propósito del desarrollo semántico, veíamos que la forma según la cual el niño interpreta los enunciados que oye corresponde a los conocimientos por él formados acerca de los referentes. Lo que determina su interpretación es un conocimiento incompleto o deformado de éstos. Los rasgos semánticos no son únicamente lingüísticos: corresponden a la composición del concepto, a los rasgos que definen la comprensión, en el sentido lógico del término. Así, las respuestas del niño ante las palabras ponen en claro lo que son para él estos conceptos; finalmente, la interrogación sobre y con la ayuda de las palabras (realmente asentada en objetos reales o figurados) aparece como un medio para captar el estado de su desarrollo cognoscitivo y las etapas recorridas.

Igualmente, en un nivel más descriptivo y para individuos situados al comienzo de la adquisición, las tentativas de analizar el vocabulario empleado por el niño y determinar las clasificaciones correspondientes conducen a representarse el modo en que ese niño capta su entorno, qué es lo que toma de él (es decir, en última instancia, qué es para él ese entorno) y en qué categorías se organiza su experiencia (véase, por ejemplo, las clasificaciones propuestas por Nelson, 1973, 1976). Todo ello no significa que el niño no recoja más aspectos del entorno que aquéllos que es capaz de expresar y que debamos fiarnos únicamente de sus propósitos. Pero podemos pensar que esto supone un esclarecimiento de los puntos acerca de los que la simple observación de las actividades no proporciona más que índices relativamente toscos e incompletos.

Los estudios consagrados a las producciones verbales que manifiestan aunque no sea más que un principio de organización (como es el caso de los enunciados con dos palabras) hacen aparecer relaciones que se derivan tanto de categorías cognoscitivas como semánticas. Se ha hecho frecuente mención de las categorías sintácticas propuestas por Fillmore (1968), aunque hayan recibido una audiencia limitada por parte de los lingüistas debido a su proximidad a categorías cognoscitivas. Se trata de emplear la noción de "caso", familiar para los que estudian las lenguas que implican declinación: *Agente, Instrumental, Dativo, Factivo, Locativo, Objeto*. Las categorías de modelos desarrollados por Braine (1976) —antes presentadas— comportan también referencias cognoscitivas, aunque en este caso no estén explícitamente consideradas y algunas de ellas conciernan más a los actos o actitudes del sujeto en el momento de su enunciación. La misma puntualización puede hacerse con respecto al tema de los "operadores" expuestos por Bronckart (1977) quien menciona: *Designación, Predicación, Determinación, Tematización, Discursión, Enunciación*.

Otras tentativas, de un modo explícito, tienden a proponer listas correspondientes a los aspectos o relaciones del universo, tal y como éste es captado. Así es, por ejemplo, la serie propuesta por EDWARDS (1974), que comprende: agente, instrumento, *"experiencer"* (que lleva a cabo una experiencia mental, como, por ejemplo, percibir), fenómeno (lo que provoca la experiencia anterior), localización, fuente y meta, poseedor, beneficiario y resultado. Partiendo de esta clasificación, y haciendo intervenir una organización de los verbos, EDWARDS propone un cuadro con las distintas proposiciones que el niño puede producir. Por otra parte, este autor pone en relación las categorías diferenciadas con los aspectos y relaciones que intervienen en la inteligencia senso-motriz tal como la describe PIAGET.

B. La constitución de la organización cognoscitiva a través del lenguaje

La determinación de la organización cognoscitiva ha sido buscada por los filósofos y los primeros psicólogos a través del lenguaje. Trabajos como los de WALLON (1945) representan un sistema de investigación según el cual los intercambios verbales entre el psicólogo y el niño proporcionan informaciones que a continuación son anotadas e interpretadas. Los primeros estudios de PIAGET no utilizaban un método esencialmente distinto. El desarrollo de su teoría acerca de la inteligencia es lo que —curiosamente, de acuerdo con las posiciones conductistas— lleva a considerar de forma privilegiada los comportamientos y reacciones del individuo en situaciones no verbales. Efectivamente, esto implica que, estando caracterizada la inteligencia a partir de cuadros o estructuras que podemos considerar derivados de la experiencia del mundo material, se asegure la determinación de sus estados y etapas por medio de los comportamientos y reacciones mencionados. El procedimiento es justificable, incluso fuera de su contexto teórico, aunque no sea más que por su objetividad conforme a las exigencias del conductismo y porque la ausencia de tal apoyo puede dar lugar a desvíos, tanto en los intercambios entre niño e investigador como en las interpretaciones de este último. Con todo, el sistema implica graves limitaciones, debido a que la investigación no permite, en principio, esperar más que lo que puede ser expresado en las propiedades de los objetos o de las acciones efectuadas sobre ellos. Es decir, que esa investigación deja fuera todo lo referente a la representación de los datos y relaciones de orden psicológico o social, así como todas las habilidades ejercidas sobre o con la ayuda del lenguaje: la percepción y resolución de ambigüedades, la aprehensión de lo implícito y las presuposiciones, la evaluación de las intenciones y móviles en el enunciado, los significados latentes, etc.

A decir verdad, la posición de PIAGET es, en su ámbito, más bien una formulación de principio que su genio experimental le ha llevado a superar, ya que la interrogación del niño tiene en sus procedimientos estándar un lugar finalmente fundamental cuando no es —como cuando se trata de clasificación o inclusión y, naturalmente, de al menos una parte de las operaciones formales— la materia misma del examen. Y no es para menos, puesto que lo que se dice tiende a ponerse en el lugar de lo que se hace, plantear la pertinencia del uso del lenguaje como materia para comprobar determinadas capacidades que no se derivan sólo de la habilidad para utilizar formas verbales, sino también de modalidades de la actividad cognoscitiva.

Con respecto a la habilidad para utilizar las formas verbales, aunque se trate del empleo de relaciones sencillas, como las que intervienen en la mayor parte de los tests o de la aprehensión de sutilezas y matices (y de su uso), es posible rehabilitar la noción de inteligencia verbal. Puede reprocharse a este concepto el hecho de que se asiente sobre bases insuficientemente elaboradas o confeccionadas con la ayuda de métodos empíricos en exceso. No obstante, corresponde a una realidad —no necesariamente aislable como aptitud independiente— y el mismo término, aunque no sea más que una etiqueta, nos lleva al menos a no cerrar los ojos ante esa realidad.

En lo concerniente a la organización cognoscitiva, debemos recordar los estrechos lazos que unen el concepto con la expresión verbal. Incluso cuando se trata del universo material, su visión está formada parcialmente por medio del lenguaje. No se trata de volver a las simplificadoras concepciones desarrolladas por VON HUMBOLDT y WHORF acerca de la "visión del mundo" a través de la lengua. WHORF insistió mucho en las clasificaciones de los objetos, de sus propiedades, de las acciones aseguradas por las lenguas. Contra esta idea puede argumentarse que las clasificaciones dependen de las propiedades objetivas del universo y de aquéllas —semiobjetivas— que se derivan de las acciones ejercidas sobre él. Las clasificaciones científicas, tales como las de la biología y la química, son objetivas y no dependen de la lengua común (ya que implican la creación de una lengua o, al menos, de un vocabulario especializado). Pero éstas son creaciones recientes, desde el punto de vista histórico, y marginales, desde la perspectiva del hombre de la calle y, en cualquier caso, para el niño. De modo que éste, en primer lugar, se respaldará en las indicaciones proporcionadas por la lengua, incluso si tales indicaciones son reflejo de impresiones subjetivas o de aproximaciones y disposiciones superficiales que el progreso de la ciencia induce a descartar, aunque sin modificar las formas de referirse a ello [la ballena, a pesar de estar reconocida como mamífero, en alemán siempre es denominada como pez *(Walfish);* el sol, pese a Galileo, continúa "saliendo" y "poniéndose". (cf. MOUNIN, 1963)].

El uso de la lengua implica el respeto a reglas de clasificación. La del género es una regla de tipo arbitrario o, en cualquier caso, sin fundamento objetivo desde el momento en que es aplicada a otros referentes que los seres sexuados. Por el contrario, otras reglas se refieren a clasificaciones que poseen alguna relación con la naturaleza de las cosas. Así, determinadas acciones o propiedades no convienen sino a ciertas categorías de seres y no a otras, estando excluida su posible atribución a las que no forman parte de esas categorías. Por ejemplo, acciones como votar, firmar, prometer, perdonar, maldecir, etc., pueden ser asociadas a los seres humanos, pero nunca a animales ni a objetos inanimados. Andar, correr, ver, oír o comer pueden ser atribuidos a hombres y animales, no a plantas u objetos inertes.

Las clasificaciones que podemos invocar son, evidentemente, fruto de una reflexión. Lo que proporciona la experiencia lingüística es solamente la existencia de obstáculos que imponen una congruencia entre los términos presentes en un enunciado y excluyen determinadas combinaciones que podrían darse entre términos pertenecientes a categorías incompatibles. Evidentemente, aprender una lengua es adquirir el conocimiento de esos obstáculos y producir enunciados que los respeten. Podemos afirmar que, por medio de su aprehensión, el individuo capta las clasificaciones subyacentes. Con seguridad, éstas no están explícitas para él ni captadas como tales, pero puede decirse que el respeto a las reglas de la lengua lo lleva a una representación virtual de las grandes categorías en las que se reparten los objetos, acciones y propiedades del universo. De esta forma aparece el vínculo entre lo lingüístico y lo cognoscitivo, presentándose lo primero como una vía de acceso hacia lo segundo. CHOMSKY (1965), proponiéndose exponer un modelo de la construcción oracional, encuentra y menciona las reglas que corresponden a las clasificaciones y a los obstáculos que acabamos de mencionar. El creador de la gramática generativa plantea ocuparse de estos aspectos recurriendo a matrices de rasgos inspirados en los rasgos distintivos de la fonología. Los que CHOMSKY menciona y que, como él mismo reconoce, proceden de la "gramática tradicional", son unos más específicamente gramaticales, mientras que otros son, con preferencia de tipo semántico. Las distinciones común/propio para los sustantivos y transitivo/intransitivo para los verbos se derivan de la gramática, ya que los gramáticos hacen mención efectiva de ellos, mientras que distinciones como animado/no animado o humano/no humano tienen su origen en la semántica; los rasgos mencionados entran en la categoría de rasgos semánticos, de los que nos hemos ocupado en el capítulo precedente. Sin embargo, en última instancia, tanto para unos como para otros, podemos invocar una correspondencia con propiedades o características derivadas de la representación o el conocimiento del entorno.

Algunos autores se interesan en la adquisición de los imponderables que intervienen en la construcción de los enunciados. JAMES y MILLER (1973) toman en consideración los rasgos animado/inanimado, humano/no humano para construir oraciones que respeten o violen las reglas de congruencia relativas a las relaciones sujeto-verbo y adjetivo-nombre. Señalan su uso correcto en niños pertenecientes a dos grupos de edad (4;6-5 años y 6;6-7 años).

HOWE y HILLMAN (1973) construyen oraciones del tipo sujeto animado-verbo-complemento inanimado (por ejemplo: "Su padre ha vendido el coche"), sujeto inanimado-verbo-complemento animado (ejemplo: "El fuego reanimaba a los cow-boys") y otras en las que las restricciones, según su opinión, son específicas o "idiosincrásicas", es decir, no definibles según referencias a rasgos de tipo general o abstracto (ejemplo: "El camión transportaba la cocina", donde "transportar" no puede decirse más que del camión y no de la cocina). Cada una de las oraciones (15 de cada tipo) fue invertida, permutando el sujeto y el complemento; esta operación produce enunciados inaceptables, ya que las oraciones originarias eran irreversibles (los verbos de las construcciones 1 y 2 implican un sujeto animado *o* inanimado). Las parejas de oraciones así constituidas fueron presentadas a niños repartidos en seis grupos de cuatro a nueve años.

MARGAND (1977) se limita igualmente a los ragos animado/inanimado, pero completa la prueba verbal (establecida sobre el mismo principio que las anteriores) mediante pruebas figurativas, donde los individuos debían discriminar o clasificar imágenes representantes de seres animados o inanimados. Estos sujetos tenían edades de cuatro, cinco y seis años.

Todas estas investigaciones llevan esencialmente a resultados cuantitativos, que muestran progresos con la edad, pero ya aparecen tasas de dominio notables en los individuos más jóvenes, al menos con oraciones sencillas (como mínimo, cuando se trata de la asociación sujeto-verbo).

La comparación realizada por MARGAND entre la prueba verbal y las pruebas de tratamiento de figuras es instructiva: se alcanzan mayores éxitos en la primera. Esto se relaciona con el hecho de que las representaciones figuradas hacen aparecer o sugieren similitudes referentes a dimensiones no categoriales o a categorías más perceptivas que las que presenta la expresión verbal. El material verbal, no obstante, había sido elaborado de forma que categorías tales como el movimiento o el foco de sonido puedan interferirse con la categoría animado/inanimado (un avión o un coche tienen en común con un animal el desplazarse; un tambor o un reloj el emitir sonidos). Pero estas sugestiones son poco sensibles, aunque utilizan el material figurado. Todo ello parece ir en el sentido de la tesis aquí defendida; vemos que el uso del lenguaje se orienta hacia categorías que la experiencia perceptiva sugiere mucho menos netamente, con lo que ésta, no obstante, implica desde el punto de vista de la conceptualización.

La referencia a los rasgos no implica la existencia de jerarquía entre ellos. Precisamente para evitar los problemas de jerarquía, CHOMSKY (1965) había propuesto tomar como referencia para los rasgos semánticos el modelo fonológico. Sin embargo, algunos rasgos son susceptibles de integrarse en una organización jerárquica del tipo de las empleadas por zoólogos o botánicos. Así sucede con los rasgos animado/no animado o humano/no humano, a pesar de que los autores mencionados, aun centrando sus investigaciones sobre ellos, no han considerado este aspecto en absoluto.

OLÉRON y CORROYER (1979) estudian específicamente este aspecto. La referencia a la organización jerárquica permite aportar indicaciones acerca de la forma en que el niño capta esta organización y las diversas relaciones que la misma hace intervenir (entre elementos subordinados, sobreordinados o coordinados). Además, un sistema jerárquico permite introducir la noción de *distancia semántica* entre los términos presentes en un enunciado. En el plano de los imponderables relativos a la congruencia de los términos de la oración, podemos contar con el papel que desempeña esta distancia: el niño capta con mayor facilidad la incompatibilidad cuando la distancia es mayor, y más fácilmente la congruencia cuando ésta es más débil, ya que la distancia es inversamente proporcional al número de rasgos comunes a los términos.

El método consiste, como en anteriores investigaciones, en hacer juzgar la aceptabilidad de enunciados congruentes y no congruentes (en este caso, con niños de edad media entre 4;0 y 6;0 años y haciendo intervenir en los enunciados los rasgos humano/no humano, animado/no animado y vivo/no vivo, existente). Se ha verificado el papel de la distancia semántica. Pero los datos más interesantes se encuentran en los comentarios y justificaciones de los niños, que permiten asistir a la construcción progresiva del sistema, aprehensible a través de las respuestas, sus torpezas y, en ocasiones, sus extravagancias.

De esta forma, si las categorías no son denominadas como tales por falta de un vocabulario disponible, las menciones hechas a ejemplos alternativos —derivados de categorías coordinadas— indican al menos un comienzo de aprehensión de la categoría sobreordinada. Así, ante la oración "La montaña se marchita" (que es del tipo Viviente —Animado—), pocos individuos demuestran su conformidad;

los que lo hacen, invocan la vejez o la muerte, pero algunos de los que rechazan el enunciado invocan sucesos como la explosión o la fusión de la nieve (con el sentido: "La montaña no se marchita, pero..."). Lo que es común a estos individuos es la conciencia, esbozada al menos, de un deterioro o una destrucción que pueden afectar a la montaña y que, de esta manera, aparecen tratados como equivalentes al modo de destrucción propio de la flor, implicando la categoría sobreordinada, precisamente la de destrucción. Incluso un individuo que rechace la oración, diciendo que una montaña no puede derrumbarse, renuncia a una forma de destrucción que es al menos pensable para ese objeto.

Del mismo modo, un niño que rechaza que "la flor camina", pero señala que crece y otro que no acepta que "la montaña anda", pero afirma que se desliza, parecen referirse a una jerarquía en la que "crecer" y "deslizarse" se coordinan con "andar" bajo un rasgo más general no denominado (cf. fig. 7).

FIG. 7.—Esbozo de una jerarquía entre rasgos semánticos, haciendo intervenir rasgos sobreordinados implícitos (OLÉRON y CORROYER, 1979).

Por otra parte, los niños, ante enunciados no congruentes, se refieren con bastante facilidad a los sujetos a los que se aplicarían, señalando que los sujetos propuestos no realizan las acciones evocadas por los verbos. Por ejemplo, ante oraciones del tipo Sujeto humano — Verbo humano + ("La flor almuerza", "La mesa dibuja") afirman: no es una persona, no es un chico, un señor; o bien (en oraciones como "El perro dibuja", "La mesa dibuja"): las madres dibujan, los niños dibujan. Existe una aprehensión de la congruencia y de la no congruencia en un juego de oposición en el que aparecen ya las coordinaciones, sin que éstas sean expresadas en un sistema, donde se encontrarían articuladas con una categoría y unos rasgos sobreordinados.

De forma natural, los niños conceden en sus propósitos un lugar considerable a lo observable, es decir, a los objetos, propiedades, acciones y características que se sitúan en el nivel de la percepción. La mayor parte de las justificaciones recuerda las condiciones, las circunstancias, los contextos en los que se colocan las acciones mencionadas, los medios e instrumentos requeridos y que, consecuentemente, el agente debe poseer (para comer, caminar, dibujar, etc., hacen falta una boca, piernas, manos, etc., lo que excluye a todo ser que no disponga de ello).

Sin embargo, es ya notable el hecho de que todos estos saberes son capitalizados en el lenguaje, ya que las preguntas, respuestas y justificaciones se sitúan en el plano verbal y, sin duda, una parte de ellas ha sido transmitida por las palabras o las lecturas. Por otra parte, y más fundamentalmente, ¿es posible considerar que la elaboración de una organización en la que se percibe su génesis pueda hacerse sin la ayuda del lenguaje? Es muy dudoso que los elementos extralingüísticos, como la observación o la acción de PIAGET sean determinantes, ya que los rasgos y los sistemas que tienden a formar son difícil o incompletamente captados a través de ellos. Por el contrario, las expresiones verbales, mediante el juego de los inconvenientes que aprende el niño con respecto a las congruencias e incompatibilidades, son elementos reveladores de tales organizaciones, representando una privilegiada vía de acceso. El paralelismo entre lo que se puede decir y lo que está prohibido y la existencia de categorías compatibles o exclusivas hace de la palabra un sistema de acceder a la organización cognoscitiva (permaneciendo naturalmente articulada con la observación).

En un debate completo sobre el tema —cosa que no intentamos iniciar aquí— habría que dejar lugar a las ilusiones, errores, o, al menos, a las aproximaciones acarreadas por el lenguaje. En efecto, habría mucho que decir sobre este punto; pero sería preciso señalar que, en el caso del lenguaje, se trata más bien de acarrear que de crear las deformaciones. Así, una de las dificultades que el niño encuentra al establecer distinciones entre lo animado y lo inanimado o lo humano y lo no humano consiste en la tendencia a dar vida y en ocasiones vida psíquica a los objetos (o al menos a algunos de ellos) y a presentar a los animales con rasgos humanos. Ahora bien; ahí está la expresión de un modo de tratamiento de la realidad en la que el lenguaje verbal no es más que un medio: en particular (pero no únicamente), las artes gráficas destinadas a los niños son, sin duda, una base mucho más fuerte que la palabra o los escritos para mantener esta tendencia, que aparentemente corresponde a un gusto y a una aspiración por lo demás arraigada, según parece, en las profundidades de la imaginación.

C. Los elementos cognoscitivos en la base de las adquisiciones

Parece que, como hemos recordado al principio del capítulo, la adquisición del lenguaje depende del desarrollo cognoscitivo en lo que concierne a los referentes. En efecto, ¿cómo podría alguien expresarse y comprender lo que se dice acerca de un objeto sin tener algún conocimiento sobre él? ¿Cómo emplear palabras referidas al espacio, al tiempo, a la causalidad, a las condiciones, a las alternativas, etc., ignorando completamente los datos y relaciones correspondientes? Incluso si el lenguaje es, de acuerdo con la fórmula de DELACROIX, un desarrollo prematuro que ayuda al niño a captar los elementos y aspectos del mundo, el niño no puede crear esa aprehensión y la presupone.

Por otra parte, la adquisición del lenguaje depende del des-

arrollo cognoscitivo en cuanto que la práctica de ese lenguaje
—cuando rebasa los primeros estadios en los que puede ser
asimilado a reacciones condicionadas— es un ejercicio de tipo
intelectual. Aunque en el adulto la adquisición haya llegado
a ser un conjunto de automatismos que se desarrollan sin movilizar,
salvo excepciones, la atención del individuo, implica una serie
de operaciones cuya complejidad es patente: "analizar la continuidad sonora del discurso percibido, seguir las fluctuaciones
de la frase, las flexiones y los morfemas, entresacar las relaciones gramaticales, retener mediante una aprehensión simultánea
esa melodía evanescente que progresa a medida que se evapora,
construir al mismo tiempo una significación, hacer una síntesis
junto a un análisis, ir del conjunto al detalle y viceversa... Tales
son las etapas que suponen la comprensión. Esbozar una intención, proyectarla en las zonas verbales convenientes, construirla sobre el entramado gramatical, desmembrarla con ayuda de
símbolos y reconstruirla, rehacerla a medida que se transforma,
asegurándose mediante un control discreto, rápido y permanente
del ajuste de la expresión a la intención... Tal es el sistema del
pensamiento hablado..." Este texto de DELACROIX (1963,
176) que ha habíamos citado en otro lugar (OLÉRON, 1957)
puede ser cuestionado por su carácter impresionista y literario;
sólo llama la atención sobre lo que comportan, desde el punto
de vista intelectual, la comprensión y producción verbales, y,
consecuentemente, sobre la dependencia para la adquisición
de los hábitos correspondientes de un desarrollo de las capacidades implicadas.

1. LOS CONCEPTOS Y LAS PALABRAS

Algunos de los estudios consagrados a la adquisición de
palabras o expresiones sugieren la dependencia de los progresos
constatados en relación a la elaboración de los correspondientes
conceptos. En último caso, el estudio de esta elaboración debería
hacerse independientemente de las palabras a través de las que
se expresa: el uso de éstas refleja la solución de problemas
lingüísticos y cognoscitivos al mismo tiempo. En la práctica, el
doble estudio se lleva a cabo en raras ocasiones, ya que, como
hemos visto, no pueden pasarse por alto referencias a objetos
cuando se determina la comprensión y la producción del len-

guaje más que recurriendo al lenguaje cuando se analiza el conocimiento de los correspondientes referentes.

El ámbito de las relaciones espaciales es un ejemplo interesante para investigar una dependencia lingüístico-cognoscitiva. Estas relaciones intervienen en el nivel de una experiencia directa con los objetos y su empleo: son analizadas fácilmente y, por otra parte, traducidas sin dificultad por preposiciones y adverbios aislables en el vocabulario, y su adquisición puede ser estudiada cómodamente. Los análisis de las relaciones espaciales —como, en particular, los efectuados por PIAGET [por ejemplo, PIAGET e INHELDER, (1948)]— permiten distinguir los niveles de adquisición que van de lo topológico a lo proyectivo, y después a lo euclídeo. El estudio de la adquisición de las preposiciones muestra un determinado paralelismo con este orden (PARISI y ANTINUCCI, 1970). Por ejemplo, las preposiciones adquiridas con mayor precocidad se refieren a las relaciones de vecindad entre los objetos. Este hecho se da en distintas lenguas. En inglés, *"in"* y *"on"* figuran entre las primeras preposiciones adquiridas (BROWN, 1973). En Alemán, sucede lo mismo con *"in"* y *"auf"* (GRIMM, 1975). Es cierto que el alcance de esta relación puede ser materia de interrogación. La lengua parece servir para expresar con la mayor frecuencia relaciones de vecindad; las propiedades más estructuradas del espacio, de orden proyectivo o euclídeo, derivan de expresiones más complejas que una proposición única que no basta para expresarlas.

De forma más positiva (en un determinado sentido), el análisis de la forma en que el niño comprende y utiliza las palabras puede proyectar luz sobre la organización de las correspondientes nociones. Podemos citar al respecto la contribución de PIÉRARD (1975) referida a la relación "entre". La manera en que los niños examinados reaccionan ante la palabra "entre" y el modo en que describen la posición de objetos situados entre otros objetos permiten al autor concluir que la noción se construye progresivamente, partiendo de la aprehensión y de la expresión de la vecindad. En efecto, el niño que, por ejemplo, debe describir un objeto situado entre otros dos, lo hace al principio señalándolo *junto a* uno de ellos o de los dos (empleando términos como "cerca de" o "junto a"). Sólo más adelante (tras 4;6) los niños emplean "en medio" en lugar de "entre", que no llega a ser corriente hasta más tarde (9;6).

Otro ámbito que *a priori* parece interesante es el constituido por las palabras y/o las organizaciones sintácticas que tienen una relación con las nociones lógicas. Tales son, por ejemplo, los vocablos que expresan conexiones del tipo "y", "o", o estructuras condicionales del tipo "si", "si... entonces".

Por desgracia, la conexión entre lo lingüístico y lo lógico es más una fuente de dificultades que de claridad. Los significados de las palabras empleadas en la lengua común no se identifican, en efecto, con las nociones de la lógica y los símbolos empleados por ésta. El hecho se presenta nítidamente en el desfase existente entre la adquisición y uso correcto de las formas lingüísticas y el empleo de las operaciones lógicas. El problema, cuando se trata de la adquisición de las formas verbales, consiste más bien en investigar a qué nociones corresponden —en función del contexto de su uso— que en asimilarlas a las formas de la·lógica. Al contrario, las dificultades de su uso, incluso cuando aparecen expresadas (que es lo corriente), con las palabras de la lengua, no pueden ser interpretadas como dificultades relativas al dominio de esas palabras.

Los nexos "y" y "o" han sido objeto de varios estudios, algunos de ellos dirigidos hacia el plano lingüístico y otros hacia el lógico. BEILIN (1975) los revisa, situándose en ambos puntos de vista.

El conjunto de los autores que han observado las producciones espontáneas de los niños señalan la precocidad del empleo de "y" y de "o". No obstante, el primero de estos términos aparece antes que el segundo. Según JOHANSSON y SJOLIN (1975), por ejemplo, "y" aparece desde los dos años, mientras que a los 4-5 años los dos nexos son comprendidos por la mayoría de los niños, tal como lo atestiguan sus respuestas ante pruebas de elección conjuntas o disjuntas.

El significado más primitivo de "y" en las producciones del niño pequeño parece estar relacionado con enumeraciones, en las que se presentan sucesivamente objetos y acciones. La palabra aparece, en alguna medida, como un punto de articulación entre las partes de una experiencia que se desarrolla, y que permite articularlas y organizar —e incluso simplemente acompasar— la sucesión. El uso conjuntivo que se manifiesta en la comprensión de mandatos: "Da X e Y" (tipo empleado, por ejemplo, en JOHANSSON y SJOLIN), donde X e Y designan objetos concretos, es aparentemente más tardío.

La naturaleza de los referentes sobre los que incide la conexión es una variable que no siempre ha sido explicada, pero que puede dar cuenta de las diferencias observadas entre los resultados de distintas experiencias. Cuando la conjunción incide sobre cualidades y no sobre objetos concretos, el dominio de su uso supone que el individuo sea capaz de abstraer esa cualidad (por ejemplo, el color o la forma), lo que implica un nivel de desarrollo que no exige la manipulación de objetos concretos. Suppes y Feldman (1971), en el marco de un estudio sobre los nexos lógicos, emplean expresiones como *Give me the red things and the square things, Give me all the things that are black and square, Give me the stars that are red, Give me the black things that are round* *. Las tasas de dominio son, respectivamente, el 33 por 100, 42 por 100, 96 por 100 y 92 por 100 (en individuos de 4;5 a 6;7 años). Parece que son las mencionadas variaciones las que dan cuenta de estas discrepancias, puesto que no corresponden a diferencias de orden lógico. Pero, estando caracterizados los objetos manipulados en esta experiencia por el hecho de representar *a la vez* forma y color, los dos primeros enunciados implican la consideración de las cualidades separadas de sus soportes, mientras que los dos últimos asocian los objetos y sus cualidades.

El estudio de los nexos, abordado desde un punto de vista lógico, lleva a introducir descriptores negativos (para dar testimonio de conjunciones como A. B. o A. B. y de disyunciones del tipo a A frente a B̄, Ā frente a B̄). Estos elementos constituyen una fuente de complicaciones para el tratamiento de los enunciados, como sucede cada vez que intervienen, obligando al individuo, al mismo tiempo, a una actitud de abstención momentánea con respecto a la orden, a la disociación entre las cualidades positivas pedidas y las cualidades descartadas, eventualmente, según la naturaleza de la tarea, la determinación de lo que debe ser elegido en función de lo que no debe serlo. Así, en Beilin, el individuo que reciba la orden: "dame las muñecas que son niñas y las que no son niños (tipo A. B̄.), debe entregar, entre los cuatro juguetes disponibles, aquellos que representan niñas, monos y osos, excluyendo únicamente los que representen niños.

---

* "Dame las cosas rojas y las cosas cuadradas", "Dame todas las cosas que sean negras y cuadradas", "Dame las estrellas que sean rojas", "Dame las cosas negras que sean redondas". *(N. del T.)*

Lo que se atestigua en pruebas de este tipo procede de las capacidades cognoscitivas, en ningún modo de las capacidades lingüísticas concernientes a los nexos "y" y "o". Estos no son más que un elemento, en mensajes donde lo esencial incide sobre representaciones y combinaciones con respecto a las propiedades denominadas y a sus relaciones. Se comprende que tales pruebas no sean superadas sino tras el dominio de los nexos por parte de los niños, en situaciones en que la lengua común los hace intervenir.

Beilin, no obstante, trata las pruebas propuestas a sus sujetos atestiguando sus capacidades lingüísticas y proponiendo, por otra parte, pruebas calificadas de cognoscitivas, que consisten en clasificaciones inspiradas en Piaget y dispuestas según los estadios descritos por éste. A partir de la comparación de los éxitos y progresos conseguidos en estos dos tipos de pruebas, Beilin extrae inferencias acerca de la relación entre el desarrollo lingüístico y el cognoscitivo y la prioridad, interpretada en el sentido de una dependencia, del segundo sobre el primero. Existe aquí una interpretación de experiencias difílmente aceptable, por otro lado concebidas con ingenio, y cuyos resultados son minuciosamente analizados. Estamos frente a dos tipos de pruebas cognoscitivas: mientras unas pasan por el grado intermedio del lenguaje y hacen intervenir determinadas operaciones mentales, las otras sobrepasan el lenguaje e incluyen operaciones cuya identidad funcional con las precedentes es, cuando menos, cuestionable. El hecho de que exista una cierta prioridad en el dominio de uno de los tipos de pruebas puede ser puramente contingente. Pero la diferencia puede consistir tan sólo en que las pruebas no verbales, que exigen tratamientos menos complejos que las otras, son más simples y consecuentemente más fáciles de superar. [En Paris (1973) podemos encontrar datos y elementos de discusión acerca de la relación entre el desarrollo cognoscitivo según el modelo de Piaget y la comprensión de los nexos, incluidos los condicionales.]

Las proposiciones condicionales hacen intervenir, de igual modo, nexos del tipo "si", "si-entonces", etc., frecuentes en la lengua —incluidos los intercambios entre padres e hijos (promesas, amenazas condicionales...)— y que ponen en juego relaciones analizadas y explicadas por los tratadistas de la lógica. Podemos afirmar que, como sucede con "y" y "o", existe un gran desfase entre el uso "lingüístico" del condicional y su empleo "lógico" (PARIS, en el trabajo mencionado, pone en evidencia una tasa importante de errores con respecto a las relaciones condicionales —incluso entre estudiantes de alto nivel—, lo que confirma las dificultades que encuentran los adultos en las pruebas de razonamiento formal).

En el plano lingüístico, la interpretación de las oraciones condicionales está en relación con la aprehensión de los índices que las denotan, cuya detección forma parte de las estrategias desarrolladas por el niño. La presencia de índices múltiples favorece la detección de la forma y ayuda al niño en su interpretación. Es en este sentido como se puede interpretar el resultado, en cierta medida paradójico, mencionado por JAKUBOWICZ (1978). Esta investigadora, que ha experimentado con niños de 4;6 a 11 años, observó que los individuos más jóvenes interpretan las dos proposiciones que forman la oración condicional como dos afirmaciones acerca de la realidad ("Si tengo un X, te lo doy" lo interpretan como: "Tengo un X; te lo doy"). Por el contrario, estos niños dominan mejor una formulación irreal, del tipo: "Si tuviera... te lo daría". La diferencia no puede enmarcarse en el plano cognoscitivo sino solamente abordarse desde el punto de vista de que las oraciones del segundo tipo hacen intervenir dos índices, el "si" y la forma condicional, mientras que las primeras sólo incluyen el "si"; la forma correspondiente —el presente de indicativo, mucho más familiar al niño, por otra parte—, le lleva a determinar la interpretación mencionada.

Si admitimos este hecho, habremos de reconocer que el dominio del condicional depende de condiciones cognoscitivas, ya que lo esencial consiste en la posibilidad, por parte del individuo, de superar el campo de las constantes presentes para admitir las relaciones que se refieren a lo posible, a lo virtual, y donde lo esencial descansa en la conexión de las proposiciones, no en su referencia a un estado de la realidad. Sin embargo, para el individuo que domina este tipo de nexos, éstos no se reducen a las relaciones formalizadas definidas por la lógica. Los nexos condicionales se interpretan, por ejemplo, en función de relaciones causales que intervienen entre acontecimientos, o bien entre las disposiciones de ánimo y los acontecimientos. Los enunciados que hacen intervenir las relaciones condicionales y que sirven, por ejemplo, para dar testimonio de las capacidades para utilizar la implicación lógica, comportan presuposiciones acerca de la extensión de las clases a las que pertenecen los objetos considerados. Los "errores" cometidos por los individuos consisten a menudo en que tales presuposiciones no son captadas o son sustituidas por otras (cf. OLÉRON, 1977a, capítulo 3).

2. EL PAPEL DE LAS CAPACIDADES COGNOSCITIVAS

Podemos constatar, a partir de los análisis precedentes, que, incluso si se trata de considerar las relaciones entre nociones y palabras, damos lugar a invocar actitudes y capacidades de los niños, ya sean con respecto a la realidad o a las palabras mismas (y, de un modo general, en relación a las interacciones entre ambas). Esto confirma la importancia de esas capacidades en la adquisición del lenguaje, aun en el caso de que afecten a modalidades generales que no se refieren a un tipo u otro de sector lingüístico o cognoscitivo. De todas formas, y sin llegar a invocar las insuficiencias de nuestros conocimientos en lo relativo a la adquisición de las nociones —o al menos de algunas de ellas—, éstas no pueden ser definidas de una forma objetiva, es decir, sin referirse al modo de aprehensión y construcción que lleva a cabo el individuo. Y, por otra parte, cuando nos referimos a un orden entre las nociones, encontramos frecuentemente —si no siempre— una diferencia de complejidad, siendo el orden el que va desde lo más sencillo a lo más complejo. Es el caso del análisis en rasgos semánticos, que permite ser aplicado a las palabras que expresan las relaciones espaciales (ya lo habíamos visto en los trabajos de E. CLARK antes citados; cf. también PARISI y ANTINUCCI, 1970). No obstante, la complejidad de un objeto remite a la correspondiente complejidad de las operaciones, lingüísticas o semánticas, requeridas por el individuo, es decir, a su dificultad y a la necesidad de capacidades más elaboradas que permiten tratarlas.

Si estableciéramos una compilación de los factores que, con mayor o menor superficialidad, se han propuesto para interpretar los progresos conseguidos en el dominio de las formas sintácticas, sería posible agrupar los invocados con mayor frecuencia en dos grandes grupos. En primer lugar, lo que podríamos considerar como condiciones de base, sin las cuales el lenguaje no puede constituirse, o bien lograr formas que caractericen, como mínimo, las producciones de un niño entre, pudiéramos decir, los cuatro y cinco años. En segundo término, intervienen capacidades que podemos llamar funcionales, de las que depende el ejercicio de una actividad verbal poco elaborada. Recordemos únicamente los aspectos esenciales que pueden mencionarse acerca de estos puntos.

a) La condición de base —que no es la única, pero que es posible considerarla como fundamental— reside en lo que podríamos llamar el "reino" del discurso o de la palabra, distinguiéndolo del "reino" de lo percibido y lo elaborado. Habría que reagrupar bajo este aspecto las puntualizaciones que han tenido en cuenta la originalidad del signo y la capacidad simbólica del hombre, su irreductibilidad y especifidad. Mejor que desarrollar este tema, más bien filosófico, nos contentaremos con recordar, sin salirnos de un plano relativamente concreto, que el discurso que permite situarse fuera del momento presente implica la capacidad de atribuir al pasado y al futuro una realidad sobre la que incide este discurso integrándola desde sus expresiones sintácticas (tiempos verbales pasados y futuros). Lo mismo sucede en el caso de la representación y expresión de lo irreal concerniente a lo posible, a los diferentes grados de lo probable o planteando francamente lo que no puede existir. Y en el caso de los encadenamientos que hacen intervenir diversos tipos de relaciones, como el determinismo causal o la finalidad, la referencia a condiciones y a regularidades y excepciones... hallando unos y otros —al menos en parte— su expresión en el juego de las conjunciones propuestas por las lenguas evolucionadas.

Uno de los aspectos más sencillos con respecto al que vemos disociarse claramente los dos "reinos" se da en materia de orden, con la posibilidad, por parte del sujeto, de expresar en su discurso —ya desde el nivel de la oración— un orden no paralelo con el que corresponde al desarrollo de los acontecimientos o a la sucesión de las impresiones. Posibilidad que, evidentemente, es una condición del discurso, pero al que éste permite también el acceso, como se comprueba en las dificultades que el individuo encuentra al principio, en caso de inversión (pasiva, inversión de proposiciones, por ejemplo en el condicional, colocación del pronombre delante del nombre, etc.).

b) Entre las capacidades de orden funcional, la mencionada con mayor frecuencia es, probablemente, la capacidad de tomar en cuenta un conjunto de elementos y organizarlos en unidades y/o subunidades articuladas. Las características de la producción y comprensión de la palabra por el niño pequeño vienen dadas por la limitación de sus posibilidades de aprehensión y el reducido número de elementos que puede reunir en una unidad. De ahí los enunciados iniciales reducidos a una, dos... algunas palabras, y el estilo telegráfico de sus primeras expresiones. En un nivel más avanzado, esta misma limitación interviene cuando se trata de emplear oraciones que comporten elementos o índices numerosos. Todas las investigaciones en las que interviene la comprensión de oraciones complejas han llevado a destacar los límites con los que tropiezan los individuos más jóvenes: éstos no parecen captar sino una parte del enunciado, y de ahí sus errores (cf., por ejemplo, TOWNSEND, 1974, en lo referente a las comparaciones dobles; HARRIS, 1975, para las oraciones que comportan presuposiciones).

Es importante resaltar que aquí no se trata simplemente de la limitación de un campo de aprehensión, memorización o planificación (en el caso de la producción), limitación que, sin embargo, es real, como lo demuestran las pruebas constituidas con materiales no significativos. Lo fundamental —y lo interesante— concierne a la organización, es decir, a la posibilidad de captar las *relaciones* entre los elementos que permiten crear la unidad del enunciado. Numerosas experiencias han mostrado (MILLER insiste sobre este punto) que el campo de aprehensión y la capacidad de almacenar datos en la memoria dependían del establecimiento de vínculos o agrupamientos entre estos datos. Los progresos obtenidos por los niños en el uso de oraciones complejas residen en aquello que captan de las relaciones entre las palabras, lo que, al mismo tiempo, prepara las respuestas correctas dependientes de esa aprehensión y permite su acumulación en la memoria durante el uso gracias a la unidad o al agrupamiento así realizado. Esto revela que el progreso no depende sencillamente de bases (perceptivas o memorísticas) independientes del lenguaje, sino de los mismos progresos en el conocimiento de las relaciones propiamente lingüísticas y en su puesta en práctica.

En lo que acabamos de afirmar, pudiera parecer que los elementos por considerar se sitúan del lado de la materia lingüística y de la cantidad de ésta dentro de, por ejemplo, la oración. Y no conviene detenerse ahí. La complejidad de un enunciado también consiste en la intervención de operaciones a las que se puede invocar para el tratamiento de los datos. En este sentido, es clásico el ejemplo relativo a los enunciados negativos, mencionados ya en varias ocasiones, y cuya comprensión es más difícil que la de los afirmativos, incluso en el caso del adulto. *A fortiori,* cuando intervienen varias negaciones, algunas de ellas pueden ser semánticas (siempre es difícil, salvo automatismos adquiridos, captar inmediatamente el sentido de la fórmula: "No ignoras que...").

Por otra parte, conviene no restringirse a los límites de la oración, ya que la comprensión depende, como hemos señalado, del conjunto de intenciones en el que se inscribe una oración aislada y al que (como mínimo a las partes precedentes) esa oración hace referencia a título de contexto. De igual forma, tampoco hay que detenerse en las mismas palabras; es necesario (como también hemos indicado) tomar en consideración los datos situacionales a los que se aplican tales palabras, así como los marcos conceptuales y los conocimientos que permiten ponerlas en claro.

Añadiremos, por último, la necesidad de tener en cuenta al interlocutor de quien procede el mensaje o al que se dirige. Junto al lugar que, desde una perspectiva general, puede ocupar este dato, recordemos que interviene en la pertinente consideración de algunos enunciados, como los que implican los componentes deícticos mencionados en el capítulo II.

A esta condición general —relativa a la organización e integración de conjuntos, cuya multiplicidad de aspectos acabamos de recordar— hemos de agregar la capacidad, no menos extendida en su campo de aplicación y, por otra parte, relacionada con la anterior, relativa a la interpretación de informaciones que faltan. Se trata de una característica general de las actividades del individuo, manifestada tanto en lo relativo al lenguaje como en lo referente a los objetos del mundo físico. Es necesaria en la medida en que la mayor parte de las informaciones recibidas por el organismo son fragmentarias o alusivas. Los intercambios del individuo con su entorno se desarrollan de una forma normalmente rápida que no permite un análisis detallado de informaciones por lo demás fugaces en cuanto a su desarrollo en el tiempo. El discurso más didáctico no explica todos los elementos que, teóricamente, están implícitos en la exposición. Si no fuera así, esa exposición no acabaría nunca y debería retroceder siempre para retomar sus fundamentos. Y con mayor motivo en lo referente a los mensajes cotidianos, rebosantes de sobreentendidos. El receptor no puede comprender un mensaje, excepto si es capaz de llenar tales lagunas utilizando los índices, informaciones y conocimientos de los que dispone.

Otra condición general corresponde a la capacidad de planificación. Esta interviene, por supuesto, en la escala de las comunicaciones racionalizadas bajo la forma del proyecto en función del cual el individuo construye su discurso para obtener del locutor un efecto determinado. Pero, ya en la construcción de una oración, todo sucede como si el proyecto de esa oración (o su esquema, según una expresión frecuentemente empleada en una época en la que los autores buscaban el origen de ciertas pertubaciones afásicas en el desarreglo de ese esquema) estuviera elaborado en primer lugar, interviniendo la colocación de los elementos para asegurar la realización en el plano de la emisión. La continuación del enunciado no viene determinada mecánicamente por lo que precede, como podría sugerirlo un análisis en cadena, desarrollado paso a paso, sino que las diferentes partes están conectadas por una organización de conjunto, pudiendo estar determinado el comienzo, excluidos los efectos estilísticos, por el final.

Además, hay que añadir, y no precisamente como la capacidad menos importante —podríamos situarla entre las condiciones de base o relacionarla con ellas—, la creatividad. Esta capacidad se manifiesta, por supuesto (y tal como se ha repetido abundantemente tras CHOMSKY), mediante la producción de nuevos enunciados nunca construidos con anterioridad, y aparece de una manera sorprendente en la creación de palabras y formas nuevas, ya sea por parte del niño, en la historia de la lengua o incluso en modismos de duración más o menos efímera. La creatividad no es un accidente y, aunque pueda parecer algo accesorio —el número de creaciones y cambios es pequeño comparado con la masa del vocabulario que persiste casi inmutable—, es una creación de la que las innovaciones observadas son en cierta medida una parte insignificante.

3. LA NATURALEZA DE LAS CAPACIDADES COGNOSCITIVAS

Una enumeración como la precedente plantea un interrogante relativo al nivel en el que se sitúan las capacidades mencionadas. Existe la tentación de valorizarlas considerándolas dotadas de naturaleza intelectual. Y de hecho es posible, por ejemplo, admitir que la posibilidad, por parte del individuo, de construir y emplear sistemas de representaciones de la realidad —como los sistemas simbólicos y, por tanto, como el lenguaje— elaborados por él superando las indicaciones y sugestiones inmediatas de esa realidad deriva de la definición de la inteligencia [que nosotros mismos habíamos propuesto como una máquina para construir modelos (cf. OLÉRON, 1972)]. La capacidad para rellenar lagunas partiendo de informaciones disponibles ha sido considerada por EBBINGHAUS como el rasgo esencial de la inteligencia, lo que le lleva a imaginar las pruebas de acabado para asegurar su medida, pruebas que, bajo distintas formas, han sido empleadas frecuentemente con posterioridad.

Entre las numerosas definiciones propuestas para la inteligencia no es difícil encontrar alguno de los rasgos antes mencionados: integración, planificación... además de otros que de igual forma podrían invocarse con respecto a la adquisición y al ejercicio del lenguaje.

Ahora bien; aquí conviene aplicar la regla de la sucesión racional, recordada con frecuencia, que consiste en no apelar a un principio de explicación situado en un nivel más elaborado cuando se pueda recurrir a otro nivel que esté basado en elementos más simples. Y en mayor medida por cuanto tras la palabra "inteligencia" hay un conjunto de realidades de niveles diferentes y por cuanto existe entre los psicólogos una tendencia muy generalizada a encontrar las raíces en las formas simples de reacción de los organismos.

La experiencia de cada uno muestra con claridad que la vida en el universo de la palabra, como la vida a secas, no es una sucesión continua de problemas que el organismo, consciente y deliberadamente, debería resolver para sobrevivir y progresar. Los problemas son momentos relativamente raros en un océano de rutinas y de respuestas automáticas. La representación del niño como alguien que adquiere el lenguaje resolviendo sucesivamente los problemas que plantea cada una de sus etapas no es más que una metáfora o, como máximo, una sugestión, incluso en el caso de CHOMSKY, que es quien ha popularizado esta visión. Tal visión encuentra un apoyo general en la necesidad de una maduración que permite alcanzar los umbrales de adquisición y el obstáculo de los individuos afectados de un déficit intelectual, pero que no puede arrojar ninguna luz cuando se trata de dar cuenta del detalle y de la realidad de las adquisiciones.

Ya hemos destacado, al ocuparnos de la noción de estrategia, la necesidad de admitir que una parte de los procedimientos empleados por el individuo derivan de opciones sugeridas por las situaciones y de orientaciones o de aptitudes adoptadas sin que sea verosímil una decisión explícita. Por ejemplo, la prioridad concedida a determinadas partes del enunciado en función de su acentuación o de su lugar viene determinada imperiosamente por sus prioridades perceptivas. Y hemos tenido la ocasión de mencionar el lugar de las contingencias en la interpretación dada a ciertas fórmulas con arreglo a las ocasiones en que han sido percibidas (cf. p. 140).

La acción de completar las informaciones fragmentarias deriva casi constantemente del automatismo. Queda asegurada gracias a la redundancia de las lenguas, que permite captar un mensaje, aun incompleto, a partir de los elementos de contexto interno, a los que se añaden las aportaciones de los contextos externos, en el que se encuentran insertados la mayor parte de los elementos.

A estos mismos factores de contexto debe atribuirse la resolución de las ambigüedades. Estas, salvo casos excepcionales, no se presentan como problemas o, si teóricamente hay problema, queda resuelto antes de aparecer como tal frente al receptor y con mayor motivo frente al emisor.

El esquema de la oración no es tampoco una realidad conscientemente constituida, salvo raras excepciones, antes de la producción del enunciado. Entre la intención y la ejecución es difícil imaginar un corte más que teórico. La intención en sí misma no siempre es aislable, por cuanto las respuestas a un enunciado o a una pregunta pueden surgir sin ningún hecho intermedio aparente.

Se dirá que estos automatismos son fruto de un aprendizaje. como los que realizan el patinador o el lanzador de disco, que no llegan al dominio de sus técnicas sino después de muchos años de entrenamiento. Efectivamente, no hay que excluir este hecho, pero no debemos confundir el aprendizaje del adulto, que puede hacer intervenir distintos procedimientos racionalizados, y el del niño, basado con mayor frecuencia en la coordinación de reacciones espontáneas. La adquisición de las formas escritas de tipo literario que se pide en la escuela muestra una similitud con la adquisición de las técnicas citadas. Habremos de admitir que apenas parece exigir esfuerzos comparables. La dificultad, en todo caso, no aparece excesivamente durante la adquisición por el niño de las formas orales; en este caso la parte de espontaneidad es considerable. Si es propio de la naturaleza humana el dominio con su cuerpo y su espíritu (y algunos instrumentos) de las técnicas cuya ejecución es espectacular por parte de los especialistas (¡lo que, de hecho, es objeto de espectáculo!), no es ése el caso de la adquisición de la lengua por el niño; hay que evocar otro nivel —o incluso otra naturaleza, si así podemos decirlo—, en el que hay una gran proximidad entre disposiciones y realizaciones.

Los análisis antes presentados acerca de los nexos "y", "o" y "si" demostraban que la aproximación entre expresiones lingüísticas y formas elaboradas como las de la lógica manifiesta una discordancia entre ambas realidades. Tal aproximación revela que unas y otras formas se remiten a realidades que no se identifican. De ello resulta que no es posible interpretar en términos lógicos el uso de un elemento lingüístico y atribuir al individuo una competencia de tipo lógico para dar cuenta de sus conductas verbales.

Esta constatación realizada partiendo de casos específicos posee un valor general. Podríamos ilustrarla mediante ejemplos tomados de otros dominios. Es posible citar el de las presuposiciones e implicaciones lingüísticas, ya que tiene el interés de haber sido mucho menos tomado en consideración hasta ahora. Para este tema, nos apoyamos en un estudio de OLÉRON y LEGROS (1977).

Anteriormente hemos mencionado las presuposiciones (cf. p. 75), referidas al hecho de que determinados tipos de enunciados aportan informaciones que van más allá de su expresión manifiesta. Las presuposiciones cuyo análisis ha sido preferentemente desarrollado hacen intervenir dos proposiciones; la teoría propuesta al respecto incide sobre las relaciones entre esas proposiciones. KEENAN define la presuposición en los siguientes términos: "Una presuposición S' y la negación lógicamente una preposición S' cuando S implica lógicamente S' y la negación de S (-S) implica también en modo lógico S'" (1971, 45). Un ejemplo ilustra esta concepción. En la oración:
"Marc sabía que había ganado un balón"
S, es decir, "Marc sabía", presupone S', "Marc había ganado un balón" y vemos que S' sigue siendo verdad incluso si S es reemplazado por -S ("Marc no sabía..."). Otra forma es la constituida por oraciones donde lo presupuesto por S es -S'. Por ejemplo, en
"Patrick hacía creer que era rico"
La presuposición es que Patrick no es rico.

Una clasificación más general consiste en considerar:

a) Un tipo de conexión, que puede ser subdivida en función de los verbos *factivos* (caso de la primera oración) o "contrafactivos" (en la segunda), a los que añadiremos los *no-factivos*, para los que no hay ninguna relación entre S y S' (por ejemplo, "Antonio creía que estaba enfermo" no presupone nada en cuanto a la realidad de la enfermedad).

b) Implicaciones, cuya teorización ha sido elaborada por KARTUNNEN, y en las que la relación S y S' es distinta: el valor de S' está ligado al de S. En:

"Robert se acordó de ir a Correos"

afirmamos las dos proposiciones enunciadas, y en:

"Robert no se acordó de ir a Correos"

negamos las dos.

Una clasificación conduce a examinar, siempre tomando en consideración la naturaleza de los verbos, los implicativos, de los que acabamos de proponer un ejemplo, y los implicativos negativos, en los cuales los valores de S y S' están, de alguna forma, cruzados ("Carole ha olvidado comprar el pan" implica: el pan no ha sido comprado, pero "... no ha olvidado..." implica que sí lo ha sido).

Al proponer oraciones de los cinco tipos mencionados a niños de edades comprendidas entre 4;6 y 7;6 años se ha podido constatar que estos individuos, incluso los más pequeños —y, naturalmente, más los mayores—, dan una proporción notable de respuestas correctas. Este hecho, junto con determinados errores o titubeos, indica una aprehensión ya afinada del significado de los verbos y de su integración en el sistema de las presuposiciones e implicaciones.

¿Podemos, por tanto, considerar que los niños, como se preguntan MACNAMARA y colaboradores (1976) —que estudian el caso de los verbos *"pretend", "forget"* y *"know"*—, tienen la capacidad de tratar las operaciones de la lógica proposicional? La respuesta nos parece claramente negativa. Las relaciones consideradas son de tipo lingüístico y aquí, como en los otros casos, lingüística y lógica no se identifican. La corrección en las respuestas está ligada a la aprehensión del significado de los verbos empleados, y éste se define, como el de los enunciados en los que intervienen, en relación a los datos y acontecimientos a los que se refieren y a las relaciones mantenidas por ellos.

Los verbos psicológicos aquí empleados comportan poner en relación los "estados psicológicos" con los "estados del mundo", correspondiendo las categorías en las que se los clasifica a determinadas modalidades de sus relaciones.

Los verbos factivos conllevan la referencia a una realidad independiente del sujeto y no modifican los estados de éste, ya se trate de una toma de conocimiento (conocer, saber, descubrir...), de una comunicación a otro (confesar, reconocer, explicar...), de una repercusión afectiva (sentir, estar contento, entristecido...), etc. Los contra-factivos mencionan formaciones irreales, en contradicción con el "estado del mundo", negándolo o deformándolo, ya sea por el sujeto (imaginarse, soñar...) o bien por otro (hacer creer, pretender...).

En cuanto a los verbos implicativos, éstos mencionan un "estado psicológico" que entraña un "estado del mundo" dependiente para su existencia de la intención del sujeto (decidir, elegir, aceptar...) e igualmente en el caso de los implicativos negativos para su inexistencia (olvidar, renunciar, rechazar...).

Todas las situaciones aludidas son accesibles y lo son de una manera relativamente precoz, puesto que las palabras ayudan a aislarlas y fijarlas. De esta forma, el significado de las palabras es captado gracias a su conexión con tales situaciones. Las respuestas pertinentes —que, por otra parte, no se establecen con la misma precocidad para todas las formas o para todos los elementos de una categoría, lo que demuestra la influencia del contenido— pueden atribuirse a esa conexión, sin que sea necesario apelar a las nociones de estructura u operación (sean lingüísticas o cognoscitivas), sino a los fines de descripción y clasificación.

BIBLIOGRAFIA

AIMARD (P.), *Les jeux de mots de l'enfant*, Villeurbane, SIMEP, 1975.
AMIDON (A.), CAREY (P,), "Why five-year-olds cannot understand before and after", *J. verb. Learn. verb. Behav.*, 1972, *11*, 417-423.
ANDERSEN (E. S.), "Cups and glases: learning that boundaries are vague", *J. Child Language*, 1975, *2*, 79-103.
ANGLIN (J.-M.), "Les premiers termes de référence de l'enfant", *Bull. Psychol.*, número especial 1976 ("La mémoire sémantique"), 232-240.
APOSTEL (L.) (con la col. de B. MANDELBROT), "Logique et langage considérés du point de vue de la précorrection des erreurs", en L. APOSTEL, B. MANDELBROT, A. MORF. *Logique langage et théorie de l'information*, "Etudes d'Epistémologie génétique", t. 3, Paris, Presses Universitaires de France, 1957.
ASCH (S. E.), NERLOVE (H.), "The development of double function words in children: an exploratory investigation", en B. KAPLAN, S. WAPNER (ed.), *Perspectives in psychological theory: Essays in honour of Heinz Werner*, New York, Intern. Univers. Press, 1960.
AUSTIN (J.L.), *How to do things with words*, Oxford, Oxford University Press, 1962.
AUSTIN (J. L.), *Quand dire c'est faire*, trad. franc. de la anterior, Paris, Seuil, 1970.
BARTLETT (E. J.), "Sizing things up: the acquisition of the meaning of dimensional adjectives", *J. Child Language*, 1976, *3*, 205-219.
BEILIN (H.), *Studies in the cognitive basis of language development*, New York, Academic Press, 1975.
BENVENISTE (E.), "Communication animale et langage humain", *Diogène*, nov, 1952, 1-8.
BERTRAND (M.), "La communication chez les primates supérieurs de l'ancien monde", *J. Psychl. norm. pathol.*, 1971, 451-474.
BEVER (T. G.), MEHLER (J.), EPSTEIN (J.), "What children do in spite of what they know", *Science*, 1968, *162*, 921-924.
BIERENS DE HAAN (J. A.), "Animal language in relation to that of man", *Biolog. Rev.*, 1929, *4*, 249-268.

BIERWISCH (M.), "Semantics", en J. LYONS (ed.), *New horizons in linguistics*, Harmandsworth, Penguin Books, 1970.
BLOCH (O.), "La phrase dans le langage de l'enfant", *J. Psychol. norm. pathol.*, 1924, *21*, 18-43.
BLOOM (L.), *One word at a time: The use of single-word utterances before syntax*, La Haye, Mouton, 1973.
BOWERMAN (M.), *Early syntactic development: a cross linguistic study with special reference to Finnish*, Cambridge, Cambridge Univ. Press, 1973, *a*.
BOWERMAN (M.), "Structural relationships in children utterances: syntactic or semantic", en T. E. MOORE (ed.), *Cognitive development and the acquisition of language*, New York, Academic Press, 1973 *b*.
BRAINE (M. D. S.), "The ontogeny of english phrase structure: the first phrase", *Language*, 1963, *39*, 1-13.
BRAINE (M. D. S.), "Length constraints, reduction rules, and holophrastic processes in children's word combinations", *J. verb. Learn. verb. Behav.*, 1974, *13*, 448-456.
BRAINE (M. D. S.), "Children's first word combinations", *Monogr. Soc. Res. Child' Development*, 1976, *41*, n.° 1.
BRANSFORD (J. D.), MCCARRELL (N. S.), "A sketch of a cognitive approach to comprehension: some thoughts about understandigg what it means to comprehend", en W. B. WEIMER, D. S. PALERMO, *Cognition and the symbolic processes*, Hillsdale, Erlbaum, 1974.
BRAUN-LAMESCH (M.-M.), *La compréhension du langage par l'enfant*, Paris, Presses Universitaire de France, 1972.
BRONCKART (J. P.), *Théories du langage. Une introduction critique*, Bruxelles, Mardaga, 1977.
BROWN (I.), Jr., "Role of referent concretness in the acquisition of passive sentence comprehension through abstract modeling", *J. exper. Child Psychol.*, 1976, *22*, 185-199.
BROWN (R.), FRASER (C.), "The acquisition of syntax", en C. N. COFER, P. S. MUSGRAVE (eds.), *Verbal behavior and learning*, New York, McGraw-Hill, 1963.
BROWN (R. W.), LENNEBERG (E. H.), "A study in language and cognition", *J. abn. soc. Psychol.*, 1954, *49*, 454-462.
BRUNER (J. S.), "The ontogenesis of speech acts", *J. Child Language*, 1975, *2*, 1-19.
BUSNEL (R. G.), GRANIER-DEFERRE (C.), "Apprentissage de langages humains par divers anthropoïdes", *Année psychol*, 1977, *77*, 2, 551-577.
CARAMAZZA (A.), GROBER (E.), GARVEY (C.), "Comprehension of anaphoric pronouns", *J. verb. Learn. verb. Behav.*, 1977, *16*, 601-609.
CHOMSKY (N.), "Formal discussion", en U. BELLUGI, R. BROWN (eds.),

"The acquisition of language", *Monogr. Soc. Res. Child Development*, 1964, *29*, n.° 1.

CHOMSKY (N.), *Aspects of the theory of syntax*, Cambridge, MIT Press, 1965.

CHOMSKY (C. S.), *The acquisition of syntax in children from 5 to 10*, Cambridge, MIT Press, 1960.

CLARK (E. V.), "On the acquisition of the meaning of «before» and «after»", *J. verb. Learn. verb. Behav.*, 1971, *10*, 266-275.

CLARK (E. V.), "On the child's acquisition of antonyms in two semantic fields", *J. verb. Learn. verb. Behav.*, 1972, *11*, 750-758.

CLARK (E. V.), "What's in a word? On the child's acquisition of semantics in his first language", en T. E. MOORE (ed.), *Cognitive development and the acquisition of language*, New York, Academic Press, 1973 *a*.

CLARK (E. V.), "Non linguistic strategies in the acquisition of word meanings", *Cognition*, 1973 *b*, *2*, 161-182.

CLARK (E. V.), "Acquisition du langage et représentations sémantiques", *Bull. Psychol.*, núm. especial ("La mémoire sémantique"), 1976, 219-224.

CLARK (E. V.), GARNICA (O. K.), "Is he coming or going? On the acquisition of deictic verbs", *J. verb. Learn. verb. Behav.*, 1974, *13*, 559-572.

CLARK (H. H.), "The primitive nature of children's relational concepts", en J. R. HAYES (ed.), *Cognition and the development of language*, New York, Wiley, 1970.

CLARK (H. H.), "Space, time, semantics and the child", en T. E. MOORE (ed.), *Cognitive development and the acquisition of language*, New York, Academic Press, 1973.

CLARK (H. H.), "The chronometric study of meaning components, en F. BRESSON, J. MEHLER (ed.), *Problèmes actuels en pyscholinguistique*, Paris, CNRS, 1974.

CLARK (H. H.), LUCY (P.), "Understanding what is meant from what is said: a study in conversationnally conveyed requests", *J. verb. Learn. verb. Behav.*, 1975, *14*, 56-72.

DECROLY (O.), *Comment l'enfant apprend à parler*, Cahiers du PES de Belgique, 1934.

DELACROIX (H.), "Le langage", en G. DUMAS (ed.), *Nouveau traité de psychologie*, t. 5, Paris, Alcan, 1936.

DONALDSON (M.), BALFOUR (G.), "Less is more; a study in language comprehension by children", *Brit. J. Psychol.*, 1968, *59*, 461-472.

DONALDSON (M.), LLOYD (P.), "Sentences and situations; children's judgements of match and mismatch", en F. BRESSON, J. MEHLER (ed.), *Problèmes actuels en psycholinguistique*, Paris, CNRS, 1974.

DONALDSON (M.), MCGARRIGLE (J.), "Some clues to the nature of semantic development", *J. Child Language*, 1974, *1*, 185-194.

DONALDSON (M.), WALES (R. J.), "On the acquisition of some relational

terms", en J. R. HAYES (ed.), *Cognition and the development of language*, New York, Wiley, 1970.
DORE (J.), "Holophrases, speech acts and language universals, *J. Child Language*, 1975, *2*, 21-40.
DUBOIS-CHARLIER (F.), GALMICHE (M.), "La sémantique générative", *Langages*, 1972, n.° 27.
DUCROT (O.), *Dire et ne pas dire. Principes de sémantique linguistique*, Paris, Hermann, 1972.
EHRI (L.), "Deep and surface structure in children's sentence learning", *J. exper. child. Psychol.*, 1974, *17*, 18-36.
EILERS (R. E.), KIMBROUGH OLLER (D.), ELLINGTON (J.), "The acquisition of word meaning for dimensional adjetives: the long and the short of it", *J. Child Language*, 1974, *1*, 195-204.
FERREIRO (E.), *Les relations temporelles dans le langage de l'enfant*, Genève, Droz, 1971.
FILLMORE (C. J.), "The case for case", en E. BACH, R. T. SHARMS (eds.), *Univelsals in linguistic theory*, New York, Holt, Rinehart, Winston 1968.
FOURCIN (A. J.), "Language development in the absence of expressive speech", en E. H. LENNEBERG, E, LENNEBERG (ed.), *Foundations of language development*, vol. II, New York, Academic Press, 1975.
FOUTS (R. S.), "Use of guidance in teaching sign language to a chimpanzee (Pan Troglodytes)", *J. Compar, physiol. Psychol.*, 1972, *80*, 515-522.
FOUTS (R. S.), "Acquisition and testing of gestural signs in four youngs chimpanzee", *Science*, 1973, *180*, 978-970.
GARDNER (B. T.), GARDNER (R. A.), "Two way communication with an infant chimpanzee", en A. SCHRIER, F. STOLLNITZ (ed.), *Behavior of non human primates*, New York, Academic Press, 1971.
GARDNER (B. T.), GARDNER (R. A.), "Comparing the early utterance of child and chimpanzee", en A. PICK (ed.), *Minnesota Symposium on child psychology*, vol. 8, Minneapolis, Univ. Minnesota Press, 1974, 3-24.
GARDNER (B. T.), GARDNER (R. A.), "Evidence for sentence constituents in the early utterances of child and chimpanzee", *J. exper. Psychol. (general)*, 1975, *104*, 244-267.
GARDNER (R. A.), GARDNER (B. T.), "Teaching sign language to a chimpanzee", *Science*, 1969, *165*, 664-672.
GARDNER (R. A.), GARDNER (B. T,), "Communication with a young chimpanzee: Washoe's vocabulary", en R. CHAUVIN (ed.), *Modèles animaux du comportement humain*, Paris, CNRS, 1972.
GARDNER (R. A.), GARDNER (B. T.), "Early sign of language in child and chimpanzee", *Science*, 1975, *187*, 752-753.
GARVEY (C.), "Requests and responses in children's speech", *J. Child Language*, 1975, *2*, 41-63.
GARVEY (C.), CARAMAZZA (A.), "Implicit causality in verbs", *Linguistic inquiry*, 1974, *5*, 459-464.
GENTNER (D.), "Evidence for the reality of semantic components: the

verbs of possession", en D. A. NORMAN, D. E. RUMELHART, *Exploration in cognition,* San Francisco, Freeman, 1975.

GORDON (D.), LAKOFF (G.), "Postulats de conversation", *Langages,* 1973, *30,* 32-55.

GRAHAM (L. W.), HOUSE (A. S.), "Phonological oppositions in children. A perceptual study". *J. acoust. Soc. Amer.,* 1971, *49,* 559-566.

GRÉGOIRE (A.), *L'apprentissage du langage. Les deux premières années,* Paris, Alcan, 1937.

GRÉGOIRE (A.), *L'apprentissage du langage,* II: *La troisième année et les années suivantes,* Paris, Les Belles-Lettres, 1947.

GRIMM (H.), "On the child's acquisition of semantic structures underlying the wordfield of prepositions", *Language Speech,* 1975, *18,* 97-119.

GUILLAUME (P.), "Les débuts de la phrase dans le langage de l'enfant", *J. Psychol, norm. pathol.,* 1927 a, *24,* 1-25.

GUILLAUME (P.), "Le développement des éléments formels dans le langage de l'enfant", *J. Psychol. norm. pathol.,* 1927 b, *24,* 203-229.

HARLOW (H. F.), "The evolution of learning", en A. ROE en G. G. SIMPSON (ed.), *Behavior and evolution,* cap. 13, New Haven, Yale Univ. Press, 1958.

HARNARD (S. R.), STEKLIS (H. D.), LANCASTER (J.), "Origins and evolution of language and speech", *Ann. New York Acad. Sciences,* 1976, *280.*

HARNER (L.), "Yesterday and to-morrow, development of early understanding of the terms", *Developm. Psychol.,* 1975, *11,* 864-865.

HARNER (L.), "Children's understanding of linguistic reference to past and future", *J. Psycholinguistic Res.,* 1976, *5,* 65-84.

HARRIS (R. J.), "Children's comprehension of complexe sentences", *J. Exper. Child Psychol.,* 1975, *19,* 420-433.

HAVILAND (S. E.), CLARK (E. V.), "This man is my father's son: a study of the acquisition of English kin terms", *J. Child Language,* 1974, *1,* 23-47.

HAYES (C.), *The ape in our house,* New York, Harper, 1951.

HAYES (K. J.), HAYES (C.), "Imitation in a home-raised chimpanzee", *J. compar. Psychol.,* 1952, *54,* 450-459.

HAYES (K. J.), NISSEN (C. H.), "Higher mental functions of a home raised chimpanzee", en A. M. SCHRIER, F. STOLLNITZ, *Behavior of non human primates,* New York, Academic Press, 1971.

HERSCH (H. M.), CARAMAZZA (A.), "A fuzzy set approach to modifiers and vagueness in natural language", *J. exper. Psychol (general),* 1976, *105,* 254-276.

HOWE (H. E.), Jr., HILLMAN (D.), "The acquisition of semantic restrictions in children", *J. verb. Learn. verb. Behav.,* 1973, *12,* 132-139.

HUTTENLOCHER (J.), "The origin of language comprehension", en R. L. SOLSO (ed.), *Theories in cognitive psychology.* Erlbaum, Potomac, 1974.

HUTTENLOCHER (J.), STRAUSS (S.), "Comprehension and a statement's relation to the situation it describes", *J. verb. Learn. verb. Behav.,* 1968, *7,* 300-304.

JAMES (S. L.), MILLER (J. E.), "Children's awareness of semantic constraints in sentences", *Child Development,* 1973, *44,* 69-76.
JAKOBOVITS (L. A.), LAMBERT (W. E.), "Semantic satiation among bilinguals", *J. exper, Psychol.,* 1961, *62,* 576-582.
JESPERSEN (O.), *Language. Its nature, development and origin,* Londres, Allen & Unwin, 1922.
JOHANSSON (B. S.), SJÖLIN (B.), "Preschool children understanding of the coordinators «and» and «or»", *J. exper. Child Psychol.,* 1975, *19,* 233-240.
KAIL (M.), "Etude génétique de la reproduction de phrases relatives, II: Reproduction différée", *Année psychol.,* 1975, *75* (2),427-443.
KAIL (M.), LÉVEILLÉ (M.), "Compréhension de la coréférence des pronoms personnels chez l'enfant et chez l'adulte", *Année psychol.,* 1977, *77,* 79-94.
KATZ (J. J.), "The realm of meaning", en G. A. MILLER, *Communication, language and meaning,* New York, Basic Books, 1973.
KEENAN (E. L.), "Two kinds of presupposition in natural language", en C. J. FILLMORE y D. T. LANGEDOEN (ed.), *Studies in linguistic semantics,* New York, Holt, Rinehart & Winston, 1971.
KELLOGG (W. N.), "Communication and language in the home raised chimpanzee", *Science,* 1968, *162,* 423-427.
KELLOGG (W. N.), KELLOGG (A. L.), *Le singe et l'enfant,* trad. franc., Paris, Stock, 1936.
KLATZKY (R.), CLARK (E.), MACKER (M.), "Asymetries in the acquisition of polar adjectives: Linguistic or conceptual?", *J. exper. Child Psychol.,* 1973, *16,* 32-46.
KUCZAJ (S. A.), "On the acquisition of a semantic system", *J. verb. Learn. verb. Behav.,* 1975, *14,* 340-358.
KUCZAJ (S. A.), MARATSOS (M.), "On the acquisition of *front, back* and *side",* *Child Development,* 1975, *46,* 202-210.
LENNEBERG (E. H.), "The concept of language differenciation", en E. H. LENNEBERG, E. LENNEBERG (ed.), *Foundations of language development,* New York, Academic Press, 1975, vol. I, 17-33.
LEOPOLD (W. F.), *Speech development of a bilingual child: A linguist's record,* Evanston, Northwestern Univ. Press, I, 1939; II, 1947; III y IV, 1949.
LEWIS (M. M.), *Language, thought and personality.* New York, Basic Books, 1963.
LUMSDEN (E. A.), POTEAT (B.), "The salience of the vertical dimension in the concept of «bigger» in five and six year olds", *J. verb. Learn. verb. Behav.,* 1968, *7,* 404-408.
LYONS (J.), *Introduction to theoretical linguistics,* Cambridge, Cambridge Univ. Press, 1968.
MAC CARTHY (D.), "Le développement du langage chez l'enfant", en L. CARMICHAEL (ed.), *Manuel de psychologie de l'enfant,* trad. franc., Paris, Presses Universitaires de France, 1952, cap. 10.

Mac Namara (J.), "Cognitive basis of language learning in infants", *Psychol. Rev.,* 1972, *79,* 1-13.

Mac Namara (J.), Baker (E.), Olson (C.), "Four year-olds understanding of «pretend», «forget» and «know»: evidence for propositional operations", *Child Development,* 1976, *47,* 62-70.

Macrae (A. J.), "Movement and location in the acquisition of deitic verbs", *J. Child Language,* 1976, *3,* 191-204.

Maratsos (M. P.), "Decrease in the understanding of the word «big» in preschool children", *Child Development,* 1973, *44,* 747-752.

Margand (N. A.), "Perceptual and semantic features in children's use of the animate concept", *Developm. Psychol.,* 1977, *13,* 572-576.

Mehler (J.), Bever (T. G.), "La mémorisation des phrases peut se faire selon leur structure syntaxique de base", en J. Mehler, G. Noizet (éd.), *Textes pour une psycholinguistique,* Paris, Mouton, 1974.

Mehler (J.), Noizet (G.), *Textes pour une psycholinguistique,* Paris, Mouton, 1974.

Menyuk (P.), *The acquisition and development of language,* Englewood Cliffs, Prentice Hall, 1971.

Messer (S.), "Implicit phonology in children", *J. verb. Learn. verb. Behav.,* 1967, *6,* 609-613.

Miles (L. W.), "Discussion paper: The communicative competence of child and chimpanzee", en S. Harnard, H. D. Steklis, J. Lancaster (ed.), "Origins and evolution of language and speech", *Ann. New York Acad. Sciences,* 1976, *280.*

Miller (W.), Ervin (S.), "The development of grammar in child language", en U. Bellugi, R. Brown (ed.), "The acquisition of language", *Monogr. Soc. Res. Child Developmt.,* 1964, *29,* n.° 1.

Mounin (G.), *Les problèmes théoriques de la traduction,* Paris, NRF, 1963.

Mounin (G.), *Clefs pour la linguistique,* Paris, Seghers, 1968.

Nelson (K.), "Structure and strategy in learning to talk", *Monogr. Soc. Res. Child Developmt.,* 1973, *38,* n.° 149.

Nelson (K.), "Concept, word ans sentence: interrelations in acquisition and development", *Psychol. Rev.,* 1974, *81,* 267-285.

Nelson (K.), "Some attributes of adjectives used by young children", *Cognition,* 1976, *4,* 13-30.

Noizet (G.), *Les stratégies dans le traitement des phrases,* conferencia, XXI Congreso Internacional de Psicología, París, 1976.

Noizet (G.), Bastien (C.), "Propositions pour une formalisation du traitement psycholinguistique des phrases", *Mathématiques et Sciences humaines,* 1976, *14,* 31-62.

Oléron (P.), *Recherches sur le développment mental des sourdsmuets,* Paris, CNRS, 1957.

Oléron (P.), "Le développement des réponses à la relation identité-dissemblance. Ses rapports avec le langage", *Psychol. franç.,* 1962, *7,* 4-16.

Oléron (P.), *Langage et développement mental,* Bruxelles, Dessart, 1972.

Oléron (P.), *Eléments de répertoire du langage gestuel des sourds-muets*, Paris, CNRS, 1974.
Oléron (P.), "L'acquisition du langage", en H. Gratiot-Alphandéry, R. Zazzo, *Traité de psychologie de l'enfant*, t. 6, Paris, Presses Universitaires de France, 1976. [Ed. española, Madrid, Morata.]
Oléron (P.), *Le raisonnement*, Paris, Presses Universitaires de France, coll. "Que sais-je?", 1977 a.
Oléron (P.), "La reproduction en psychologie", *Bull. Psychol.*, 1977 b, 30, 598-603.
Oléron (P.), *Le langage gestuel des sourds: syntaxe et communication*, Paris, CNRS, 1978.
Oléron (P.), Corroyer (D.), "L'acquisition par l'enfant des contraintes relatives à un système hiérarchisé de traits sémantiques", *Bull. Psychol.*, 1979.
Oléron (P.), Gumusyan (S.), Moulinou (M.), "Extension des concepts et usage du langage", *Psychol. franc.*, 1966, 19, 603-610.
Oléron (P.), Legros (S.), "Présuppositions, implications linguistiques et atteinte de la signification de termes psychologiques par l'enfant", *J. Psychol. norm. pathol.*, 1977, n.° 4, 409-429.
Osgood (C. E.), "On understanding and creating sentences", *American Psychologist*, 1963, 18, 735-751.
Palermo (D. S.), "More about "less": a study of languaje comprehension", *J. verb. Learn. verb. Behav.*, 1973, 12, 211-221.
Palermo (D. S.), "Still more about the comprehension of «less»", *Developm. Psychol.*, 1974, 10, 827-829.
Paris (S. G.), "Comprehension of language connectives and propositional logical relationships", *J. exper. Child Psychol.*, 1973, 16, 278-291.
Paris (S. G.), Carter (A. Y.), "Semantic and constructive aspects of sentence memory in children", *Developmental Psychol.*, 1973, 15, 193-212.
Parisi (J.), Antinucci (F.), "Lexical competence", en G. B. Flores d'Arcais, W. J. M. Levelt (ed.), *Advances in psycholinguistics*, Amsterdam, North Holland, 1970.
Piaget (J.), *Le jugement et le raisonnement chez l'enfant*, Neuchâtel, Delachaux & Niestlé, 1924.
Piaget (J.), Inhelder (B.), *La représentation de l'espace chez l'enfant*, Paris, Presses Universitaires de France, 1948.
Piérard (B.), "La genèse de «entre»: «intuition primitive» ou «coordination des voisinages»?", *Arch. Psychol.*, 1975, 43, 75-109.
Piérard (B.), "L'acquisition du sens des marqueurs de relations spatiales «devant» et «derrière»", *Année psychol.*, 1977, 77, 1, 95-116.
Pike (R.), Olson (D. R.), "A question of *more or lees*", *Child Developmt.*, 1977, 48, 579-586.
Premack (A. J.), Premack (D.), "Teaching language to an ape", *Scientific American*, oct. 1972, 92-98.
Premack (D.), "On the assessment of language competence in the chimpanzee", en A. M. Schrier y F. Stollnitz (ed.), *Behavior in non*

human primates, New York, Academic Press, vol. 4, 1971 *a*, 185-229.
PREMACK (D.), "Language in chimpanzee?", *Science*, 1971 *b*, *172*, n.° 3985, 808-822.
PREMACK (D.), *Intelligence in ape and man*, Hillsdale, Erlbaum, 1976.
REICH (P. A.), "The early acquisition of word meaning", *J. Child Language*, 1976, *3*, 117-123.
REVESZ (G.), "The language of animals", *J. gen. Psychol.*, 1944, *30*, 117-147.
REVESZ (G.), *Ursprung und Vorgeschichte der Sprache*, Bern. A. Francke, 1946.
RIBOT (T.), *L'évolution des idées générales*, Paris, Alcan, 1897.
RICHARDS (M. M.), "*Come* and *go* reconsidered: children's use of deitic verbs in contrived situations", *J. verb. Learn. verb. Behav.*, 1976, *15*, 655-665.
ROSCH (E.), "Classifications d'objets du monde réel: origines et représentations dans la cognition", *Bull. Psychol.*, núm. especial 1976 ("La mémoire sémantique"), 242-250.
RUKE-DRAVINA (V.), "«Mama» and «papa» in child language", *J. Child Language*, 1976, *3*, 157-166.
RUMBAUGH (D.) (ed.), *Language learning by a chimpanzee, The Lana project*, New York, Academic Press, 1977.
RUWET (N.), *Introduction à la grammaire générative*, Paris, Plon, 1967.

SCHAERLAEKENS (A. M.), *The two-words sentence in child language development*, La Haye, Mouton, 1973.
SEARLE (J.), *Speech acts: an essay in philosophy of language*, Londres, Cambridge Univ. Press, 1969.
SHANNON (C. E.), WEAVER (W.), *The mathematical theory of communication*, Urbana, Univ. Illinois Press, 1949.
SHULTZ (T. R.), PILON (R.), "Development of the ability to detect linguistic ambiguity", *Child Developmt.*, 1973, *44*, 728-733.
SIMON (J.), *La langue écrite de l'enfant*, Paris, Presses Universitaires de France, 1973.
SINCLAIR (H.), "The role of cognitive structures in language acquisition", en E. H. LENNEBERG, E. LENNEBERG (ed.), *Foundations of language development*, vol. 1, New York, Academic Press, 1975.
SINCLAIR (H.), BERTHOUD-PAPANDROPOULOU (J.), BRONCKART (J. P.), CHIPMAN (H.), FERREIRO (E.), RAPPE DU CHER (E.), "Recherches en psycholinguistique génétique", *Arch. Psychol.*, 1976, *44*, 157-175.
SINCLAIR (H.), FERREIRO (E.), "Etude génétique de la compréhension, production et répétition des phrases au mode passif", *Arch. Psychol.*, 1970, *41*, 1-42.
SKINNER (B. F.), *Verbal behavior*, New York, Appleton Century Crofts, 1957.
SLOBIN (D. I.), "Grammatical transformation and sentence comprehension in childhood and adulthood", *J. verb. Learn. verb. Behav.*, 1966, *5*, 219-227.

STAATS (A. W.), *Learning, language and cognition,* New York, Holt, Rinehart, Winston, 1968.
STERN (C.), STERN (W.), *Die Kindersprache,* Leipzig, Barth, 1907.
STOKOE (W, C.) Jr., *Semiotics and human sign language,* La Haye, Mouton, 1972.
SUPPER (P.), *Probabilistic grammars for natural languages,* Technical Report, n° 154, Stanford, Institute for mathematical Studies in the social Sciencies, 1970.
SUPPES (P.), *On the grammar and model-theoretic semantics of children's noun phrases,* Tecnical Report, n° 181, Stanford, Institute for mathematical Studies in the social Sciencies, 1971.
SUPPES (P.), FELDMAN (S.), "Young children's comprehension of logical connectives", *J. exper. Child Psychol.,* 1971, *12,* 304-317.
SUPPES (P.), LÉVEILLÉ (M.), SMITH (R. L.), *Developmental models of a child's french syntax,* Technical Report, n° 243, Stanford, Institute for mathematical Studies in the social Sciences, 1974
SUPPES (P.), SMITH (R.), LÉVEILLÉ (M.), *The french syntax and semantics of Philippe.* Parte I: Noun phrases, Technical Report. n° 195, Stanford, Institute for mathematical Studies in the social Sciences, 1972.
THOMSON (J. R.), CHAPMAN (R. S.), "Who is «Daddy» revisited: the status of two-year olds' over-extended words in use and comprehension", *J. Child Language,* 1977, *4,* 359-375.
TOWNSEND (D. J.), "Children's comprehension of comparative forms", *J. exper, child. Psychol.,* 1974, *18,* 293-303.
VERSTIGGEL (J. C.), *Analyse et organisation de l'information lexicale en mémoire,* tesis, Univ. Paris VIII, 1976.
VÉZIN (L.), "Les paraphrases: étude sémantique, leur rôle dans l'apprentissage", *Année psychol.,* 1976, *76,* 1, 177-197.
WALLON (H.), *Les origines de la pensée chez l'enfant,* Paris, Presses Universitaires de France, 1945.
WATSON (J. B.), *Behaviorism,* New York, Norton, 1924.
WEBB (R. A.), OLIVERI (M. E.), O'KEEFFE (L.), "Investigations of the meaning of «different» in the language of young children", *Child Development,* 1974, *45,* 984-991.
WERNER (H.), KAPLAN (E.), "The acquisition of word meanings: a developmental study", *Monogr. Soc. Res. Child Development,* 1950, *15,* n.° 1.
WHITEHURST (G. J.), IRONSMITH (M.), GOLDFEIN (M.), "Selective imitation of the passive construction through modeling", *J. exper. Psychol.,* 1974, *17,* 288-302.
YERKES (R. M.), LEARNED (B. W.), *Chimpanzee intelligence and its vocal expression,* Baltimore, Williams & Wilkins, 1925.